Leichter lesen lernen mit dem farbigen Silbentrenner

Durch die zweifarbige Kennzeichnung der einzelnen Silben lernen die Kinder leichter lesen: Die Silben sind schneller zu erfassen als das ganze Wort. Sie zeigen die Sprechsilben an und diese sind der Schlüssel, um ein Wort richtig lesen und verstehen zu können.

In den allermeisten Fällen sind die Sprechsilben identisch mit der möglichen Worttrennung am Zeilenende. In erster Linie bei der Trennung einzelner Vokale (a, e, i, o, u) gibt es einen Unterschied: Nach der aktuellen Rechtschreibung werden diese am Zeilenende nicht abgetrennt. Da diese Wörter aber mehrere Sprechsilben haben, sind diese auch mit zwei Farben gekennzeichnet: Ofen, beobachten, Radio.

Bestell-Nr. 1404-31 · ISBN 978-3-619-14431-0

Auflage	6	5	4	3
Jahr	2022	2021	2020	2019

© 2016 Mildenberger Verlag GmbH, 77610 Offenburg
www.mildenberger-verlag.de
E-Mail: info@mildenberger-verlag.de

Redaktion:	Nicole Brandau, Stefanie Drecktrah, Dr. Mirja Piltz
Grafik:	Mildenberger Verlag GmbH
Illustrationen:	Sonja Kurzbach, 10997 Berlin
Illustrationen der Wortbilder:	Carmen Hochmann, 33649 Bielefeld
	Elisabeth Lottermoser, 33334 Gütersloh
	Thorsten Trantow, 79336 Herbolzheim
	Heike Treiber, 79199 Kirchzarten
Druck:	Grafisches Centrum Cuno, 39240 Calbe
	Gedruckt auf umweltfreundlichem Papier
Umschlag:	Offsetfolie mit DOTP-Weichmacher (phthalatfrei), zugelassen für Kinder unter 3 Jahren gemäß EN71. Erfüllt die strengen Richtlinien der REACH-Verordnung, die ab 2017 gelten sollen.

INDIGO

Das Wörterbuch
mit Bildern

Ute Wetter und Karl Fedke

Mildenberger

Inhaltsverzeichnis

Inhaltsverzeichnis

Das Abc

Die Wörter in diesem Wörterbuch sind nach dem Abc geordnet.

Fahre mit dem Finger das Abc nach. Sprich die Buchstaben und die Sätze mit den Reimwörtern. So merkst du dir das Abc leichter.

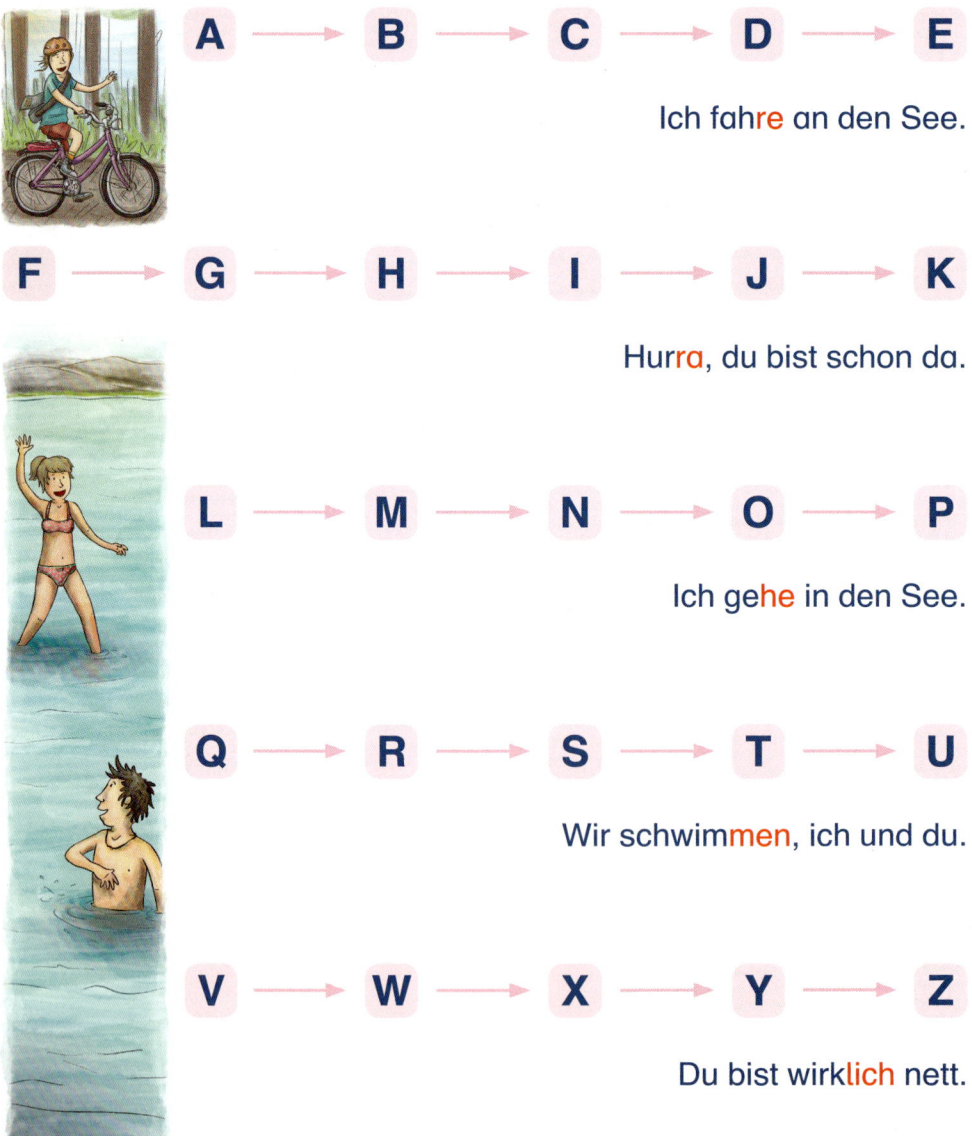

A → B → C → D → E

Ich fahre an den See.

F → G → H → I → J → K

Hurra, du bist schon da.

L → M → N → O → P

Ich gehe in den See.

Q → R → S → T → U

Wir schwimmen, ich und du.

V → W → X → Y → Z

Du bist wirklich nett.

Dieses Bildwörterbuch soll dir helfen, Wörter zu verstehen, sie richtig zu schreiben und dich mit anderen zu verständigen. Im gelben Teil des Wörterbuchs kannst du nachschlagen, wenn du Wörter zu einem bestimmten Thema suchst. Es gibt 15 Kapitel zu verschiedenen Themen.

Alle Wörter im Bildwörterbuch sind in blau-roter Silbenschrift abgedruckt. Das hilft beim Lesen. Durch das silbierte Lesen wird das Wort auch richtig ausgesprochen.

R **die Regel**, die Regeln

rennen, er rennt

reparieren, er repariert

Zu Beginn jedes Themas gibt es ein Situationsbild. Wichtige Wörter zu diesem Thema sind dem Bild direkt zugeordnet.

der Cousin · der Onkel · die Mutter · der Opa · die Cousine · die Schwester · der Vater · die Oma · der Sohn · die Tante

Unter jedem Situationsbild stehen Sätze, die zum Thema passen. Du kannst sie als Frage-Antwort-Übungen mit einem Partner sprechen oder schreiben.

„Hast du einen Cousin?"

„Ja, ich habe einen Cousin."

5

Hinweise zum Bildwörterbuch

Zu jedem Thema gibt es eine Wörterliste mit Wörtern, die rund um das Thema wichtig sind. Alle **Namenwörter (Nomen), Tunwörter (Verben) und Eigenschaftswörter (Adjektive)** sind hier mit einem Bild anschaulich dargestellt.

G die **Geschwister**

gießen, er gießt Blumen

groß, größer

Alle Wörter sind nach ihrem Anfangsbuchstaben sortiert. Finde zuerst den Anfangsbuchstaben des Wortes, das du suchst.

O der **Opa**, die Opas

P der **Papa**, die Papas

Wenn mehrere Wörter mit demselben Buchstaben anfangen, achte auf den zweiten Buchstaben. Auch diese Buchstaben sind nach dem Abc geordnet.

T die **Tante**, die Tanten

die **Tochter**, die Töchter

In der Liste stehen **Namenwörter (Nomen)** immer mit ihrem **Begleiter (Artikel)**.

	Artikel	Nomen	
S	der die	**Sohn**, Söhne	
T	die die	**Tante**, Tanten	

6

Die **Namenwörter (Nomen)** werden in der Einzahl (Singular) und in der Mehrzahl (Plural) angegeben.

S   der **Sohn**, ← **Singular**
    die Söhne ← **Plural**

T   die **Tante**, ← **Singular**
    die Tanten ← **Plural**

In der Liste stehen auch **Tunwörter (Verben)**. Sie sind in der Grundform eingeordnet.

B   **bügeln**

Tunwörter (Verben) verändern ihre Form, wenn sie zum Beispiel mit **er**, **sie** oder **es** verbunden werden. Eine dieser Formen steht immer hinter der Grundform eines jeden **Tunworts (Verbs)**.

B   **bügeln**, er bügelt

7

der Cousin
der Onkel
die Mutter
der Opa
die Cousine
die Schwester
der Vater
die Oma
der Sohn
die Tante

Sprecht miteinander:

„Ich bin der Sohn.

Das ist meine Schwester."

„Hast du einen Cousin?"

„Ja, ich habe einen Cousin."

„Hast du eine Tante?"

„Ja, ich habe eine Tante und einen Onkel."

A **a**ber

abstauben,
er staubt ab

alt,
äl**t**er

aufhängen,
sie hängt Wä**sche**
auf

aufräumen,
sie räumt auf

B das **Ba**by,
die Babys

bin ➔ sein

bist ➔ sein

bitte

der **Bru**der,
die Brü**der**

der **Bub**,
die Bu**ben**

bügeln,
er büge**lt**

C der **Cous**in,
die Cou**s**ins

C die **Cous**ine,
die Cou**s**inen

D **dan**ke

danken,
sie dankt

das

dein,
dei**ne**

dem

den

der

dich

die

du

E die **El**tern

F die **Fa**milie,
die Fa**mi**lien

G **ge**ben,
er gibt

gern

9

G die **Ge**sch**wister**

gieß**en**,
er gießt Blu**m**en

groß,
grö**ß**er

L la**chen**,
sie lacht

lieb

lieb**en**,
er liebt

H ha**ben**,
ich ha**b**e, er hat

helf**en**,
er hilft

hol**en**,
ich ho**l**e, er holt

M die **Ma**m**a**,
die Ma**m**as

mein,
mei**n**e

die **Mutter**,
die Mü**t**ter

I **ich**

ist → sein

N

O **o**d**er**

J **jung**,
jü**n**ger

K **keh**r**en**,
sie kehrt

kein,
kei**n**e

klein,
klei**n**er

könn**en**,
er kann

die **O**m**a**,
die O**m**as

der **On**k**el**,
die On**k**el

der **O**p**a**,
die O**p**as

P der **Pa**p**a**,
die Pa**p**as

Q

R

S   die **Schwester**,
die Schwestern

der **Sohn**,
die Söhne

spülen,
er spült

staubsaugen,
sie staubsaugt

T   die **Tante**,
die Tanten

die **Tochter**,
die Töchter

U   **und**

V   der **Vater**,
die Väter

W

X

Y

Z   **zu Hause**

das Bild

der Lehrer

die Tafel

der Hausmeister

der Schüler

der Bleistift

der Stuhl

das Heft

der Tisch

Sprecht miteinander:

„Ich lese.
Ali schreibt in sein Heft."

„Kann ich bitte den Bleistift haben?"
„Ja, da ist er."

„Wo ist der Hausmeister?"
„Da ist der Hausmeister."

A al**so**

an**schauen**,
er schaut an

ar**beiten**,
er ar**bei**tet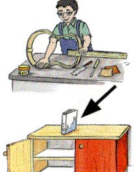

auf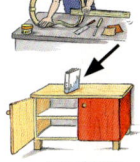

die **Aufgabe**,
die Aufgaben

B bas**teln**,
er bas**telt**

das **Bild**,
die Bil**der**

bitte

bit**ten**,
sie bit**tet**

der **Bleistift**,
die Blei**stifte**

das **Buch**,
die Bü**cher**

das **Bücherregal**,
die Bü**cher**rega**le**

der **Buntstift**,
die Bunt**stifte**

C der **Computer**,
die Com**pu**ter

D **da**

dan**ken**,
sie dankt

den**ken**,
er denkt

doch

dür**fen**,
er darf

E **ein**,
ei**ne**

F das **Fenster**,
die Fens**ter**

flach

das **Frühstück**

fül**len**,
er füllt

der **Füller**,
die Fül**ler**

G

H hal**lo**!

H der **Hausmeister**, die Hausmeister

das **Heft**, die Hefte

hinter

hoch, höher

I im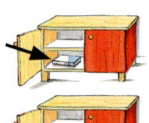

in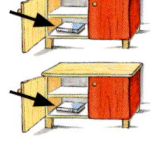

J

K die **Kiste**, die Kisten

die **Klasse**, die Klassen

das **Klassenzimmer**, die Klassenzimmer

kleben, er klebt

der **Klebstoff**

die **Kreide**

L **legen**, er legt

L der **Lehrer**, die Lehrer

die **Lehrerin**, die Lehrerinnen

das **Lehrerzimmer**

lernen, sie lernt

lesen, sie liest

das **Lexikon**

das **Lineal**, die Lineale

M **malen**, sie malt

das **Mäppchen**, die Mäppchen

N **neben**

niedrig

O der **Ordner**

P das **Papier**

der **Partner**, die Partner

14

P die **Pause**,
die Pausen

das **Pausenbrot**,
die Pausenbrote

der **Pinsel**,
die Pinsel

Q der **Quatsch**

R der **Radiergummi**,
die Radiergummis

reden,
er redet

der **Rektor**

das **Rektorat**

die **Rektorin**

rufen,
sie ruft

S der **Satz**,
die Sätze

Ich gehe zur Schule.

schauen,
er schaut

die **Schere**,
die Scheren

S **schneiden**,
er schneidet
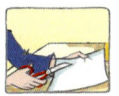

der **Schrank**,
die Schränke

schreiben,
er schreibt

die **Schrift**,
die Schriften

die **Schule**,
die Schulen

der **Schüler**,
die Schüler

die **Schülerin**,
die Schülerinnen

der **Schulhof**

der **Schulranzen**,
die Schulranzen

die **Schulsachen**

die **Schultasche**,
die Schultaschen

der **Schwamm**,
die Schwämme

das **Sekretariat**

S

die Sekretärin,
die Sekretärinnen

singen,
sie singt

spitz

der Spitzer,
die Spitzer

die Sporthalle,
die Sporthallen

die Sportsachen

der Stift,
die Stifte

still

der Stuhl,
die Stühle

T

die Tafel,
die Tafeln

die Tasche,
die Taschen

tief

der Tisch,
die Tische

T

die Toilette,
die Toiletten

toll

die Treppe,
die Treppen
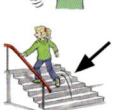

tschüs!

die Tür,
die Türen

turnen,
sie turnt

die Turnhalle,
die Turnhallen

U

V **vor**
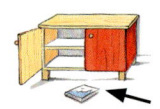

W **das Waschbecken,**
die Waschbecken

die Wasserfarben

wer

wo

das Wort,
die Wörter

Hund

X

Y

Z

der **Zeichenblock**,
die Zeichenblöcke

zeichnen,
sie zeichnet

zuhören,
sie hört zu

zwischen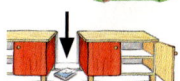

die Zahl

1	eins
2	zwei
3	drei
4	vier
5	fünf
6	sechs
7	sieben
8	acht
9	neun
10	zehn

plus gleich hundert

$60 + 40 = 100$

Formen:

das Quadrat
der Kreis
das Dreieck

zwanzig fünfzig

Sprecht miteinander:

„Ich male einen Kreis.
Was malst du?"

„Wie alt bist du?"
„Ich bin sieben Jahre alt."

„Kannst du zählen?"
„Ja, ich zähle bis hundert."

A	acht	8
	achtzehn	18
	achtzig	80
	ad**dieren**, er ad**diert**	2 + 2
B		
C		
D	di**vidieren**, sie di**vidiert**	4 : 2
	drei	3
	das **Drei**eck, die **Drei**ecke	
	drei**ßig**	30
	drei**zehn**	13
E	eins	1
	elf	11
F	die **Form**, die **Form**en	
	fünf	5
	fünf**zehn**	15

F	fünf**zig**	50
G	gleich	=
H	die **Hälf**te	
	hun**dert**	100
I		
J		
K	der **Kreis**, die **Kreis**e	
L		
M	mal**nehmen**, er nimmt mal	2 · 2
	mi**nus**	–
	mul**tiplizieren**, sie mul**tipliziert**	2 · 2
N	neun	9
	neun**zehn**	19
	neun**zig**	90
	die **Nummer**, die **Nummer**n	
O		

3 Zahlen und Rechnen

P plus   +

Q das Quadrat,
die Quadrate

R rechnen,
er rechnet

das Rechteck,
die Rechtecke

S sechs   6

sechzehn   16

sechzig   60

sieben   7

siebzehn   17

siebzig   70

subtrahieren,   2 − 1
er subtrahiert

die Summe,   2 + 2 = 4
die Summen

T teilen,
er teilt   4 : 2

U

V vier   4

V das Viereck,
die Vierecke

vierzehn   14

vierzig   40

W

X

Y

Z die Zahl,
die Zahlen

zählen,
sie zählt

zehn   10

zwanzig   20

zwei   2

zwölf   12

grün

weiß schwarz

bunt

die Farbe gelb

blau

rot

Sprecht miteinander:

„Die Häuser sind bunt.

Sie haben viele Farben."

„Welche Farbe hat das Haus?"

„Das Haus ist gelb."

„Welche Farbe magst du?"

„Ich mag die Farbe Blau."

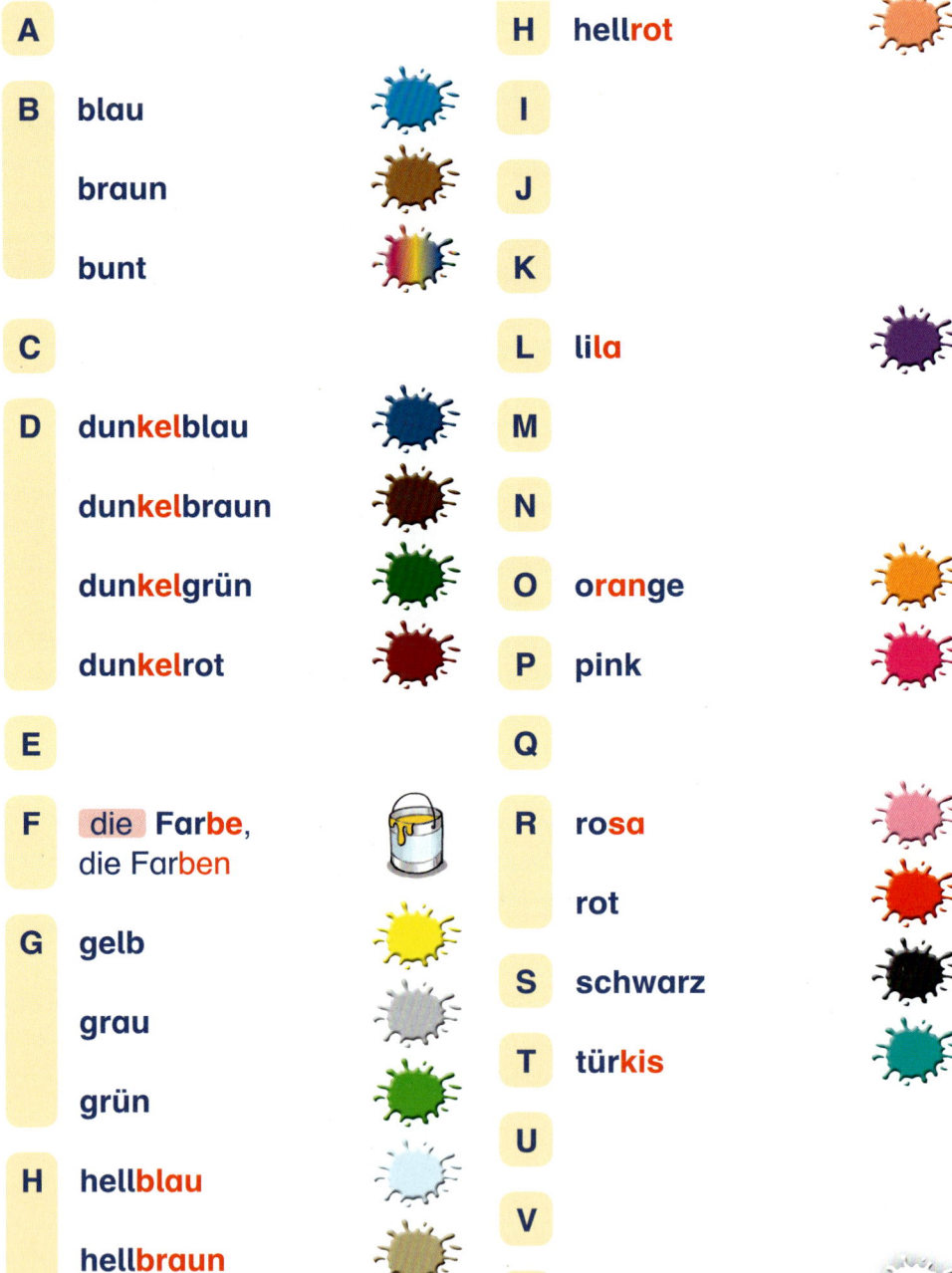

A

B blau

braun

bunt

C

D dunkelblau

dunkelbraun

dunkelgrün

dunkelrot

E

F die Farbe,
die Farben

G gelb

grau

grün

H hellblau

hellbraun

hellgrün

H hellrot

I

J

K

L lila

M

N

O orange

P pink

Q

R rosa

rot

S schwarz

T türkis

U

V

W weiß

X **Y** **Z**

Europa

die Freundin

das Mädchen

der Name

der Freund

Afrika

der Junge

Sprecht miteinander:

„Das ist Anna.
Sie ist meine Freundin."

„Wie heißt du?"
„Ich heiße Pablo."

„Woher kommst du?"
„Ich komme aus Afrika."

23

5 Freunde aus allen Ländern

A **Afrika**

    alle

    alles

    Amerika

    Asien

    aus

    Australien

B

C

D **deutsch,**
    Deutsch spre**chen**

    Deutschland

E **er**

    es

    Europa

F die **Frau,**
    die Frau**en**

    fremd,
    frem**de**

F der **Fremde,**
    die Frem**den**

    der **Freund,**
    die Freun**de**

    die **Freundin,**
    die Freund**innen**

G

H **heißen,**
    sie heißt

    helfen,
    ich hel**fe,**
    er hilft

    her

    die **Hilfe,**
    die Hil**fen**

I **ihr,**
    ih**re**

J der **Junge,**
    die Jun**gen**

K **kennen,**
    er kennt

    das **Kind,**
    die Kind**er**

K **kom**men,
er kommt

T

U

L le**ben**,
er lebt

V

M das **Mäd**chen,
die Mädchen

W **wir**

wo**her**

der **Mann**,
die Männer

X

mit

Y

N der **Name**,
die Namen

Z zu**sam**men

Nordamerika

O

P

Q

R

S **seid** (ihr seid) → sein

sie

sind → sein

Südamerika

hüpfen

spazieren gehen

das Wasser

schwimmen

der Ball

der Teddy

die Puppe   der Rucksack

Sprecht miteinander:

„Die Kinder spielen.
Sie spielen mit dem Ball."

„Was spielst du gern?"
„Ich spiele gern mit meinem Teddy."

„Was machst du heute?"
„Ich gehe schwimmen."

A der **Aus**flug,
die Ausflüge

F sich **freu**en,
er freut sich

B der **Bach**,
die Bäche

G

H die **Hexe**,
die Hexen

der **Ball**,
die Bälle

hüp**fen**,
sie hüpft

der **Berg**,
die Berge

I

J

C

K der **Kaiser**,
die Kaiser

D der **Drachen**,
die Drachen

die **Karte**,
die Karten

E der **Eimer**,
die Eimer

das **Karussell**,
die Karussells

F fan**gen**,
sie fängt

der **Koffer**,
die Koffer

die **Ferien**

L die **Landkarte**,
die Landkarten

der **Film**,
die Filme

M ma**chen**,
er macht

die **Fla**sche,
die Flaschen

N

die **Freude**,
die Freuden

6 Freizeit, Spiel und Sport

O

P die **Puppe**,
die Puppen

das **Puzzle**,
die Puzzles

Q die **Quelle**,
die Quellen

R die **Reise**,
die Reisen

reisen,
sie reist

rollen,
er rollt

der **Roller**,
die Roller

der **Rucksack**,
die Rucksäcke

die **Rutsche**,
die Rutschen

S der **Sandkasten**,
die Sandkästen

die **Schaufel**,
die Schaufeln

S die **Schaukel**,
die Schaukeln

schlagen,
er schlägt

schreien,
er schreit

schwimmen,
sie schwimmt

der **See**,
die Seen

das **Skateboard**,
die Skateboards

sollen,
er soll

spazieren gehen,
er geht spazieren

das **Spiel**,
die Spiele

spielen,
er spielt

der **Spielplatz**,
die Spielplätze

die **Spielsachen**

S der **Sport**

die **Sporthose**,
die Sporthosen

die **Sportschuhe**

die **Sporttasche**,
die Sporttaschen

springen,
es springt

das **Springseil**,
die Springseile

stampfen,
er stampft

der **Stein**,
die Steine

der **Stock**,
die Stöcke

T der **Teddy**,
die Teddys

die **Trinkflasche**,
die Trinkflaschen

U **üben**,
er übt

U der **Urlaub**,
die Urlaube

V **versuchen**,
er versucht

W das **Wasser**

winken,
er winkt

die **Wippe**,
die Wippen

wollen,
er will

X

Y

Z

der Kalender

der Frühling

der Sommer

der Herbst

der Winter

das Zuckerfest

die Uhr

Ostern

der Geburtstag

Sprecht miteinander:

„Bald ist Ostern.
Das ist im Frühling."

„Wann ist dein Geburtstag?"
„Mein Geburtstag ist im Juli."

„Welche Jahreszeit magst du?"
„Ich mag den Sommer."

A **ab**

der **Abend**,
die Abende

abends

der **Advent**

der **Adventskranz**,
die Adventskränze

am

der **Anfang**,
die Anfänge

der **April**

der **August**

B **bald**

bekommen,
er bekommt

C der **Christbaum**,
die Christbäume

der **Clown**,
die Clowns

D **dann**

der **Dezember**

D der **Dienstag**,
die Dienstage

der **Donnerstag**,
die Donnerstage

E das **Ende**,
die Enden

F **Fasching**

der **Februar**

die **Feier**,
die Feiern

feiern,
er feiert

das **Fest**,
die Feste

der **Freitag**,
die Freitage

froh

früh,
früher

der **Frühling**

G der **Geburtstag**,
die Geburtstage

G **gestern**

H der **Herbst**

heute

I **immer**

J das **Jahr**,
die Jahre

der **Jahreskreis**

die **Jahreszeit**,
die Jahreszeiten

der **Januar**

der **Juli**

der **Juni**

K der **Kalender**,
die Kalender

der **Karneval**

die **Kerze**,
die Kerzen

L das **Licht**,
die Lichter

M der **Mai**

M der **März**

die **Minute**,
die Minuten

mittags

die **Mitte**

der **Mittwoch**,
die Mittwoche

der **Monat**,
die Monate

der **Montag**,
die Montage

der **Morgen**,
die Morgen

morgen

morgens

N **nach**

der **Nachmittag**,
die Nachmittage

nächste

die **Nacht**,
die Nächte

N nachts

nie

der **Nikolaus**

der **November**

nun

O der **Oktober**

der **Osterhase**

Ostern

P

Q

R

S der **Samstag**,
die Samstage

schenken,
sie schenkt

die **Sekunde**,
die Sekunden

der **September**

der **Sommer**

S der **Sonntag**,
die Sonntage

spät,
später

die **Stunde**,
die Stunden

T der **Tag**,
die Tage

U übermorgen

die **Uhr**,
die Uhren

die **Uhrzeit**,
die Uhrzeiten

um

V vorgestern

W wann

Weihnachten

der **Weihnachtsbaum**,
die Weihnachtsbäume

werden,
er wird

wie

W **wieder**

wie viel

der **Winter**

die **Woche**,
die Wochen

der **Wochenplan**,
die Wochenpläne

der **Wochentag**,
die Wochentage

der **Wunsch**,
die Wünsche

wünschen,
sie wünscht

X

Y

Z der **Zeiger**,
die Zeiger

die **Zeit**,
die Zeiten

das **Zuckerfest**

der Saft · der Apfel · die Milch · die Flasche · das Glas · die Banane · die Tomate · der Teller · die Gabel · das Messer · der Löffel

Sprecht miteinander:

„Da ist ein Glas Milch.
Ich trinke lieber Saft."

„Welches Obst magst du?"
„Ich mag Bananen."

„Welches Gemüse isst du gern?"
„Ich esse gern Tomaten."

35

A das **Abendessen**, die Abendessen

abräumen, er räumt ab

abtrocknen, sie trocknet ab

die **Ananas**, die Ananasse

der **Apfel**, die Äpfel

B backen, sie backt

die **Banane**, die Bananen

bestreichen, er bestreicht

die **Birne**, die Birnen

bitter

das **Bonbon**, die Bonbons

brauchen, er braucht

B das **Brot**, die Brote

das **Brötchen**, die Brötchen

die **Butter**

C

D decken, sie deckt den Tisch

die **Dose**, die Dosen

der **Durst**

durstig

E das **Ei**, die Eier

eingießen, er gießt ein

einschenken, er schenkt ein

das **Eis**

die **Erdbeere**, die Erdbeeren

E **essen**,
sie isst

etwas

F **fest**

die **Flasche**,
die Flaschen

das **Fleisch**

flüssig

frisch

die **Frucht**,
die Früchte

das **Frühstück**

G die **Gabel**,
die Gabeln

das **Gemüse**

das **Glas**,
die Gläser

die **Gurke**,
die Gurken

H der **Honig**

der **Hunger**

H **hungrig**

I

J **jetzt**

das / der **Joghurt**

K der **Kaffee**,
die Kaffees

die **Kanne**,
die Kannen

die **Karotte**,
die Karotten

die **Kartoffel**,
die Kartoffeln

der **Käse**

die **Kirsche**,
die Kirschen

die **Kiwi**,
die Kiwis

der **Knoblauch**

kochen,
er kocht

der **Kohl**

K das **Kraut**,
die Kräuter

der **Kuchen**,
die Kuchen

L der **Löffel**,
die Löffel

M der **Mais**

die **Marmelade**,
die Marmeladen

das **Mehl**

die **Melone**,
die Melonen

das **Messer**,
die Messer

die **Milch**

das **Mittagessen**,
die Mittagessen

mögen,
er mag

die **Möhre**,
die Möhren

das **Müsli**

N die **Nektarine**,
die Nektarinen

die **Nudel**,
die Nudeln

O das **Obst**

die **Orange**,
die Orangen

P der / die **Paprika**,
die Paprikas

der **Pfeffer**

der **Pfirsich**,
die Pfirsiche

die **Pflaume**,
die Pflaumen

die **Pizza**,
die Pizzas

die **Pommes**

Q der **Quark**

R der **Reis**

rühren,
er rührt

S der **Saft**,
die Säfte

der **Salat**,
die Salate

das **Salz**

salzig

sauer

die **Schale**,
die Schalen

schälen,
sie schält

scharf,
schärfer

die **Scheibe**,
die Scheiben

der **Schinken**,
die Schinken

schlecht

schlucken,
er schluckt

schmecken,
es schmeckt

S **schneiden**,
er schneidet

die **Schokolade**,
die Schokoladen

die **Schüssel**,
die Schüsseln

die **Serviette**,
die Servietten

der **Spinat**

die **Suppe**,
die Suppen

süß

T die **Tasse**,
die Tassen

der **Tee**,
die Tees

der **Teller**,
die Teller

die **Tischdecke**,
die Tischdecken

die **Tomate**,
die Tomaten

T   die **Trau**be,
die Trau**b**en

trinke**n**,
sie trinkt

U

V

W   **wel**ch**e**,
wel**c**her,
wel**c**hes

die **Wurst**,
die Wür**s**te

X

Y

Z   die **Zi**tr**o**ne,
die Zitr**o**nen

der **Zu**ck**er**

die **Zwie**be**l**,
die Zwie**b**eln

der Supermarkt

die Bäckerei

die Bank

das Geld

das Fahrrad

die Ampel

das Auto

der Bus

die Straße

Sprecht miteinander:

„Wir kaufen ein.
Wir fahren mit dem Bus."

„Wo kaufen wir ein?"
„Wir kaufen im Supermarkt ein."

„Hast du Geld dabei?"
„Ja, ich bezahle in der Bäckerei."

A **ab**wie**gen**,
er wiegt ab

die **Ampel**,
die Ampeln

aufpas**sen**,
er passt auf

das **Auto**,
die Autos

B der **Bäcker**,
die Bäcker

die **Bäckerei**,
die Bäckereien

die **Bank**,
die Banken

be**zahlen**,
sie bezahlt

billig

der **Blumenladen**,
die Blumenläden

bringen,
er bringt

der **Buchladen**,
die Buchläden

B der **Bus**,
die Busse

die **Bushaltestelle**,
die Bushaltestellen

C der **Cent** (ct),
die Cent

D das **Dorf**,
die Dörfer

durch

E **ein**kau**fen**,
er kauft ein

die **Einkaufstasche**,
die Einkaufstaschen

die **Einkaufstüte**,
die Einkaufstüten

der **Einkaufswagen**,
die Einkaufswagen

die **Eisdiele**,
die Eisdielen

der **Euro** (€),
die Euros

F **fahren**,
er fährt

F die **Fahrkarte**, die Fahrkarten

das **Fahrrad**, die Fahrräder

die **Fahrt**, die Fahrten

die **Feuerwehr**

finden, er findet

G die **Gefahr**, die Gefahren

der **Gehweg**, die Gehwege

das **Geld**, die Gelder

der **Geldbeutel**, die Geldbeutel

H **halten**, er hält

der **Herr**, die Herren

hier

I **ins**

J **ja**

jetzt

K die **Kasse**, die Kassen

kaufen, er kauft

das **Kaufhaus**, die Kaufhäuser

das **Kino**, die Kinos

der **Korb**, die Körbe

kosten, es kostet

L **langsam**

die **Laterne**, die Laternen

laut

leicht

leise

die **Leute**

9 Einkaufen und Straßenverkehr

L links

M **ma**chen,
er macht

man

der **Markt**,
die Märkte

der **Metz**ger,
die Metzger

die **Metz**gerei,
die Metzgereien

müssen,
sie muss

N nein

nicht

nichts

O oft

P der **Platz**,
die Plätze

die **Polizei**

die **Post**

P der **Preis**,
die Preise

Q

R rechts

die **Re**gel,
die Regeln

ren**nen**,
er rennt

re**pa**rieren,
er repariert

S das **Schild**,
die Schilder

schnell

der **Schreibw**aren**la**den,
die Schreibwarenläden

das **Schuhge**schäft,
die Schuhgeschäfte

schwer

spa**ren**,
er spart

das **Spiel**zeug**ge**schäft,
die Spielzeuggeschäfte

S die **Stadt**,
die Städte

stellen,
er stellt

die **Straße**,
die Straßen

die **Straßenbahn**,
die Straßenbahnen

suchen,
sie sucht

der **Supermarkt**,
die Supermärkte

T das **Taxi**,
die Taxis

teuer,
teurer

U

V der **Verkehr**

viel,
mehr

W die **Waage**,
die Waagen

W warten,
sie wartet

was

wenig

wohin

X

Y

Z zahlen,
sie zahlt

der **Zug**,
die Züge

zum

zur

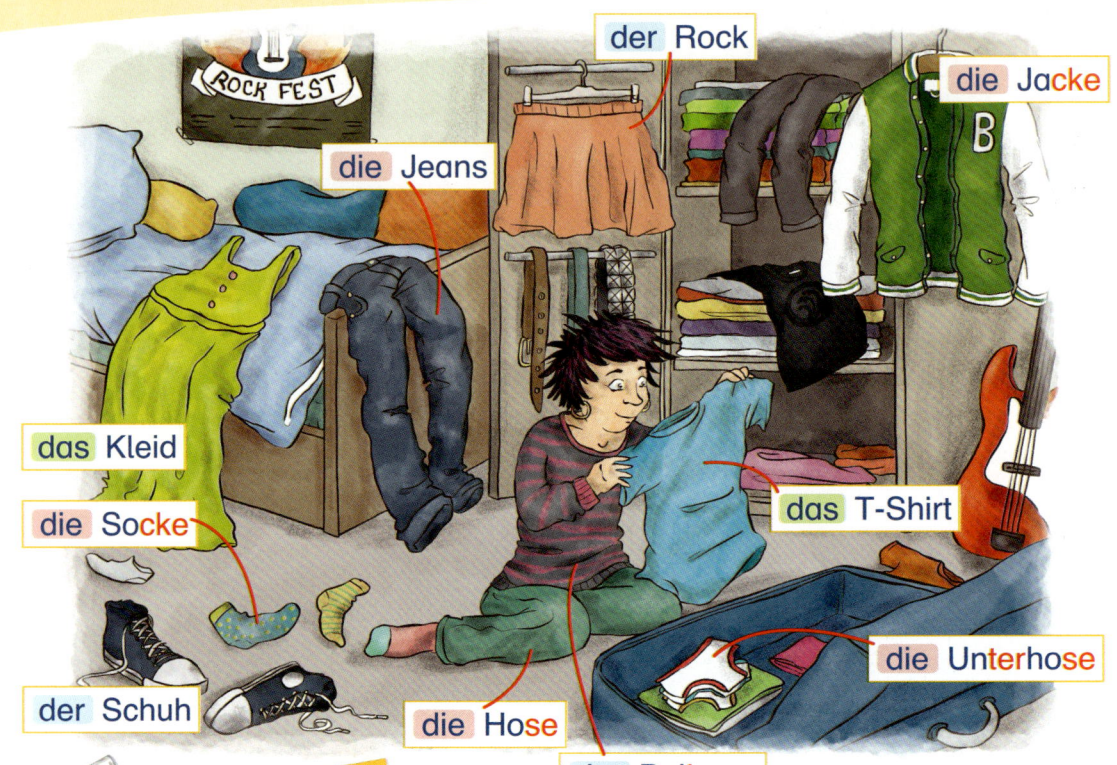

der Rock

die Jacke

die Jeans

das Kleid

die Socke

das T-Shirt

der Schuh

die Unterhose

die Hose

der Pullover

Sprecht miteinander:

„Ich ziehe die neue Jacke an.
Die Jacke ist schön."

„Was packst du ein?"
„Ich packe ein T-Shirt ein."

„Was hast du an?"
„Ich habe eine Hose an."

A **an**haben,
er hat an

anziehen,
er zieht sie an

sich **an**ziehen,
sie zieht sich an

aufknöpfen,
sie knöpft auf

aufmachen,
er macht auf

aufsetzen,
sie setzt auf

ausziehen,
er zieht sie aus

sich **aus**ziehen,
sie zieht sich aus

B der **Ba**de**anzug**,
die Badeanzüge

die **Ba**de**hose**,
die Badehosen

die **Blu**se,
die Blusen

C

D **d**ick

dünn

E **ein**packen,
sie packt ein

eng

F **f**ein

G **ge**punktet

gestreift

grob,
gröber

der **Gum**mistie**fel**,
die Gummistiefel

der **Gür**tel,
die Gürtel

H der **Hand**schuh,
die Handschuhe

hässlich

das **Hemd**,
die Hemden

die **Ho**se,
die Hosen

H   der **Hut**, die Hüte

M   die **Mütze**, die Mützen

I

N   die **Nadel**, die Nadeln

J   die **Jacke**, die Jacken

  die **Jeans**

neu

O

K   **kalt**, kälter

P   **passen**, es passt

  kariert

  der **Pullover**, die Pullover

  das **Kleid**, die Kleider

Q

  die **Kleidung**

R   die **Regenjacke**, die Regenjacken

  der **Klettverschluss**, die Klettverschlüsse

  der **Reißverschluss**, die Reißverschlüsse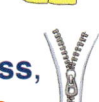

  der **Knopf**, die Knöpfe

  der **Ring**, die Ringe

  kurz, kürzer

  der **Rock**, die Röcke

L   **lang**, länger

S   die **Sandale**, die Sandalen

M   der **Mantel**, die Mäntel

  der **Schal**, die Schals

S

der **Schnürsenkel**,
die Schnürsenkel

schön

der **Schuh**,
die Schuhe

sein,
seine

die **Socke**,
die Socken

die **Sonnenbrille**,
die Sonnenbrillen

der **Stiefel**,
die Stiefel

der **Strumpf**,
die Strümpfe

die **Strumpfhose**,
die Strumpfhosen

T **tragen**,
er trägt

das **T-Shirt**,
die T-Shirts

der **Turnschuh**,
die Turnschuhe

U sich **umziehen**,
er zieht sich um

das **Unterhemd**,
die Unterhemden

die **Unterhose**,
die Unterhosen

V

W **waschen**,
sie wäscht

weit,
weiter

X

Y

Z **zubinden**,
er bindet zu

zuknöpfen,
sie knöpft zu

zumachen,
er macht zu

das Haar

die Hand

das Gesicht

die Nase

das Auge

der Mund

das Ohr

der Arm

das Bein

der Fuß

Sprecht miteinander:

„Das ist mein Fuß.
Mit den Füßen kann ich laufen."

„Wo ist deine Nase?"
„Meine Nase ist im Gesicht."

„Hast du nur ein Ohr?"
„Nein, ich habe zwei Ohren."

A der **Arm**,
die Arme

das **Auge**,
die Augen

B der **Bauch**,
die Bäuche

das **Bein**,
die Beine

sich **bewegen**,
sie bewegt sich

blinzeln,
er blinzelt

die **Brille**,
die Brillen

die **Brust**

bürsten,
sie bürstet

C

D

E der **Ellbogen**,
die Ellbogen

F der **Finger**,
die Finger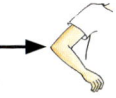

F **fühlen**,
er fühlt

der **Fuß**,
die Füße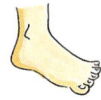

G **gähnen**,
er gähnt

gehen,
er geht

das **Gesicht**,
die Gesichter

glatt

H das **Haar**,
die Haare

sich die **Haare**
waschen,
er wäscht sich
die Haare

der **Hals**,
die Hälse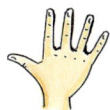

die **Hand**,
die Hände

hart,
härter

die **Haut**

H **hö**r**en**,
sie hört

hüpf**en**,
sie hüpft

I

J

K das **Kinn**
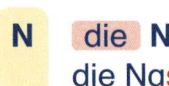

klatsch**en**,
er klatscht

das **Knie**,
die Knie

der **Kopf**,
die Köpfe

der **Körper**,
die Körper

das **Körperteil**,
die Körperteile

L **lau**f**en**,
er läuft

lieg**en**,
er liegt

die **Lippe**,
die Lippen

L **lo**ck**ig**

M der **Mund**,
die Münder

N die **Nase**,
die Nasen

nick**en**,
er nickt

O das **Ohr**,
die Ohren

P der **Po**,
die Pos

Q

R **rau**

renn**en**,
er rennt

riech**en**,
sie riecht

der **Rücken**,
die Rücken

S **schme**ck**en**,
sie schmeckt

die **Schulter**,
die Schultern

S **schütteln**,
er schüttelt

sehen,
sie sieht

sitzen,
er sitzt

der **Spiegel**,
die Spiegel

sprechen,
er spricht

die **Stirn**,
die Stirnen

T **tasten**,
sie tastet

U

V

W **weich**

winken,
er winkt

X

Y

Z der **Zeh**,
(die Zehe),
die Zehen

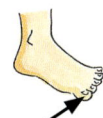

die **Zunge**,
die Zungen

der Krankenwagen

das Pflaster

die Tablette

der Verband

die Spritze

der Arzt

sich die Hände waschen

Sprecht miteinander:

„Ich bin krank.

Ich habe Schmerzen."

„Brauchst du Tabletten?"

„Ja, ich gehe zum Arzt."

„Soll ich einen Krankenwagen holen?"

„Nein, es geht mir besser."

A **ant**wor**ten**,
sie ant**wor**tet

  der **Arzt**,
die Ärz**te**

  die **Ärztin**,
die Ärz**t**innen

B **blei**ben,
er bleibt

  die **Bürs**te,
die Bürs**t**en

C

D **dir**

  dreckig

E

F **fal**len,
er fällt

  das **Fie**ber

  der **Föhn**,
die Föh**n**e

  föhnen,
sie föhnt

F **fra**gen,
er fragt

G **ge**sund,
gesunde
(der ge**sun**de Zahn),
ge**s**ünder

  die **Ge**sund**heit**

  gut,
bes**s**er

H sich die **Hän**de wa**schen**,
sie wäscht
sich die Hän**d**e

  das **Hand**tuch,
die Hand**t**ücher

I **ihm**

J

K   der **Kamm**,
die Käm**m**e

  kämmen,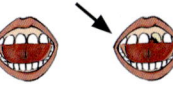
er kämmt

  krank,
krän**k**er

  das **Kran**ken**bett**,
die Kran**k**enbe**tt**en

K **das** **Kran**kenhaus,
die Kran**ken**häu**ser**

Q

R

die **Kran**ken**schwes**ter,
die Kran**ken**schwes**tern**

S **sa**gen,
er sagt

der **Kran**ken**wa**gen,
die Kran**ken**wagen

sauber

die **Krank**heit,
die Krank**heiten**

schlucken,
er schluckt

L

schmutzig

M **die** **Me**dizin

schon

mir

die **Sei**fe,
die Seifen

N **neh**men,
sie nimmt

das **Sham**poo,
die Shampoos

O

so

P **das** **Pflas**ter,
die Pflas**ter**

die **Spritze**,
die Spritzen

pflegen,
sie pflegt

T **die** **Tablet**te,
die Tablet**ten**

die **Pil**le,
die Pillen

tun,
er tut

putzen,
sie putzt

U **un**tersuchen,
er untersucht

V der **Ver**band,
die Verbände

verbinden,
er verbindet

W weh,
weh tun,
es tut weh

X

Y

Z der **Zahn**,
die Zähne

die **Zahnbürste**,
die Zahnbürsten

die **Zahnpasta**

zeigen,
sie zeigt

die Tür

der Kühlschrank

die Dusche

das Regal

das Sofa

das Waschbecken

die Toilette

der Herd

das Bad

die Küche

das Wohnzimmer

Sprecht miteinander:

„Hassan ist im Bad.
Er ist nicht im Wohnzimmer."

„Was macht Papa?"
„Papa putzt den Herd."

„Wo steht das Sofa?"
„Das Sofa steht im Wohnzimmer."

A **an**

arm,
ärmer

B das **Bad**,
die Bäder

baden,
sie badet

die **Badewanne**,
die Badewannen

der **Balkon**,
die Balkone

die **Bank**,
die Bänke

das **Bett**,
die Betten
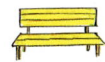

bis

der **Boden**,
die Böden

der **Brief**,
die Briefe

der **Briefkasten**,
die Briefkästen
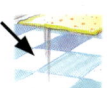

C

D das **Dach**,
die Dächer

die **Decke**,
die Decken

die **Dusche**,
die Duschen

E die **Ecke**,
die Ecken

das **Esszimmer**,
die Esszimmer

F der **Fernseher**,
die Fernseher

der **Flur**,
die Flure

für

G die **Garage**,
die Garagen

der **Garten**,
die Gärten

gehören,
es gehört mir

H **hängen**,
es hängt

H das **Haus**,
die Häuser

M

die **Hausnummer**,
die Hausnummern

N

der **Herd**,
die Herde

O

P put**zen**,
er putzt

I

Q

J

R das **Regal**,
die Regale

K der **Kamin**,
die Kamine

reich

der **Keller**,
die Keller

S **schlafen**,
sie schläft

das **Kinderzimmer**,
die Kinderzimmer

das **Schlafzimmer**,
die Schlafzimmer

die **Klingel**,
die Klingeln

der **Schrank**,
die Schränke

die **Küche**,
die Küchen

der **Sessel**,
die Sessel

der **Kühlschrank**,
die Kühlschränke

das **Sofa**,
die Sofas

L die **Lampe**,
die Lampen

stehen,
er steht

T das **Telefon**,
die Telefone

der **Teppich**,
die Teppiche

die **Toilette**,
die Toiletten

die **Treppe**,
die Treppen

die **Tür**,
die Türen

U **über**

uns,
unser,
unsere

unten

unter

V die **Vase**,
die Vasen

W die **Wand**,
die Wände

das **Waschbecken**,
die Waschbecken

W **wohnen**,
er wohnt

das **Wohnzimmer**,
die Wohnzimmer

X

Y

Z das **Zimmer**,
die Zimmer

das Schwein

das Pferd

der Vogel

der Hund

das Huhn

der Baum

der Hase

die Blume

die Katze

die Kuh

das Schaf

Sprecht miteinander:

„Laila hat einen Hasen.
Der Hase ist weiß."

„Wo ist das Pferd?"
„Das Pferd ist auf der Wiese."

„Was macht die Katze?"
„Die Katze schleicht im Gras."

A der **Affe**,
die Affen

als

die **Ameise**,
die Ameisen

die **Amsel**,
die Amseln

das **Aquarium**,
die Aquarien

der **Ast**,
die Äste

B der **Bär**,
die Bären

der **Bau**,
die Baue

bauen,
er baut

der **Bauer**,
die Bauern

die **Bäuerin**,
die Bäuerinnen

der **Bauernhof**,
die Bauernhöfe

B der **Baum**,
die Bäume

beißen,
er beißt

bellen,
er bellt

die **Biene**,
die Bienen

das **Blatt**,
die Blätter

blühen,
es blüht

die **Blume**,
die Blumen

die **Blüte**,
die Blüten

böse

brüllen,
er brüllt

der **Busch**,
die Büsche

C

D der **Delfin**,
die Delfine

dick

der **Dinosaurier**,
die Dinosaurier

dünn

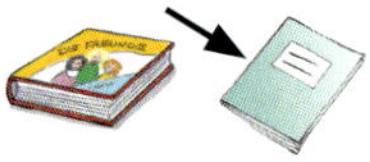

E das **Eichhörnchen**,
die Eichhörnchen

der **Elefant**,
die Elefanten

die **Ente**,
die Enten

der **Esel**,
die Esel

die **Eule**,
die Eulen

F die **Feder**,
die Federn

das **Feld**,
die Felder

das **Fell**,
die Felle

F der **Fisch**,
die Fische

die **Fliege**,
die Fliegen

fliegen,
sie fliegt

der **Flügel**,
die Flügel

fressen,
sie frisst

der **Frosch**,
die Frösche

der **Fuchs**,
die Füchse

das **Futter**

füttern,
er füttert

G die **Gans**,
die Gänse

die **Gärtnerei**,
die Gärtnereien
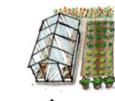

gefährlich

G die **Giraffe**,
die Giraffen

das **Gras**,
die Gräser

H der **Hahn**,
die Hähne

der **Hai**,
die Haie

der **Hamster**,
die Hamster

harmlos

der **Hase**,
die Hasen

das **Haustier**,
die Haustiere

die **Hecke**,
die Hecken

der **Hirsch**,
die Hirsche

das **Huhn**,
die Hühner

der **Hund**,
die Hunde

I der **Igel**,
die Igel

J

K der **Käfer**,
die Käfer

die **Katze**,
die Katzen

klettern,
sie klettert

knurren,
er knurrt

krabbeln,
sie krabbelt

kriechen,
er kriecht

das **Krokodil**,
die Krokodile

die **Kröte**,
die Kröten

die **Kuh**,
die Kühe

L das **Laub**

L der **Löwe**,
die Löwen

Q **quaken**,
er quakt

M die **Maus**,
die Mäuse

R der **Rabe**,
die Raben

das **Meerschweinchen**,
die Meerschweinchen

die **Ratte**,
die Ratten

miauen,
sie miaut

die **Raupe**,
die Raupen

N das **Nest**,
die Nester

das **Reh**,
die Rehe

das **Nilpferd**,
die Nilpferde

der **Rüssel**,
die Rüssel

O

S der **Sand**

P der **Papagei**,
die Papageien

sandig

das **Pferd**,
die Pferde

saufen,
sie säuft

die **Pflanze**,
die Pflanzen

das **Schaf**,
die Schafe

pflanzen,
er pflanzt

die **Schildkröte**,
die Schildkröten

das **Pony**,
die Ponys

die **Schlange**,
die Schlangen

S **schleichen**,
sie schleicht

der **Schmetterling**,
die Schmetterlinge

die **Schnecke**,
die Schnecken

schwach,
schwächer

das **Schwein**,
die Schweine

der **Seehund**,
die Seehunde

die **Spinne**,
die Spinnen

springen,
es springt

der **Stall**,
die Ställe

die **Stange**,
die Stangen

der **Stängel**,
die Stängel

stark,
stärker

S der **Strauch**,
die Sträucher

streicheln,
er streichelt

T das **Tier**,
die Tiere

der **Tiger**,
die Tiger

U

V der **Vogel**,
die Vögel

W der **Wald**,
die Wälder

der **Weg**,
die Wege

der **Wellensittich**,
die Wellensittiche

die **Wiese**,
die Wiesen

wild

das **Wildschwein**,
die Wildschweine

67

W der **Wolf**,
die Wölfe
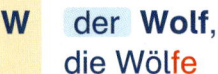

der **Wurm**,
die Würmer

die **Wurzel**,
die Wurzeln

X

Y

Z **zahm**

das **Zebra**,
die Zebras

die **Ziege**,
die Ziegen

der **Zoo**,
die Zoos

die Wolke

der Regenbogen

der Blitz

die Sonne

der Wind

der Schnee

Sprecht miteinander:

„Es regnet.
Da ist ein Regenbogen."

„Wie ist das Wetter?"
„Es ist windig."

„Warum ist es so warm?"
„Es ist so warm, weil die Sonne scheint."

69

A

B **bei**

beobachten,
sie beobachtet

bewölkt

der **Blitz,**
die Blitze

blitzen,
es blitzt

C

D **denn**

der **Donner**

donnern,
es donnert

dunkel,
dunkler

E das **Eis**

die **Erde**

F **frieren,**
sie friert

G das **Gewitter,**
die Gewitter

H der **Hagel**

hageln,
es hagelt

heiß

hell,
heller

der **Himmel**

I

J

K **kalt,**
kälter
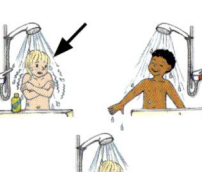

die **Kälte**

L

M **messen,**
er misst
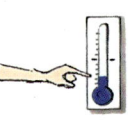

der **Mond,**
die Monde

N **nass**
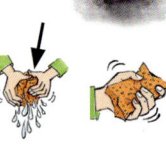

Wetter 15

N der **Nebel**,
die Nebel

neblig

O

P

Q

R der **Regen**

der **Regenbogen**,
die Regenbogen

regnen,
es regnet

S **scheinen**,
es scheint

der **Schirm**,
die Schirme

der **Schnee**

schneien,
es schneit

schwitzen,
er schwitzt

die **Sonne**,
die Sonnen

S **sonnig**

der **Stern**,
die Sterne

der **Sturm**,
die Stürme

stürmen,
es stürmt

T die **Temperatur**,
die Temperaturen

das **Thermometer**,
die Thermometer

trocken

U

V

W **warm**,
wärmer

die **Wärme**

warum

weil

das **Wetter**

71

W

der **Wetterbericht**,
die Wetterberichte

der **Wind**,
die Winde

windig

die **Wolke**,
die Wolken

X

Y

Z

In dem Wörterverzeichnis im blauen Teil sind alle Wörter nach
dem Abc geordnet.

Die **Hauptstichwörter** sind
fett gedruckt. Hinter ihnen
stehen verwandte Wörter.

der **Abend**, die Abende

das **Abend|es|sen**,
die Abendessen

abends

Auf jeder Seite siehst du das
Abc am Rand. Wenn du zum
Beispiel ein Wort mit dem
Anfangsbuchstaben **C** suchst,
dann blättere die Seiten so
lange um, bis du den dunkel
gefärbten Buchstaben **C**
siehst. Auf diesen Seiten
findest du dein Wort mit **C**.

A	A	A
B	B	B
C	C	C
D	D	D
E	E	E
F	F	F
G	G	G
H	H	H

Wenn ein **neuer Buchstabe**
beginnt, findest du einen
blauen Button, in dem der
Buchstabe steht.

Die ersten Buchstaben des
ersten und des letzten Wortes
einer Seite stehen ganz oben
auf der Seite. Das hilft dir, ein
Wort schneller zu finden.

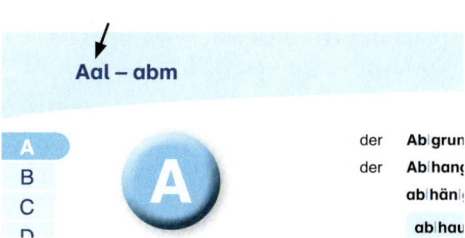

Senkrechte Striche zeigen dir, wie du ein Wort am Zeilenende trennen kannst.

der **Buch|sta|be,**
die Buchstaben,
buchstabieren
sie buchstabiert

Nomen (Namenwörter) stehen mit ihrem **Artikel (Begleiter)** im Singular (Einzahl) und im Plural (Mehrzahl). Manchmal findest du danach auch weitere Wörter dieser Wortfamilie.

der **Gast**, die Gäste,
das Gasthaus,
die Gaststätte,
gastfreundlich

Einige zusammengesetzte Wörter findest du nicht im Wörterbuch. Überlege, aus welchen Wörtern das zusammengesetzte Wort besteht, und suche diese Wörter.

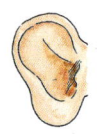 

das Ohr   **der Ring**

der Ohrring

Verben (Tunwörter) sind in der Grundform und mit den **Personalpronomen (persönlichen Fürwörtern) er**, **sie** oder **es** eingeordnet. Bei unregelmäßigen Verben sind auch die Vergangenheitsformen angegeben.

es|sen, sie isst, sie aß, sie hat gegessen

Adjektive (Eigenschaftswörter) können gesteigert werden. Adjektive, bei denen die Steigerungsformen von der Grundform abweichen, sind mit allen Formen angegeben.

groß, größer, am größten

In den blauen Infokästen findest du Bilder und Erklärungen zu besonderen Wörtern. Diese werden gleich oder ähnlich geschrieben, haben aber unterschiedliche Bedeutungen.

die **Gei|ge**, die Geigen

geil

die **Gei|sel**, die Geiseln

der **Geist**, geistig
Der Geist ist der Verstand des Menschen.

der **Geist**, die Geister
Es gibt keine Geister.

der **Geist|li|che**, die Geistlichen, geistlich
Ein Geistlicher ist ein Priester.

gei|zig, der Geiz

das **Ge|jam|mer**

75

A

A
B
C
D
E
F
G
H
I
J
K
L
M
N
O
P
Q
R
S
T
U
V
W
X
Y
Z

der **Aal**, die Aale

das **Aas**

ab

die **Ab|bil|dung**, die Abbildungen

ab|bre|chen, er bricht ab, er brach ab, er hat abgebrochen

das **Abc**

der **Abend**, die Abende

das **Abend|es|sen**, die Abendessen

abends

das **Aben|teu|er**, die Abenteuer, abenteuerlich

aber

der **Aber|glau|be**, abergläubisch

ab|fah|ren, sie fährt ab, sie fuhr ab, sie ist abgefahren, die Abfahrt

der **Ab|fall**, die Abfälle

der **Ab|flug**, die Abflüge

der **Ab|fluss**, die Abflüsse

das **Ab|gas**, die Abgase

der **Ab|grund**, die Abgründe

der **Ab|hang**, die Abhänge

ab|hän|gig

ab|hau|en, er haut ab, er hieb ab, er hat abgehauen
Er hieb den Ast ab.

ab|hau|en, er haut ab, er haute ab, er ist abgehauen
Er haute aus dem Gefängnis ab.

ab|ho|len, er holt ab

das **Abi|tur**

ab|küh|len, es kühlt ab

ab|kür|zen, er kürzt ab, die Abkürzung

ab|le|gen, er legt ab

ab|leh|nen, er lehnt ab, die Ablehnung

ab|len|ken, sie lenkt ab, die Ablenkung

die **Ab|ma|chung**, die Abmachungen

ab|mel|den, er meldet ab, die Abmeldung

ab|mes|sen,
sie misst ab,
sie maß ab,
sie hat abgemessen,
die Abmessung

abon|nie|ren
(regelmäßig geliefert
bekommen, z. B. eine
Zeitschrift),
er abonniert,
das Abonnement

ab|räu|men,
er räumt ab

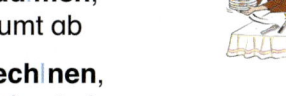

ab|rech|nen,
er rechnet ab,
die Abrechnung

ab|rei|sen, sie reist ab,
die Abreise

ab|rei|ßen, sie reißt ab,
sie riss ab,
sie hat abgerissen,
der Abriss

der **Ab|satz**,
die Absätze
An meinem Schuh ist der
Absatz abgebrochen.

der **Ab|satz**,
die Absätze
An dieser Stelle im Text
gibt es einen Absatz.

ab|schal|ten,
er schaltet ab

der **Ab|schied**,
die Abschiede

ab|schlep|pen,
sie schleppt ab,
das Abschleppseil

ab|schlie|ßen,
er schließt ab,
er schloss ab,
er hat abgeschlossen,
der Abschluss

ab|schme|cken,
sie schmeckt ab

ab|schnei|den,
er schneidet ab,
er schnitt ab,
er hat abgeschnitten,
der Abschnitt

ab|schrei|ben,
sie schreibt ab,
sie schrieb ab,
sie hat abgeschrieben

ab|seits,
im Abseits stehen,
er steht im Abseits

ab|sen|den,
er sendet ab,
er sandte ab,
er hat abgesandt,
der Absender

die **Ab|sicht**, die Absichten,
absichtlich

ab|so|lut

ab|spü|len, er spült ab

ab|stam|men,
sie stammt ab,
die Abstammung

der **Ab|stand**, die Abstände

A
B
C
D
E
F
G
H
I
J
K
L
M
N
O
P
Q
R
S
T
U
V
W
X
Y
Z

ab|stau|ben,
er staubt ab

ab|stel|len, er stellt ab

der **Ab|stieg**, die Abstiege

ab|stim|men,
sie stimmt ab,
die Abstimmung

ab|stür|zen,
er stürzt ab,
der Absturz

das **Ab|teil**, die Abteile

die **Ab|tei|lung,**
die Abteilungen

ab|tren|nen,
sie trennt ab

ab|trock|nen,
sie trocknet ab

ab|wärts

der **Ab|wasch**, abwaschen,
sie wäscht ab,
sie wusch ab,
sie hat abgewaschen,
abwaschbar

sich **ab|wech|seln,**
er wechselt sich ab,
die Abwechslung,
abwechselnd

ab|weh|ren,
sie wehrt ab, die Abwehr

ab|we|send,
die Abwesenheit

ab|wie|gen,
er wiegt ab,
er wog ab,
er hat abgewogen

das **Ab|zei|chen,**
die Abzeichen

ab|zwei|gen,
er zweigt ab,
die Abzweigung

ach!

die **Ach|se**, die Achsen

die **Ach|sel**, die Achseln

acht, achtmal,   **8**
der Achte

ach|ten, er achtet,
die Achtung, achtlos

die **Ach|ter|bahn,**
die Achterbahnen

acht|zehn   **18**

acht|zig   **80**

der **Acker**, die Äcker

die **Ac|tion** (sprich: Äkschn;
ereignisreiche
Handlung)

ad|die|ren   **2 + 2**
(zusammenzählen),
sie addiert, die Addition

die **Ader**, die Adern

das **Ad|jek|tiv** (Wiewort,
Eigenschaftswort),
die Adjektive

der **Ad|ler**, die Adler

ad|op|tie|ren,
er adoptiert,
die Adoption

die **Ad|res|se,**
die Adressen,
adressieren,
sie adressiert

der **Ad|vent,**
der Adventskalender

der **Ad|vents|kranz,**
die Adventskränze

das **Ad|verb** (Umstandswort
des Ortes, der Zeit u. a.),
die Adverbien

der **Af|fe,** die Affen

Af|ri|ka, die Afrikaner,
afrikanisch

die **AG**
(Arbeitsgemeinschaft),
die AGs

die **Ag|gres|si|on**
(angriffsbereite
Stimmung),
die Aggressionen,
aggressiv
(angriffsbereit)

ah|nen, er ahnt,
die Ahnung, ahnungslos

ähn|lich, die Ähnlichkeit

der **Ahorn,** die Ahorne

die **Äh|re,** die Ähren

das **Aids** (sprich: Eyds;
Immunkrankheit)

der **Air|bag** (sprich: Ähr-
bäg; Luftkissen im Auto,
das sich bei einem
Aufprall automatisch
aufbläst),
die Airbags

das **Ak|kor|de|on,**
die Akkordeons

der **Ak|ku** (Akkumulator),
die Akkus

der **Ak|ku|sa|tiv** (Wenfall),
die Akkusative

der **Ak|ro|bat,**
die Akrobaten,
die Akrobatin

die **Ak|te,** die Akten

die **Ak|ti|on,** die Aktionen

ak|tiv, die Aktivität

ak|tu|ell

akut (heftig, dringend)

der **Alarm,** die Alarme,
alarmieren, sie alarmiert

Al|ba|ni|en,
die Albaner, albanisch

al|bern, die Albernheit

der **Alb|traum,** auch:
Alptraum,
die Albträume

das **Al|bum,** die Alben

die **Al|ge,** die Algen

das **Ali|bi,** die Alibis

der **Al|ko|hol,** alkoholfrei

das **All** (Weltall)

A
B
C
D
E
F
G
H
I
J
K
L
M
N
O
P
Q
R
S
T
U
V
W
X
Y
Z

A
B
C
D
E
F
G
H
I
J
K
L
M
N
O
P
Q
R
S
T
U
V
W
X
Y
Z

Al|lah (Name Gottes im Islam)

al|le

die **Al|lee**, die Alleen

al|lein

al|ler|dings

die **Al|ler|gie** (überempfindliche Reaktion des Körpers), die Allergien, allergisch

Al|ler|hei|li|gen (katholisches Fest zu Ehren aller Heiligen)

al|ler|lei

al|les, alles Gute, vor allem

all|ge|mein, im Allgemeinen

all|mäh|lich (nach und nach)

der **All|tag**, alltäglich

die **Alm**, die Almen

die **Al|pen**

das **Al|pha|bet**, alphabetisch

als

al|so

alt, älter, am ältesten

der **Al|tar**, die Altäre

die **Al|ten|pfle|ge**, der Altenpfleger, die Altenpflegerin

das **Al|ter**, das Altersheim

das **Alu|mi|ni|um**, die Alufolie

am

der **Ama|teur**, die Amateure, die Amateurin

die **Amei|se**, die Ameisen

Ame|ri|ka, die Amerikaner, amerikanisch

die **Am|pel**, die Ampeln

die **Am|sel**, die Amseln

Ams|ter|dam (Hauptstadt der Niederlande), die Amsterdamer

das **Amt**, die Ämter, amtlich

an

die **Ana|nas**, die Ananasse

an|bau|en, sie baut an, der Anbau

an|bie|ten, sie bietet an, sie bot an, sie hat angeboten

der **An|blick**

die **An|dacht**, die Andachten, andächtig

an|dau|ernd

das **An|den|ken**, die Andenken

	an|de|re
	an|de|rer|seits
	än|dern, sie ändert, die Änderung
	an|ders
der	**An|drang**
	an|ei|nan|der
	an|er|ken|nen, sie erkennt an, sie erkannte an, sie hat anerkannt, die Anerkennung
der	**An|fall**, die Anfälle, anfällig
der	**An|fang**, die Anfänge, der Anfänger, die Anfängerin, anfangs
	an|fan|gen, er fängt an, er fing an, er hat angefangen
	an|fas|sen, sie fasst an
	an|feu|ern, er feuert an
	an|for|dern, sie fordert an, die Anforderung
der	**An|füh|rer**, die Anführer, die Anführerin, anführen, sie führt an
das	**An|füh|rungs|zei|chen**, die Anführungszeichen

	an|ge|ben, sie gibt an, sie gab an, sie hat angegeben, der Angeber, die Angeberin
	an|geb|lich
das	**An|ge|bot**, die Angebote
der	**An|ge|hö|ri|ge**, die Angehörigen, die Angehörige
der	**An|ge|klag|te**, die Angeklagten, die Angeklagte, anklagen, er klagt an
die	**An|gel**, die Angeln, der Angler, die Anglerin, angeln, sie angelt
die	**An|ge|le|gen|heit**, die Angelegenheiten
	an|ge|nehm
der	**An|ge|stell|te**, die Angestellten, die Angestellte
sich	**an|ge|wöh|nen**, er gewöhnt sich an
	an|grei|fen, sie greift an, sie griff an, sie hat angegriffen, der Angriff
die	**Angst**, die Ängste, sich ängstigen, sie ängstigt sich, ängstlich

an|ha|ben, er hat an,
er hatte an,
er hat angehabt

an|hal|ten, er hält an,
er hielt an,
er hat angehalten

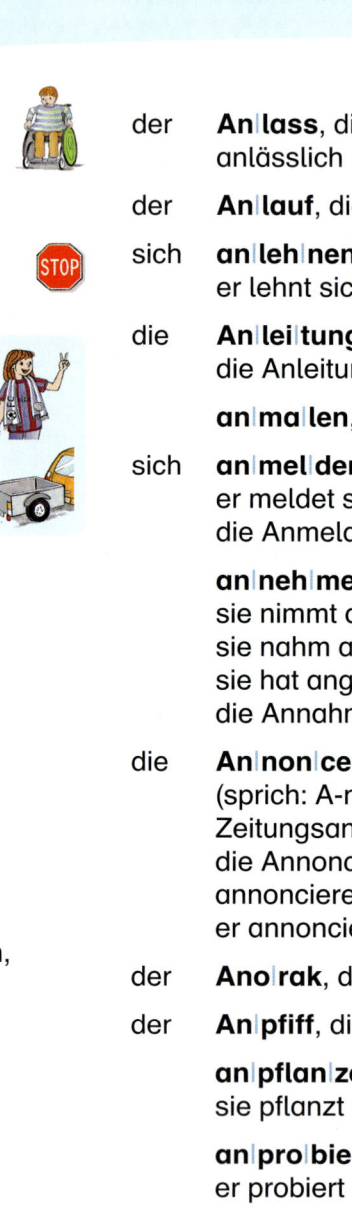

der **An|hän|ger**,
die Anhänger,
die Anhängerin

der **An|hän|ger**,
die Anhänger

die **Ani|ma|ti|on**
(Bewegung der Figuren
in Trickfilmen),
die Animationen

An|ka|ra (Hauptstadt
der Türkei)

der **An|ker**, die Anker,
ankern,
sie ankert

die **An|kla|ge**,
die Anklagen, anklagen,
er klagt an

an|klop|fen,
sie klopft an

an|kom|men,
sie kommt an,
sie kam an,
sie ist angekommen

an|kreu|zen,
er kreuzt an

die **An|kunft**

die **An|la|ge**, die Anlagen

der **An|lass**, die Anlässe,
anlässlich

der **An|lauf**, die Anläufe

sich **an|leh|nen**,
er lehnt sich an

die **An|lei|tung**,
die Anleitungen

an|ma|len, er malt an

sich **an|mel|den**,
er meldet sich an,
die Anmeldung

an|neh|men,
sie nimmt an,
sie nahm an,
sie hat angenommen,
die Annahme

die **An|non|ce**
(sprich: A-nong-se;
Zeitungsanzeige),
die Annoncen,
annoncieren,
er annonciert

der **Ano|rak**, die Anoraks

der **An|pfiff**, die Anpfiffe

an|pflan|zen,
sie pflanzt an

an|pro|bie|ren,
er probiert an

an|re|den, sie redet an,
die Anrede

an|ru|fen, er ruft an,
er rief an, er hat
angerufen,
der Anruf

die **An|sa|ge**, die Ansagen

an|schau|en,
er schaut an,
anschaulich

die **An|schau|ung**,
die Anschauungen

an|schei|nend

an|schlie|ßen,
er schließt an,
er schloss an,
er hat angeschlossen,
der Anschluss

an|schlie|ßend

sich **an|schnal|len**,
sie schnallt sich an

die **An|schrift**,
die Anschriften

an|se|hen, sie sieht an,
sie sah an,
sie hat angesehen

die **An|sicht**, die Ansichten

an|spit|zen,
er spitzt an,
der Spitzer

der **An|spruch**,
die Ansprüche

der **An|stand**, anständig

sich **an|ste|cken**,
sie steckt sich an,
die Ansteckung,
ansteckend

an|ste|hen,
sie steht an,
sie stand an,
sie hat angestanden

an|stel|len, er stellt an,
die Anstellung

an|sto|ßen, er stößt an,
er stieß an,
er hat angestoßen,
der Anstoß

sich **an|stren|gen**,
er strengt sich an,
die Anstrengung,
anstrengend

die **Ant|ark|tis** (Gebiet um
den Südpol), antarktisch

der **An|teil**, die Anteile

die **An|ten|ne**,
die Antennen

der **An|trag**, die Anträge

die **Ant|wort**, die Antworten

ant|wor|ten,
sie antwortet

an|wei|sen (jemandem
einen Auftrag geben),
sie weist an, sie wies an,
sie hat angewiesen,
die Anweisung

an|wen|den,
er wendet an,
er wendete an/
wandte an,
er hat angewendet/
angewandt,
die Anwendung

an|we|send,
die Anwesenheit

die **An|zahl**

A
B
C
D
E
F
G
H
I
J
K
L
M
N
O
P
Q
R
S
T
U
V
W
X
Y
Z

83

A
B
C
D
E
F
G
H
I
J
K
L
M
N
O
P
Q
R
S
T
U
V
W
X
Y
Z

an|zah|len,
sie zahlt an,
die Anzahlung

an|zei|gen, er zeigt an,
die Anzeige

an|zie|hen,
er zieht an,
er zog an,
er hat angezogen

sich **an|zie|hen,**
sie zieht sich an,
sie zog sich an,
sie hat sich angezogen,
der Anzug

an|zün|den,
sie zündet an

der **Ap|fel,** die Äpfel

die **Ap|fel|si|ne,**
die Apfelsinen

die **Apo|the|ke,**
die Apotheken,
der Apotheker,
die Apothekerin

der **Ap|pa|rat,** die Apparate

der **Ap|pe|tit,** appetitlich

der **Ap|plaus** (Beifall),
applaudieren,
er applaudiert

die **Ap|ri|ko|se,**
die Aprikosen

der **Ap|ril,** der Aprilscherz

das **Aqua|ri|um,**
die Aquarien

der **Äqua|tor**

Ara|bi|en, die Araber,
arabisch

die **Ar|beit,** die Arbeiten,
der Arbeiter,
die Arbeiterin,
der Arbeitgeber,
die Arbeitgeberin,
der Arbeitnehmer,
die Arbeitnehmerin,
der Arbeitsplatz

ar|bei|ten, sie arbeitet

ar|beits|los,
die Arbeitslosigkeit,
der Arbeitslose,
die Arbeitslose

der **Ar|chi|tekt,**
die Architekten,
die Architektin,
die Architektur

är|gern, er ärgert,
der Ärger, ärgerlich

sich **är|gern,** sie ärgert sich

das **Ar|gu|ment**
(Begründung),
die Argumente

die **Ark|tis** (Gebiet um den
Nordpol), arktisch

der **Arm,** die Arme

arm, ärmer,
am ärmsten,
die Armut

der **Är|mel,** die Ärmel

ar|ro|gant

die **Art,** die Arten

ar|tig

der **Ar|ti|kel**,
die Artikel

der Hund
Jedes Nomen
hat einen Artikel.

der **Ar|ti|kel**,
die Artikel

In dem Geschäft gibt es
diesen Artikel nicht.

der **Ar|ti|kel**,
die Artikel
In der Zeitung steht ein
interessanter Artikel.

der **Ar|tist**, die Artisten,
die Artistin

der **Arzt**, die Ärzte

die **Ärz|tin**, die Ärztinnen

die **Asche**

Asi|en, die Asiaten,
asiatisch

der **As|phalt**, asphaltieren,
er asphaltiert

das **Ass**,
die Asse

Beim Kartenspiel legt er
sein letztes Ass ab.

das **Ass**,
die Asse

Er ist ein Ass im Tennis.

der **As|sis|tent**,
die Assistenten,
die Assistentin

der **Ast**, die Äste

das **Asth|ma**
(Atemwegserkrankung),
der Asthmaanfall

der **As|tro|naut**,
die Astronauten,
die Astronautin

das **Asyl** (Zufluchtsort),
die Asyle,
der Asylbewerber,
die Asylbewerberin

der **Atem**, die Atmung,
atmen, er atmet,
atemlos

Athen (Haupstadt
Griechenlands), die
Athener

der **Ath|let** (Wettkämpfer im
Sport), die Athleten,
die Athletin

der **At|lan|tik** (Weltmeer)

der **At|las**, die Atlanten/
Atlasse

die **At|mos|phä|re**,
die Atmosphären
Das Raumschiff tritt
in die Atmosphäre ein.

die **At|mos|phä|re**
Es herrscht eine
freundliche Atmosphäre.

das **Atom**, die Atome,
die Atombombe,
das Atomkraftwerk

das **At|test** (Gutachten),
die Atteste

A
B
C
D
E
F
G
H
I
J
K
L
M
N
O
P
Q
R
S
T
U
V
W
X
Y
Z

die **At|trak|ti|on,**
die Attraktionen

at|trak|tiv

ät|zend

die **Au|ber|gi|ne**
(sprich: O-ber-schi-ne),
die Auberginen

auch

auf

auf|bau|en, er baut auf

auf|bre|chen,
er bricht auf,
er brach auf,
er ist aufgebrochen
Er ist zu einer langen Reise
aufgebrochen.

auf|bre|chen,
sie bricht auf,
sie brach auf,
sie hat aufgebrochen
Sie hat die Tür
aufgebrochen.

auf|ei|nan|der

der **Auf|ent|halt,**
die Aufenthalte

die **Auf|er|ste|hung**

auf|fal|len, sie fällt auf,
sie fiel auf, sie ist
aufgefallen, auffallend,
auffällig

auf|for|dern, er fordert
auf, die Aufforderung,
der Aufforderungssatz

auf|füh|ren,
sie führt auf,
die Aufführung

die **Auf|ga|be,**
die Aufgaben

der **Auf|gang,** die Aufgänge

auf|ge|ben, er gibt auf,
er gab auf,
er hat aufgegeben

auf|ge|regt

auf|hän|gen,
sie hängt auf

auf|hal|ten, sie hält auf,
sie hielt auf,
sie hat aufgehalten

auf|he|ben, er hebt auf,
er hob auf,
er hat aufgehoben

auf|hö|ren, sie hört auf

auf|kle|ben,
er klebt auf,
der Aufkleber

auf|knöp|fen,
sie knöpft auf

auf|le|gen, sie legt auf

auf|ma|chen,
er macht auf

auf|merk|sam,
die Aufmerksamkeit

auf|neh|men,
sie nimmt auf,
sie nahm auf,
sie hat aufgenommen,
die Aufnahme

auf|pas|sen,
er passt auf

auf|räu|men,
sie räumt auf

auf|recht

sich **auf|re|gen,**
sie regt sich auf,
die Aufregung

auf|re|gend

der **Auf|satz,** die Aufsätze

auf|schlie|ßen,
er schließt auf,
er schloss auf,
er hat aufgeschlossen

auf|schrei|ben,
er schreibt auf,
er schrieb auf,
er hat aufgeschrieben

auf|set|zen,
sie setzt auf

die **Auf|sicht**

auf|ste|hen,
sie steht auf,
sie stand auf,
sie ist aufgestanden

auf|stel|len,
er stellt auf,
die Aufstellung

der **Auf|trag,** die Aufträge

auf|tre|ten, er tritt auf,
er trat auf,
er ist aufgetreten,
der Auftritt

auf|wa|chen,
sie wacht auf

auf|wach|sen,
er wächst auf,
er wuchs auf,
er ist aufgewachsen

der **Auf|wand,** aufwendig,
auch: aufwändig

auf|wärts

auf|we|cken,
sie weckt auf

auf|zäh|len,
er zählt auf,
die Aufzählung

der **Auf|zug,** die Aufzüge

das **Au|ge,** die Augen,
die Augenbraue

der **Au|gen|blick,**
die Augenblicke,
augenblicklich

der **Au|gust**

die **Au|la,** die Aulas / Aulen

aus

aus|bil|den,
er bildet aus,
die Ausbildung,
der Auszubildende,
die Auszubildende

der **Aus|blick,** die Ausblicke

die **Aus|dau|er,**
ausdauernd

sich **aus|deh|nen,**
es dehnt sich aus,
die Ausdehnung

A
B
C
D
E
F
G
H
I
J
K
L
M
N
O
P
Q
R
S
T
U
V
W
X
Y
Z

A
B
C
D
E
F
G
H
I
J
K
L
M
N
O
P
Q
R
S
T
U
V
W
X
Y
Z

der **Aus|druck**,
die   Ausdrucke
Die Ausdrucke auf
diesem Papier sehen
besser aus.

der **Aus|druck**,
die   Ausdrücke
Schimpfwörter sind
schlimme Ausdrücke.

der **Aus|druck**,
die   Ausdrücke
Die Gesichter zeigen
verschiedene Ausdrücke.

aus|drü|cken,
sie drückt aus

aus|ei|nan|der

die   **Aus|ei|nan|der|set|zung**,
die Auseinandersetzungen

die   **Aus|fahrt**,
die Ausfahrten

der   **Aus|flug**, die Ausflüge

aus|führ|lich

die   **Aus|ga|be**,
die Ausgaben,
ausgeben, sie gibt aus,
sie gab aus,
sie hat ausgegeben

der   **Aus|gang**,
die Ausgänge

aus|ge|rech|net

aus|ge|zeich|net

aus|glei|chen,
er gleicht aus,
er glich aus,
er hat ausgeglichen,
der Ausgleich

der   **Aus|guss**,
die Ausgüsse

die   **Aus|kunft**,
die Auskünfte

das   **Aus|land**,
die Ausländer,
ausländisch

der   **Aus|laut**, die Auslaute

aus|lei|hen,
sie leiht aus,
sie lieh aus,
sie hat ausgeliehen,
die Ausleihe

aus|ma|len, er malt aus

die   **Aus|nah|me**,
die Ausnahmen,
ausnahmsweise

aus|pa|cken,
sie packt aus

aus|pro|bie|ren,
er probiert aus

der   **Aus|puff**, die Auspuffe

aus|rech|nen,
er rechnet aus

die   **Aus|re|de**,
die Ausreden

aus|rei|chend

aus|rei|ßen,
er reißt aus,
er riss aus,
er ist ausgerissen

aus|ru|fen, sie ruft aus,
sie rief aus,
sie hat ausgerufen,
der Ausruf

das **Aus|ru|fe|zei|chen**,
die Ausrufezeichen

sich **aus|ru|hen**,
sie ruht sich aus

aus|sa|gen,
er sagt aus,
die Aussage,
der Aussagesatz

aus|schnei|den,
er schneidet aus,
er schnitt aus,
er hat ausgeschnitten,
der Ausschnitt

aus|se|hen,
sie sieht aus,
sie sah aus,
sie hat ausgesehen,
das Aussehen

au|ßen

der **Au|ßen|sei|ter**,
die Außenseiter,
die Außenseiterin

au|ßer

au|ßer|dem

au|ßer|ge|wöhn|lich

au|ßer|halb

der **Au|ßer|ir|di|sche**,
die Außerirdischen,
die Außerirdische,
außerirdisch

äu|ßer|lich,
die Äußerlichkeit

sich **äu|ßern**, er äußert sich,
die Äußerung

die **Aus|sicht**,
die Aussichten,
aussichtslos

aus|spre|chen,
sie spricht aus,
sie sprach aus,
sie hat ausgesprochen,
die Aussprache

aus|stei|gen,
sie steigt aus,
sie stieg aus,
sie ist ausgestiegen,
der Ausstieg

aus|stel|len,
er stellt aus,
die Ausstellung

aus|su|chen,
sie sucht aus

aus|tau|schen,
er tauscht aus,
der Austausch

aus|tei|len, sie teilt aus

Au|stra|li|en,
die Australier,
australisch

aus|wäh|len,
sie wählt aus,
die Auswahl

A
B
C
D
E
F
G
H
I
J
K
L
M
N
O
P
Q
R
S
T
U
V
W
X
Y
Z

aus|wan|dern,
sie wandert aus,
die Auswanderung

aus|wärts,
das Auswärtsspiel

aus|wech|seln,
er wechselt aus

der **Aus|weg**, die Auswege,
ausweglos

aus|wei|chen,
er weicht aus,
er wich aus,
er ist ausgewichen

der **Aus|weis**,
die Ausweise,
sich ausweisen,
sie weist sich aus,
sie wies sich aus,
sie hat sich
ausgewiesen

aus|wen|dig

aus|zeich|nen,
er zeichnet aus,
die Auszeichnung

aus|zie|hen,
sie zieht aus,
sie zog aus,
sie ist ausgezogen
Sie ist aus der Wohnung
ausgezogen.

aus|zie|hen,
er zieht sie aus,
er zog sie aus,
er hat sie ausgezogen
Er zieht ihr die Schuhe aus.

sich **aus|zie|hen**,
sie zieht sich aus,
sie zog sich aus,
sie hat sich ausgezogen
Sie zieht sich die Kleider aus.

das **Au|to**, die Autos,
der Autofahrer,
die Autofahrerin,
die Autobahn

das **Au|to|gramm**,
die Autogramme

der **Au|to|mat**,
die Automaten,
automatisch

der **Au|tor** (Verfasser,
Schriftsteller),
die Autoren, die Autorin

die **Avo|ca|do**,
die Avocados

die **Axt**, die Äxte

der **Azu|bi** (Auszubildende),
die Azubis, die Azubi

B

das **Ba|by**, die Babys, der Babysitter

der **Bach**, die Bäche

die **Ba|cke**, die Backen

ba|cken, sie backt / sie bäckt

der **Bä|cker**, die Bäcker, die Bäckerin

die **Bä|cke|rei**, die Bäckereien

das **Bad**, die Bäder

der **Ba|de|an|zug**, die Badeanzüge

die **Ba|de|ho|se**, die Badehosen

ba|den, sie badet

Ba|den-Würt|tem|berg, die Baden-Württemberger, baden-württembergisch

die **Ba|de|wan|ne**, die Badewannen

der **Bag|ger**, die Bagger, baggern, sie baggert

das **Ba|guette** (sprich: Ba-gett), die Baguettes

die **Bahn**, die Bahnen, der Bahnhof

die **Bak|te|rie**, die Bakterien

ba|lan|cie|ren (sprich: ba-long-ßie-ren), sie balanciert, die Balance (sprich: Ba-longs)

bald

der **Bal|ken**, die Balken

der **Bal|kon**, die Balkone / Balkons

der **Ball**,
die **Bälle**

der **Ball**,
die **Bälle**

bal|len (die Faust …), sie ballt

das **Bal|lett**

der **Bal|lon**, die Ballone / Ballons

der **Bam|bus**

die **Ba|na|ne**, die Bananen

das **Band**,
die **Bänder**

der **Band**,
die **Bände**

die **Band** (sprich: Bähnd), die **Bands**

die **Ban|de** (Räuber …), die Banden

A
B
C
D
E
F
G
H
I
J
K
L
M
N
O
P
Q
R
S
T
U
V
W
X
Y
Z

die **Bank**,
die Bänke

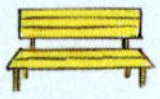

die **Bank**,
die Banken,
das Bankkonto

der **Bär**, die Bären

bar, das Bargeld,
bargeldlos

bar|fuß

der **Bart**, die Bärte, bärtig

der **Ba|sar**, die Basare

das **Ba|si|li|kum**

der **Bas|ket|ball**,
die Basketbälle

der **Bast** (Pflanzenfaser)

bas|teln, er bastelt,
die Bastelei

die **Bat|te|rie**, die Batterien

der **Bau**,
die Bauten

der **Bau**,
die Baue

der **Bau|ar|bei|ter**,
die Bauarbeiter,
die Bauarbeiterin

der **Bauch**, die Bäuche,
der Bauchnabel,
das Bauchweh

bau|en, er baut,
baufällig

der **Bau|er**, die Bauern,
bäuerlich

die **Bäu|e|rin**,
die Bäuerinnen

der **Bau|ern|hof**,
die Bauernhöfe

der **Baum**, die Bäume

bau|meln, sie baumelt

die **Baum|wol|le**

der **Bau|stein**,
die Bausteine

die **Bau|stel|le**,
die Baustellen

Bay|ern, die Bayern,
bayerisch

die **Ba|zil|le**
(Krankheitserreger),
die Bazillen

be|ach|ten, er beachtet

der **Be|am|te**, die Beamten,
die Beamtin

be|an|tra|gen,
sie beantragt

be|ant|wor|ten,
er beantwortet

be|ar|bei|ten,
sie bearbeitet

be|ben, sie bebt,
das Beben

der **Be|cher**, die Becher

das **Be|cken**,
die Be|cken

das **Be|cken**,
die Be|cken

das **Be|cken**,
die Be|cken

sich **be|dan|ken**,
er bedankt sich

der **Be|darf**

be|dau|ern,
sie bedauert,
das Bedauern,
bedauerlich

be|de|cken, sie bedeckt

be|den|ken, er bedenkt,
er bedachte,
er hat bedacht,
die Bedenken

be|deu|ten,
es bedeutet,
die Bedeutung,
bedeutend,
bedeutungslos

be|die|nen, er bedient,
die Bedienung

die **Be|din|gung**,
die Bedingungen,
bedingungslos

be|dro|hen,
sie bedroht,
die Bedrohung,
bedrohlich

das **Be|dürf|nis**,
die Bedürfnisse,
bedürftig

sich **be|ei|len**, er beeilt sich

be|ein|dru|cken,
sie beeindruckt

be|ein|flus|sen,
er beeinflusst,
die Beeinflussung

be|en|den, sie beendet

be|er|di|gen,
er beerdigt,
die Beerdigung

die **Bee|re**, die Beeren

das **Beet**, die Beete

be|feh|len, er befiehlt,
er befahl,
er hat befohlen,
der Befehl

be|fes|ti|gen,
sie befestigt,
die Befestigung

sich **be|fin|den**, er befindet
sich, er befand sich,
er hat sich befunden

be|frei|en, sie befreit,
die Befreiung

be|frie|di|gend,
die Befriedigung

be|fruch|ten,
sie befruchtet,
die Befruchtung

be|gabt, die Begabung

be|geg|nen,
er begegnet,
die Begegnung

A
B
C
D
E
F
G
H
I
J
K
L
M
N
O
P
Q
R
S
T
U
V
W
X
Y
Z

sich **be|geis|tern**,
sie begeistert sich,
die Begeisterung

be|gin|nen, es beginnt,
es begann,
es hat begonnen,
der Beginn

be|glei|ten,
sie begleitet,
die Begleitung

be|gra|ben, er begräbt,
er begrub,
er hat begraben,
das Begräbnis

be|grei|fen, er begreift,
er begriff,
er hat begriffen,
der Begriff

be|grün|den,
sie begründet,
die Begründung

be|grü|ßen, er begrüßt,
die Begrüßung

be|hal|ten, er behält,
er behielt,
er hat behalten

der **Be|häl|ter**, die Behälter

be|han|deln,
sie behandelt,
die Behandlung

be|har|ren, er beharrt,
beharrlich

be|haup|ten,
sie behauptet,
die Behauptung

be|herr|schen,
er beherrscht,
die Beherrschung

be|hilf|lich

be|hin|dern,
sie behindert

be|hin|dert,
die Behinderung,
der Behinderte,
die Behinderte

die **Be|hör|de**,
die Behörden

be|hü|ten, er behütet

be|hut|sam

bei, beim

bei|brin|gen,
sie bringt bei,
sie brachte bei,
sie hat beigebracht

beich|ten, er beichtet,
die Beichte

bei|de, beides

bei|ei|nan|der

der **Bei|fah|rer**,
die Beifahrer,
die Beifahrerin

der **Bei|fall**

beige (sprich:
behsch; sandfarben)

das **Beil**, die Beile

das **Bein**, die Beine

bei|na|he

bei|sam|men

das **Bei**|**spiel**, die Beispiele,
zum Beispiel (z. B.)

bei|**ßen**, er beißt,
er biss, er hat gebissen

bei|**tra**|**gen**,
sie trägt bei, sie trug bei,
sie hat beigetragen,
der Beitrag

be|**kannt**, der Bekannte,
die Bekannte,
die Bekanntschaft

die **Be**|**klei**|**dung**

be|**kom**|**men**,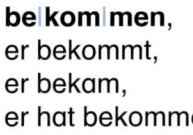
er bekommt,
er bekam,
er hat bekommen

der **Be**|**lag**, die Beläge

be|**läs**|**ti**|**gen**,
sie belästigt,
die Belästigung

be|**lei**|**di**|**gen**,
er beleidigt,
die Beleidigung

be|**leuch**|**ten**,
sie beleuchtet,
die Beleuchtung

Bel|**gi**|**en**, die Belgier,
belgisch

Bel|**grad** (Hauptstadt
Serbiens),
die Belgrader

be|**lie**|**big**

be|**liebt**, die Beliebtheit

bel|**len**, er bellt,
das Gebell

be|**loh**|**nen**, sie belohnt,
die Belohnung

be|**ma**|**len**, er bemalt,
die Bemalung

be|**mer**|**ken**,
sie bemerkt,
die Bemerkung

sich **be**|**mü**|**hen**,
er bemüht sich,
die Bemühung

be|**nach**|**rich**|**ti**|**gen**,
sie benachrichtigt,
die Benachrichtigung

sich **be**|**neh**|**men**,
er benimmt sich,
er benahm sich,
er hat sich benommen,
das Benehmen

be|**nei**|**den**,
sie beneidet

be|**nen**|**nen**,
sie benennt,
sie benannte,
sie hat benannt

be|**no**|**ten**, er benotet,
die Benotung

be|**nö**|**ti**|**gen**,
sie benötigt

be|**nut**|**zen**, er benutzt,
die Benutzung

das **Ben**|**zin**

be|**ob**|**ach**|**ten**,
sie beobachtet,
die Beobachtung

A
B
C
D
E
F
G
H
I
J
K
L
M
N
O
P
Q
R
S
T
U
V
W
X
Y
Z

be|quem,
die Bequemlichkeit

be|ra|ten, er berät,
er beriet, er hat beraten,
die Beratung

be|rech|ti|gen,
sie berechtigt,
die Berechtigung

der **Be|reich**, die Bereiche

be|reit, die Bereitschaft

be|reits

be|reu|en, er bereut

der **Berg**, die Berge,
bergig,
der Bergsteiger,
die Bergsteigerin

ber|gen, er birgt,
er barg,
er hat geborgen,
die Bergung

der **Be|richt**, die Berichte

be|rich|ten, er berichtet

be|rich|ti|gen,
sie berichtigt

Ber|lin (Hauptstadt
Deutschlands),
die Berliner, berlinerisch

Bern (Hauptstadt der
Schweiz), die Berner

be|rück|sich|ti|gen,
sie berücksichtigt,
die Berücksichtigung

der **Be|ruf**, die Berufe,
beruflich,
berufstätig

sich **be|ru|hi|gen**,
er beruhigt sich,
die Beruhigung

be|rühmt,
die Berühmtheit

be|rüh|ren, sie berührt,
die Berührung

die **Be|sat|zung**,
die Besatzungen

be|schä|di|gen,
er beschädigt,
die Beschädigung

sich **be|schäf|ti|gen**,
sie beschäftigt sich,
die Beschäftigung

der **Be|scheid**,
die Bescheide

die **Be|schei|den|heit**,
bescheiden

be|schei|ni|gen,
er bescheinigt,
die Bescheinigung

be|sche|ren,
sie beschert,
die Bescherung

be|schleu|ni|gen,
sie beschleunigt,
die Beschleunigung

be|schlie|ßen,
er beschließt,
er beschloss,
er hat beschlossen,
der Beschluss

be|schmut|zen,
sie beschmutzt

sich be|schrän|ken,
er beschränkt sich,
die Beschränkung

be|schrei|ben,
sie beschreibt,
sie beschrieb,
sie hat beschrieben,
die Beschreibung

be|schrif|ten,
er beschriftet,
die Beschriftung

be|schul|di|gen,
sie beschuldigt,
die Beschuldigung

be|schüt|zen,
er beschützt

sich be|schwe|ren,
sie beschwert sich,
die Beschwerde

be|sei|ti|gen,
er beseitigt,
die Beseitigung

der Be|sen, die Besen

be|set|zen, sie besetzt,
die Besetzung

be|sich|ti|gen,
er besichtigt,
die Besichtigung

be|sie|gen, sie besiegt

sich be|sin|nen,
sie besinnt sich,
sie besann sich,
sie hat sich besonnen,
die Besinnung

be|sit|zen,
er besitzt, er besaß,
er hat besessen,
der Besitz, der Besitzer,
die Besitzerin

be|son|ders

be|sor|gen, sie besorgt,
die Besorgung

be|spre|chen,
er bespricht,
er besprach,
er hat besprochen,
die Besprechung

bes|ser → gut,
am besten,
die Besserung

sich bes|sern,
sie bessert sich

be|stä|ti|gen,
er bestätigt,
die Bestätigung

be|stäu|ben,
sie bestäubt,
die Bestäubung

be|ste|chen,
er besticht, er bestach,
er hat bestochen,
die Bestechung

das Be|steck, die Bestecke

be|ste|hen, sie besteht,
sie bestand,
sie hat bestanden

be|stel|len, er bestellt,
die Bestellung

am bes|ten → gut, besser,
das Beste

A
B
C
D
E
F
G
H
I
J
K
L
M
N
O
P
Q
R
S
T
U
V
W
X
Y
Z

die **Bes|tie**, die Bestien

be|stim|men,
sie bestimmt,
die Bestimmung

be|stra|fen, er bestraft,
die Bestrafung

be|strei|chen,
er bestreicht,
er bestrich,
er hat bestrichen

be|su|chen,
er besucht, der Besuch,
der Besucher,
die Besucherin

die **Be|täu|bung**,
die Betäubungen

sich **be|tei|li|gen**,
sie beteiligt sich,
die Beteiligung

be|ten, er betet,
das Gebet

der **Be|ton**

be|to|nen, er betont,
die Betonung

be|trach|ten,
sie betrachtet,
die Betrachtung

der **Be|trag**, die Beträge

be|treu|en, er betreut,
die Betreuung,
der Betreuer,
die Betreuerin

der **Be|trieb**, die Betriebe

be|trü|gen,
er betrügt, er betrog,
er hat betrogen,
der Betrug, der
Betrüger, die Betrügerin

das **Bett**, die Betten

bet|teln, sie bettelt,
der Bettler, die Bettlerin

sich **beu|gen**, er beugt sich

die **Beu|le**, die Beulen

be|ur|tei|len,
sie beurteilt,
die Beurteilung

die **Beu|te**

der **Beu|tel**, die Beutel

die **Be|völ|ke|rung**

be|vor

be|vor|zu|gen,
sie bevorzugt

be|wa|chen,
sie bewacht,
die Bewachung

be|wah|ren, er bewahrt

sich **be|wäh|ren**,
sie bewährt sich,
die Bewährung

die **Be|wäs|se|rung**,
bewässern,
sie bewässert

sich **be|we|gen**,
sie bewegt sich,
die Bewegung,
beweglich,
bewegungslos

be|wei|sen,
er beweist, er bewies,
er hat bewiesen,
der Beweis

sich be|wer|ben,
er bewirbt sich,
er bewarb sich,
er hat sich beworben,
die Bewerbung

be|wil|li|gen,
sie bewilligt,
die Bewilligung

be|woh|nen,
sie bewohnt,
der Bewohner,
die Bewohnerin

be|wölkt,
die Bewölkung

be|wun|dern,
sie bewundert,
die Bewunderung

be|wusst, bewusstlos,
das Bewusstsein

be|zah|len,
sie bezahlt,
die Bezahlung

be|zeich|nen,
sie bezeichnet,
die Bezeichnung

be|zie|hen, er bezieht,
er bezog,
er hat bezogen

die Be|zie|hung,
die Beziehungen

der Be|zirk, die Bezirke

der Be|zug, die Bezüge,
bezüglich

die Bi|bel, die Bibeln

der Bi|ber, die Biber

die Bib|lio|thek,
die Bibliotheken,
der Bibliothekar,
die Bibliothekarin

bie|gen, er biegt,
er bog, er hat gebogen,
die Biegung, biegsam

die Bie|ne, die Bienen

das Bier, die Biere

das Biest, die Biester

bie|ten, sie bietet,
sie bot, sie hat geboten

der Bi|ki|ni, die Bikinis

das Bild, die Bilder,
das Bilderbuch,
der Bildschirm

sich bil|den, er bildet sich,
die Bildung

bil|lig

5 €   200 €

bin → sein

bin|den, er bindet,
er band,
er hat gebunden,
die Binde, die Bindung,
der Bindestrich

das Bin|de|wort
(Konjunktion),
die Bindewörter

die Bio|lo|gie, biologisch

A
B
C
D
E
F
G
H
I
J
K
L
M
N
O
P
Q
R
S
T
U
V
W
X
Y
Z

die **Bir|ke**, die Birken

die **Bir|ne**, die Birnen

bis, bisher

der **Bi|schof**, die Bischöfe,
die Bischöfin

der **Biss**, die Bisse, bissig

ein **biss|chen**

bist → sein

das **Bit** (Informationseinheit),
die Bits

die **Bit|te**, die Bitten

bit|te

bit|ten, sie bittet,
sie bat, sie hat gebeten

bit|ter

blä|hen, es bläht

die **Blä|hung**,
die Blähungen

die **Bla|ma|ge**
(sprich: Bla-mah-sche),
die Blamagen,
sich blamieren,
sie blamiert sich

blank

die **Bla|se**, die Blasen

bla|sen, er bläst,
er blies, er hat geblasen

blass, blasser/blässer,
am blassesten/
blässesten

das **Blatt**, die Blätter

blät|tern, sie blättert

blau, das Blau,
das Blaulicht

das **Blech**, die Bleche

das **Blei**, bleifrei

blei|ben, er bleibt,
er blieb, er ist geblieben,
die Bleibe

bleich

der **Blei|stift**, die Bleistifte

blen|den, sie blendet

bli|cken, er blickt,
der Blick

blind, der Blinde,
die Blinde,
die Blindenschrift

der **Blind|darm**

blin|ken, sie blinkt

der **Blin|ker**, die Blinker

blin|zeln, er blinzelt

der **Blitz**, die Blitze

blit|zen, es blitzt

der **Block**, die Blöcke

die **Block|flö|te**,
die Blockflöten

blöd/blöde,
der Blödsinn

blö|ken, es blökt

blond

bloß

blub|bern, es blubbert

blü|hen, es blüht

die	**Blu|me**, die Blumen, der Blumenstrauß, die Blumenvase
der	**Blu|men|kohl**
der	**Blu|men|la|den**, die Blumenläden
die	**Blu|se**, die Blusen
das	**Blut**, bluten, er blutet, blutig
die	**Blü|te**, die Blüten
der	**Bock**, die Böcke, bockig
der	**Bo|den**, die Böden
der	**Bo|den|see**
der	**Bo|gen**, die Bogen
die	**Boh|ne**, die Bohnen
	boh|ren, sie bohrt
der	**Boh|rer**, die Bohrer, die Bohrmaschine
die	**Bo|je**, die Bojen
die	**Bom|be**, die Bomben
der	**Bon** (Kassenzettel), die Bons
das/ der	**Bon|bon**, die Bonbons
das	**Boot**, die Boote
der	**Bord|stein**, die Bordsteine
	bor|gen, sie borgt
die	**Bör|se** (Wertpapiermarkt), die Börsen
die	**Bors|te**, die Borsten

die	**Bö|schung**, die Böschungen
	bö|se, boshaft
	Bos|ni|en-Her|ze|go|wi|na, die Bosnier, bosnisch, die Herzegowiner
der	**Bo|te**, die Boten, die Botin
die	**Bot|schaft**, die Botschaften
die	**Bou|tique** (sprich: Bu-tiek; kleines Geschäft), die Boutiquen
	bo|xen, er boxt, der Boxer, die Boxerin
der	**Brand**, die Brände
	Bran|den|burg, die Brandenburger, brandenburgisch
die	**Bran|dung**
	bra|ten, er brät, er briet, er hat gebraten, der Braten, die Bratpfanne, die Bratwurst
	Bra|tis|la|va (Hauptstadt der Slowakei)
der	**Brauch**, die Bräuche, das Brauchtum
	brau|chen, er braucht, brauchbar

A
B
C
D
E
F
G
H
I
J
K
L
M
N
O
P
Q
R
S
T
U
V
W
X
Y
Z

A
B
C
D
E
F
G
H
I
J
K
L
M
N
O
P
Q
R
S
T
U
V
W
X
Y
Z

brau|en, er braut,
die Brauerei

braun, das Braun

sich **bräu|nen**,
sie bräunt sich,
die Bräune

die **Brau|se**, die Brausen,
brausen, es braust

die **Braut**, die Bräute,
der Bräutigam,
das Brautkleid,
das Brautpaar

brav

bra|vo!

bre|chen, es bricht,
es brach,
es ist gebrochen,
der Bruch

der **Brei**, die Breie, breiig

breit, die Breite

Bre|men, die Bremer,
bremisch

brem|sen, sie bremst,
die Bremse

bren|nen, es brennt,
es brannte,
es hat gebrannt,
das Brennholz

die **Brenn|nes|sel**,
die Brennnesseln

das **Brett**, die Bretter

die **Bre|zel**, die Brezeln

der **Brief**, die Briefe,
die Briefmarke,
der Briefträger,
die Briefträgerin

der **Brief|kas|ten**,
die Briefkästen

die **Bril|le**, die Brillen

brin|gen, er bringt,
er brachte,
er hat gebracht

die **Bri|se**, die Brisen

der **Bro|cken**, die Brocken,
bröckeln, es bröckelt

bro|deln, es brodelt

der **Brok|ko|li**, auch:
Broccoli

die **Brom|bee|re**,
die Brombeeren

die **Bron|chi|tis**
(Atemwegserkrankung)

die **Bron|ze**,
die Bronzemedaille

die **Bro|sche**, die Broschen

die **Bro|schü|re**,
die Broschüren

das **Brot**, die Brote

das **Bröt|chen**, die Brötchen

der **Bruch**, die Brüche,
brüchig

die **Brü|cke**, die Brücken

der **Bru|der**,
die Brüder,
brüderlich

die **Brü|he**

brül|len, er brüllt, das Gebrüll

brum|men, er brummt

der **Brun|nen**, die Brunnen

Brüs|sel (Hauptstadt Belgiens), die Brüsseler

---

die **Brust**
Der Arzt untersucht seine Brust.

die **Brust**, die Brüste
Sie gibt ihrem Kind die Brust.

---

die **Brüs|tung**, die Brüstungen

bru|tal, die Brutalität

brü|ten, er brütet, die Brut, der Brutkasten

brut|to, der Bruttolohn

der **Bub**, die Buben

das **Buch**, die Bücher, die Bücherei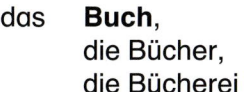

die **Bu|che**, die Buchen

das **Bü|cher|re|gal**, die Bücherregale

der **Buch|la|den**, die Buchläden

der **Buch|sta|be**, die Buchstaben, buchstabieren sie buchstabiert

die **Bucht**, die Buchten

der **Bu|ckel**, die Buckel

sich **bü|cken**, er bückt sich

Bu|da|pest (Hauptstadt Ungarns), die Budapester

bud|deln, sie buddelt

der **Bud|dha**, der Buddhismus, der Buddhist, die Buddhistin, buddhistisch

die **Bu|de**, die Buden

der **Büf|fel**, die Büffel

der **Bü|gel**, die Bügel

bü|geln, er bügelt, das Bügelbrett, das Bügeleisen

die **Büh|ne**, die Bühnen

Bu|ka|rest (Hauptstadt Rumäniens), die Bukarester

Bul|ga|ri|en, die Bulgaren, bulgarisch

der **Bul|le**, die Bullen

der **Bu|me|rang**, die Bumerangs / Bumerange

A
B
C
D
E
F
G
H
I
J
K
L
M
N
O
P
Q
R
S
T
U
V
W
X
Y
Z

A
B
C
D
E
F
G
H
I
J
K
L
M
N
O
P
Q
R
S
T
U
V
W
X
Y
Z

bum|meln,
sie bummelt,
der Bummel

das **Bund**,
die Bunde
Sie kauft ein Bund
Kräuter.

der **Bund**,
die Bünde,
der Bundeskanzler,
die Bundeskanzlerin,
das Bundesland,
die Bundesliga,
die Bundesregierung,
die Bundesrepublik,
die Bundeswehr
Wir schließen einen Bund
fürs Leben.

der **Bund**,
die Bünde
Die Hose ist
am Bund zu eng.

das **Bün|del**, die Bündel,
bündeln, er bündelt

das **Bünd|nis**,
die Bündnisse

bunt

der **Bunt|stift**, die Buntstifte

die **Burg**, die Burgen

der **Bür|ger**, die Bürger,
die Bürgerin,
das Bürgerbüro,
der Bürgermeister,
die Bürgermeisterin

der **Bür|ger|steig**,
die Bürgersteige

das **Bü|ro**, die Büros

die **Bürs|te**, die Bürsten

bürs|ten, sie bürstet

der **Bus**, die Busse,
der Busfahrer,
die Busfahrerin

der **Busch**, die Büsche,
buschig

das **Bü|schel**, die Büschel

der **Bu|sen**, die Busen

die **Bus|hal|te|stel|le**,
die Bushaltestellen

bü|ßen, er büßt,
die Buße

die **But|ter**,
das Butterbrot,
die Buttermilch

bye-bye!
(sprich: bei-bei;
tschüss!)

das **Byte** (sprich: beit;
Informationseinheit),
die Bytes

ca. (circa; ungefähr)

das **Ca|brio**, die Cabrios

das **Ca|fé**, die Cafés,
die Cafeteria

cam|pen,
sie campt, die Camper,
der Campingplatz

die **CD**, die CDs,
der CD-Player,
die CD-ROM

das **Cel|lo** (sprich: Tschel-lo;
Streichinstrument),
die Cellos / Celli

Cel|si|us (C)

der **Cent** (ct), die Cent

das **Cha|mä|le|on**,
die Chamäleons

der **Cham|pi|gnon** (Pilz),
die Champignons

die **Chan|ce**, die Chancen

das **Cha|os** (Unordnung),
chaotisch

der **Cha|rak|ter**,
die Charaktere,
charakteristisch

der **Chat** (sprich: Tschätt),
die Chats, chatten,
sie chattet

che|cken (überprüfen),
er checkt, die Checkliste

der **Chef**, die Chefs,
die Chefin

die **Che|mie**, der Chemiker,
die Chemikerin,
chemisch

der **Chi|co|rée**, auch:
Schikoree,
die Chicorées

Chi|na, die Chinesen,
chinesisch

der **Chi|rurg**, die Chirurgen,
die Chirurgin

das **Chlor**

der **Chor** (Gesangsgruppe),
die Chöre

der **Christ**, die Christen,
die Christin, Christus,
das Christentum,
christlich

der **Christ|baum**,
die Christbäume

cir|ca (ca.; ungefähr),
auch: zirka

die **Ci|ty**, die Citys

cle|ver (schlau)

die **Cli|que** (Freundeskreis),
die Cliquen

der **Clown**, die Clowns

cm (Zentimeter)

die /
das **Co|la**, die Colas

A
B
C
D
E
F
G
H
I
J
K
L
M
N
O
P
Q
R
S
T
U
V
W
X
Y
Z

das/
der **Co|mic**, die Comics,
das Comicheft

der **Com|pu|ter**,
die Computer

der **Con|tai|ner** (Behälter),
die Container

cool

die **Corn|flakes**
(sprich: Korn-fleyks)

die **Couch**
(sprich: Kautsch;
Liegesofa),
die Couches/Couchen

das/
der **Cous|cous**,
auch: Kuskus

der **Cou|sin**
(sprich: Ku-seng),
die Cousins

die **Cou|si|ne**, auch:
Kusine, die Cousinen

der **Cow|boy**, die Cowboys

die **Creme**, auch:
die Krem/Kreme,
die Cremes, cremig

das **Crois|sant**
(sprich: Kroa-song),
die Croissants

das/
der **Cur|ry**, die Currywurst

D

da

da|bei

das **Dach**,
die Dächer

der **Dachs**, die Dachse

der **Da|ckel**, die Dackel

da|durch

da|für

da|ge|gen

da|heim

da|her

da|hin

da|hin|ten

da|hin|ter

da|mals

die **Da|me**, die Damen

da|mit

däm|lich,
die Dämlichkeit

der **Damm**, die Dämme,
dämmen, er dämmt

die **Däm|me|rung**,
dämmern, es dämmert,
dämmrig

der **Dampf**, die Dämpfe,
dampfen, es dampft

da|nach

da|ne|ben

Dä|ne|mark,
die Dänen, dänisch

dan|ke

dan|ken, sie dankt,
der Dank, dankbar,
die Dankbarkeit,
Danke schön!

dann

da|ran

da|rauf

da|raus

da|rin

der **Darm**, die Därme

dar|stel|len,
er stellt dar,
der Darsteller,
die Darstellerin,
die Darstellung

da|rü|ber

da|rum

da|run|ter

das

das|je|ni|ge

dass

das|sel|be

die **Da|tei**, die Dateien

der **Da|tiv** (Wemfall),
die Dative,
das Dativobjekt

die **Dat|tel**, die Datteln

das **Da|tum**, die Daten

dau|ern, es dauert,
die Dauer, dauerhaft,
dauernd

der **Dau|men**, die Daumen

da|von

da|vor

da|zu

da|zu|ge|hö|ren,
sie gehört dazu

da|zwi|schen

die **DDR** (Deutsche
Demokratische
Republik: ehemaliger
deutscher Staat, der von
1949–1990 existierte)

das **Deck** (Stockwerk im
Schiff), die Decks

die **De|cke**, die Decken

der **De|ckel**, die Deckel

de|cken, sie deckt

de|fekt (kaputt),
der Defekt

deh|nen, er dehnt,
die Dehnung

der **Deich**, die Deiche

die **Deich|sel**,
die Deichseln

dein, deine, deiner,
deinem, deinen

de|ko|rie|ren,
sie dekoriert,
die Dekoration

Del – d. h.

A
B
C
D
E
F
G
H
I
J
K
L
M
N
O
P
Q
R
S
T
U
V
W
X
Y
Z

der **Del|fin**, auch: Delphin, die Delfine

die **Del|le**, die Dellen

dem

dem|nach

dem|nächst

die **De|mo|kra|tie** (Staatsform, in der die Herrschaft vom Volk ausgeht), die Demokratien, demokratisch

de|mons|trie|ren, er demonstriert, die Demonstration

die **De|mut**, demütig

den

dei|nen

den|ken, er denkt, er dachte, er hat gedacht, denkbar

das **Denk|mal**, die Denkmäler

denn

den|noch

das **Deo** (Deodorant), die Deos

die **De|po|nie** (Müllabladeplatz), die Deponien

der

der|ar|tig

derb

de|ren

der|je|ni|ge

der|sel|be

des

des|halb

der **Desk|top**, die Desktops

des|sen

das **Des|sert**, die Desserts

des|to (je … desto …)

des|we|gen

das **De|tail** (sprich: Deh-tai), die Details

der **De|tek|tiv**, die Detektive, die Detektivin

deu|ten, sie deutet, die Deutung

deut|lich

deutsch, auf Deutsch, Deutsch sprechen, Deutsch lernen, der Deutschunterricht

Deutsch|land, die Deutschen

der **De|zem|ber**

der / das **De|zi|me|ter** (1 dm = 10 cm)

d. h. (das heißt)

108

der **Dia|be|tes**
(Zuckerkrankheit),
der Diabetiker,
die Diabetikerin

dia|go|nal
(schräglaufend),
die Diagonale

der **Dia|lekt**, die Dialekte

der **Dia|log**, die Dialoge

der **Dia|mant**,
die Diamanten

die **Di|ät**, die Diäten

dich

dicht, die Dichte

dich|ten, sie dichtet,
die Dichtung,
der Dichter,
die Dichterin

dick

das **Di|ckicht**

die

der **Dieb**, die Diebe,
die Diebin, der Diebstahl

die|je|ni|ge

die **Die|le**, die Dielen

die|nen, er dient,
der Diener, die Dienerin

der **Dienst**, die Dienste,
dienstlich,
die Dienstleistung

der **Diens|tag**,
die Dienstage,
dienstags

dies, diesem, diesen

der **Die|sel**

die|sel|be

die|ser, diese, dieses

dies|mal, aber:
dieses Mal

die **Dif|fe|renz**
(Unterschied),
die Differenzen

di|gi|tal,
die Digitalkamera,
die Digitaluhr

das **Dik|tat**, die Diktate,
diktieren, sie diktiert

die **Dik|ta|tur** (Staatsform,
bei der die Herrschaft
von einer Person
ausgeht), die Diktaturen,
der Diktator,
die Diktatorin,
diktatorisch

der **Dill** (Gewürzpflanze)

das **Ding**, die Dinge

der **Di|no|sau|ri|er**,
die Dinosaurier

dir

di|rekt

der **Di|rek|tor**,
die Direktoren,
die Direktorin

der **Di|ri|gent**,
die Dirigenten,
die Dirigentin, dirigieren,
er dirigiert

A
B
C
D
E
F
G
H
I
J
K
L
M
N
O
P
Q
R
S
T
U
V
W
X
Y
Z

das **Dirndl** (Trachtenkleid),
die Dirndln

die **Dis|co** (Discothek),
auch: Disko, die Discos

dis|ku|tie|ren,
sie diskutiert,
die Diskussion

das **Dis|play**, die Displays

die **Dis|tanz**, die Distanzen

die **Dis|tel**, die Disteln

die **Dis|zi|plin** (Einhaltung
von Regeln), diszipliniert

di|vi|die|ren (teilen),   **4 : 2**
sie dividiert,
der Dividend,
die Division, der Divisor

der **DJ** (Discjockey), die DJs

doch

der **Docht**, die Dochte

der **Dok|tor** (Dr.),
die Doktoren,
die Doktorin

das **Do|ku|ment**,
die Dokumente

der **Dolch**, die Dolche

der **Dol|lar** ($), die Dollars

der **Dol|met|scher**,
die Dolmetscher,
die Dolmetscherin,
dolmetschen,
er dolmetscht

der **Dom**, die Dome

das **Do|mi|no** (Spiel)

der **Domp|teur**,
die Dompteure,
die Dompteurin

die **Do|nau** (Fluss)

der **Dö|ner** (Döner Kebab),
die Döner

der **Don|ner**

don|nern,
es donnert

der **Don|ners|tag**,
die Donnerstage,
donnerstags

doof, die Doofheit

dop|pelt,
der Doppelpunkt,
das Doppelzimmer

das **Dorf**, die Dörfer,
dörflich

der **Dorn**, die Dornen,
dornig

dort

dort|her

dort|hin

die **Do|se**, die Dosen

dö|sen, er döst

der /
das **Dot|ter**, die Dotter

down|loa|den,
sie downloadet,
der Download

der **Dra|che**,
die Drachen

der **Dra|chen**,
die Drachen

der **Draht**, die Drähte,
drahtlos

das **Dra|ma** (Theaterstück),
die Dramen, dramatisch

dran

drän|geln, er drängelt,
die Drängelei

drän|gen, sie drängt,
der Drang,
das Gedränge

drauf

drau|ßen

der **Dreck**

dre|ckig

dre|hen, er dreht,
die Drehung

drei, dreimal,   **3**
die Dreiviertelstunde

das **Drei|eck**, die Dreiecke,
dreieckig

drei|ßig   **30**

drei|zehn   **13**

dres|sie|ren,
sie dressiert,
die Dressur

drib|beln, er dribbelt,
das Dribbling

drin

drin|gend

drin|nen

der **Drit|te**, ein Drittel,
drittens

die **Dro|ge** (Rauschgift),
die Drogen,
drogenabhängig

die **Dro|ge|rie**,
die Drogerien

dro|hen, sie droht,
die Drohung, drohend

dröh|nen, es dröhnt

das **Dro|me|dar**,
die Dromedare

drü|ben

dru|cken, er druckt,
der Druck, der Drucker,
die Druckerei
In der Druckerei werden
Bücher gedruckt.

drü|cken, er drückt,
der Druck
Sie drücken die Hände
gegeneinander.

die **Drü|se**, die Drüsen

der **Dschun|gel**,
die Dschungel

du

der **Dü|bel**, die Dübel

Dub|lin (Hauptstadt
Irlands), die Dubliner

sich **du|cken**,
er duckt sich

A
B
C
D
E
F
G
H
I
J
K
L
M
N
O
P
Q
R
S
T
U
V
W
X
Y
Z

der **Duft**, die Düfte, duften,
es duftet

dul|den, er duldet

dumm, dümmer,
am dümmsten,
die Dummheit

dumpf

die **Dü|ne**, die Dünen

dün|gen, sie düngt,
der Dünger

dun|kel, dunkler,
am dunkelsten,
die Dunkelheit,
dunkelhaarig,
dunkelhäutig

dun|kel|blau

dun|kel|braun

dun|kel|grün

dun|kel|rot

dünn

der **Dunst**, die Dünste

das **Duo**, die Duos

das **Dur**

durch

durch|aus

der **Durch|blick**,
durchblicken,
er blickt durch

durch|dre|hen,
es dreht durch

durch|ei|nan|der,
das Durcheinander

der **Durch|fall**

durch|fal|len,
er fällt durch,
er fiel durch,
er ist durchgefallen

durch|füh|ren,
sie führt durch

der **Durch|gang**,
die Durchgänge

durch|hal|ten,
sie hält durch,
sie hielt durch,
sie hat durchgehalten

der **Durch|mes|ser**,
die Durchmesser

durch|que|ren,
er durchquert,
die Durchquerung

die **Durch|sa|ge**,
die Durchsagen

der **Durch|schnitt**,
durchschnittlich

sich **durch|set|zen**,
sie setzt sich durch

durch|sich|tig

durch|strei|chen,
er streicht durch,
er strich durch,
er hat durchgestrichen

durch|su|chen,
er durchsucht

dür|fen, er darf,
er durfte, er hat gedurft

dürf|tig

dürr, die Dürre

der **Durst**

durs|tig

die **Du|sche**, die Duschen

du|schen, sie duscht

die **Dü|se**, die Düsen

düs|ter

das **Dut|zend**, die Dutzende

du|zen, er duzt

die **DVD** (Datenträger wie CD, mit mehr Speicherplatz), die DVDs

dy|na|misch (schwungvoll), die Dynamik

das **Dy|na|mit**

der **Dy|na|mo**, die Dynamos

E

die **Eb|be** (Ebbe und Flut)

eben (flach), die Ebene

eben (vorhin)

eben|falls

eben|so

das **Echo**, die Echos

die **Ech|se**, die Echsen

echt, die Echtheit

die **Ecke**, die Ecken, eckig

edel, edler, am edelsten, der Edelstein

der **Efeu**

der **Ef|fekt**, die Effekte

egal

der **Ego|ist**, die Egoisten, die Egoistin, der Egoismus, egoistisch

die **Ehe**, die Ehen, die Ehefrau, der Ehemann, das Ehepaar

ehe, eher

die **Eh|re**, die Ehren, ehren, sie ehrt, das Ehrenamt

ehr|gei|zig, der Ehrgeiz

ehr|lich, die Ehrlichkeit

A
B
C
D
E
F
G
H
I
J
K
L
M
N
O
P
Q
R
S
T
U
V
W
X
Y
Z

A
B
C
D
E
F
G
H
I
J
K
L
M
N
O
P
Q
R
S
T
U
V
W
X
Y
Z

das **Ei**, die Eier,
die Eierschale,
das Eigelb,
das Eiweiß

die **Ei|che**, die Eichen

die **Ei|chel**, die Eicheln

das **Eich|hörn|chen**,
die Eichhörnchen

der **Eid**, die Eide

die **Ei|dech|se**,
die Eidechsen

der **Ei|fer**

ei|fer|süch|tig,
die Eifersucht

ei|gen, eigenartig,
eigensinnig

das **Ei|gen|schafts|wort**
(Adjektiv),
die Eigenschaftswörter

ei|gent|lich

das **Ei|gen|tum**,
der Eigentümer,
die Eigentümerin

ei|len, er eilt, die Eile

ei|lig

der **Ei|mer**, die Eimer

ein, eine, einer, eines,
einem, einen

ei|nan|der

die **Ein|bahn|stra|ße**,
die Einbahnstraßen

der **Ein|band**, die Einbände

sich **ein|bil|den**,
er bildet sich ein,
die Einbildung,
eingebildet

ein|bre|chen,
er bricht ein,
er brach ein,
er ist eingebrochen,
der Einbruch,
der Einbrecher,
die Einbrecherin

ein|deu|tig

ein|drin|gen,
er dringt ein, er drang ein,
er ist eingedrungen,
der Eindringling,
eindringlich

der **Ein|druck**,
die Eindrücke,
eindrucksvoll

ei|ner|lei

ein|fach

die **Ein|fahrt**, die Einfahrten

der **Ein|fall**, die Einfälle,
einfallsreich

ein|far|big

der **Ein|fluss**, die Einflüsse,
einflussreich

ein|frie|ren,
sie friert ein, sie fror ein,
sie hat eingefroren

die **Ein|füh|rung**,
die Einführungen,
einführen, er führt ein

der **Ein|gang**, die Eingänge

ein|gie|ßen,
er gießt ein,
er goss ein,
er hat eingegossen

ein|hei|misch

die **Ein|heit**, die Einheiten,
einheitlich

ei|nig, sich einigen,
sie einigt sich,
die Einigung, die Einigkeit

ei|ni|ge

ei|ni|ger|ma|ßen

ein|kau|fen,
er kauft ein,
der Einkauf

die **Ein|kaufs|ta|sche**,
die Einkaufstaschen

die **Ein|kaufs|tü|te**,
die Einkaufstüten

der **Ein|kaufs|wa|gen**,
die Einkaufswagen

das **Ein|kom|men**,
die Einkommen

ein|la|den, er lädt ein,
er lud ein,
er hat eingeladen,
die Einladung

der **Ein|lass**, die Einlässe

die **Ein|lei|tung**,
die Einleitungen

ein|mal, einmalig

das **Ein|mal|eins**

die **Ein|nah|me**,
die Einnahmen,
einnehmen,
sie nimmt ein,
sie nahm ein,
sie hat eingenommen

ein|ord|nen, er ordnet ein

ein|pa|cken,
sie packt ein

sich **ein|prä|gen**,
er prägt sich ein

ein|räu|men, sie räumt ein

die **Ein|rich|tung**,
die Einrichtungen,
einrichten, er richtet ein

eins 1

ein|sam, die Einsamkeit

der **Ein|satz**, die Einsätze

ein|schen|ken,
er schenkt ein

ein|schla|fen,
sie schläft ein,
sie schlief ein,
sie ist eingeschlafen

ein|schlie|ßen,
er schließt ein,
er schloss ein,
er hat eingeschlossen

ein|schließ|lich

die **Ein|schu|lung**,
die Einschulungen

ein|se|hen, sie sieht ein,
sie sah ein,
sie hat eingesehen,
die Einsicht

ein|sei|tig

ein|sper|ren,
er sperrt ein

der **Ein|spruch,**
die Einsprüche

einst

ein|stei|gen,
sie steigt ein,
sie stieg ein,
sie ist eingestiegen,
der Einstieg

die **Ein|stel|lung,**
die Einstellungen

ein|stim|mig

die **Ein|tei|lung,**
die Einteilungen

der **Ein|topf,** die Eintöpfe

ein|tre|ten,
er tritt ein,
er trat ein,
er ist eingetreten,
der Eintritt, die Eintrittskarte
Treten Sie ein!

ein|tre|ten,
er tritt ein,
er trat ein,
er ist eingetreten
Philipp ist in den
Fußballverein eingetreten.

ein|tre|ten,
er tritt ein,
er trat ein,
er hat eingetreten
Er hat die Tür eingetreten.

ein|ver|stan|den,
das Einverständnis

der **Ein|wand,**
die Einwände,
einwandfrei

der **Ein|wan|de|rer,**
die Einwanderer,
die Einwanderin,
die Einwanderung,
einwandern,
er wandert ein

der **Ein|woh|ner,**
die Einwohner,
die Einwohnerin

die **Ein|zahl** (Singular)

ein|zeln, die Einzelheit

ein|zie|hen, er zieht ein,
er zog ein,
er ist eingezogen,
der Einzug

ein|zig, einziger,
einzige, einziges,
einzigartig, der Einzige

das **Eis,** eisig, der Eiswürfel,
eislaufen, er läuft eis,
er lief eis,
er ist eisgelaufen,
eisgekühlt, eiskalt

die **Eis|die|le,**
die Eisdielen

das **Ei|sen,** die Eisenbahn

ei|tel, eitler,
am eitelsten,
die Eitelkeit

der	**Ei|ter**, eitern, es eitert, eitrig
der	**Ekel**, sich ekeln, er ekelt sich, ekelhaft, eklig / ekelig
	elas|tisch (dehnbar)
die	**El|be** (Fluss)
der	**Elch**, die Elche
der	**Ele|fant**, die Elefanten
	ele|gant, die Eleganz
	elek|trisch, der Elektriker, die Elektrikerin, die Elektrizität
das	**Ele|ment**, die Elemente
das	**Elend**, elend
	elf, elfmal, der Elfmeter **11**
der	**Ell|bo|gen** / Ellenbogen, die Ellbogen
die	**El|tern**, der Elternabend
die	**E-Mail**, die E-Mails
	emp|fan|gen, er empfängt, er empfing, er hat empfangen, der Empfang, der Empfänger, die Empfängerin
	emp|feh|len, er empfiehlt, er empfahl, er hat empfohlen, die Empfehlung

	emp|fin|den, er empfindet, er empfand, er hat empfunden, empfindlich
das	**En|de**, die Enden, enden, sie endet, endgültig, endlich, endlos
die	**Ener|gie**
	ener|gisch
	eng, die Enge
der	**En|gel**, die Engel
	Eng|land, die Engländer, englisch, Englisch sprechen
der	**En|kel**, die Enkel, die Enkelin, das Enkelkind
	enorm (außerordentlich)
	ent|beh|ren, sie entbehrt, die Entbehrung
	ent|bin|den, sie entbindet, sie entband, sie hat entbunden, die Entbindung
	ent|de|cken, er entdeckt, die Entdeckung, der Entdecker, die Entdeckerin
die	**En|te**, die Enten

sich **ent|fer|nen**,
sie entfernt sich,
die Entfernung

ent|füh|ren, er entführt,
die Entführung

ent|ge|gen

ent|geg|nen,
sie entgegnet

ent|hal|ten, er enthält,
er enthielt,
er hat enthalten
Der Joghurt enthält
Früchte.

sich ent|hal|ten,
sie enthält sich,
sie enthielt sich,
sie hat sich enthalten
Bei der Wahl enthält sie
sich.

ent|kom|men,
sie entkommt,
sie entkam,
sie ist entkommen

ent|lang

ent|las|sen, er entlässt,
er entließ,
er hat entlassen,
die Entlassung

die **Ent|schä|di|gung**,
die Entschädigungen

ent|schei|den,
sie entscheidet,
sie entschied,
sie hat entschieden,
die Entscheidung

sich **ent|schlie|ßen**,
er entschließt sich,
er entschloss sich,
er hat sich
entschlossen,
der Entschluss

sich **ent|schul|di|gen**,
sie entschuldigt sich,
die Entschuldigung

das **Ent|set|zen**, entsetzlich

ent|sor|gen,
er entsorgt,
die Entsorgung

sich **ent|span|nen**,
sie entspannt sich,
die Entspannung

ent|ste|hen,
sie entsteht,
sie entstand,
sie ist entstanden

ent|täu|schen,
er enttäuscht,
die Enttäuschung

ent|we|der (… oder …)

ent|wer|fen, er entwirft,
er entwarf,
er hat entworfen,
der Entwurf

sich **ent|wi|ckeln**,
sie entwickelt sich,
die Entwicklung

die **Ent|zün|dung**,
die Entzündungen

er

sich	**er|bar|men**, sie erbarmt sich, das Erbarmen, erbärmlich
	er|ben, er erbt, das Erbe, der Erbe, die Erbin
	er|bre|chen, er erbricht, er erbrach, er hat erbrochen
die	**Erb|se**, die Erbsen
die	**Erd|bee|re**, die Erdbeeren
die	**Er|de**, das Erdbeben, die Erderwärmung, das Erdgeschoss, das Erdöl
die	**Erd|nuss**, die Erdnüsse
das	**Er|eig|nis**, die Ereignisse
	er|fah|ren, sie erfährt, sie erfuhr, sie hat erfahren, die Erfahrung
	er|fin|den, sie erfindet, sie erfand, sie hat erfunden, die Erfindung
der	**Er|folg**, die Erfolge, erfolglos, erfolgreich
	er|for|der|lich
	er|for|schen, er erforscht, die Erforschung

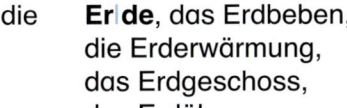

	er|freu|lich
	er|frie|ren, er erfriert, er erfror, er ist erfroren
sich	**er|fri|schen**, sie erfrischt sich, die Erfrischung, erfrischend
	er|fül|len, er erfüllt, die Erfüllung
	er|gän|zen, er ergänzt, die Ergänzung
das	**Er|geb|nis**, die Ergebnisse
	er|gie|big
	er|grei|fen, er ergreift, er ergriff, er hat ergriffen, ergreifend
	er|hal|ten, sie erhält, sie erhielt, sie hat erhalten, die Erhaltung
	er|hit|zen, sie erhitzt
sich	**er|ho|len**, sie erholt sich, die Erholung, erholsam
sich	**er|in|nern**, er erinnert sich, die Erinnerung
sich	**er|käl|ten**, sie erkältet sich, die Erkältung
	er|ken|nen, er erkennt, er erkannte, er hat erkannt

A
B
C
D
E
F
G
H
I
J
K
L
M
N
O
P
Q
R
S
T
U
V
W
X
Y
Z

A
B
C
D
E
F
G
H
I
J
K
L
M
N
O
P
Q
R
S
T
U
V
W
X
Y
Z

er|klä|ren, er erklärt,
die Erklärung

er|kran|ken,
sie erkrankt,
die Erkrankung

sich er|kun|di|gen,
er erkundigt sich,
die Erkundigung

er|lau|ben, sie erlaubt,
die Erlaubnis

er|läu|tern, er erläutert,
die Erläuterung

das Er|leb|nis,
die Erlebnisse,
erleben, sie erlebt

er|le|di|gen, er erledigt

er|leich|tert,
die Erleichterung

er|mah|nen,
sie ermahnt,
die Ermahnung

die Er|mä|ßi|gung,
die Ermäßigungen,
ermäßigt

er|näh|ren, sie ernährt,
die Ernährung

er|neut

ernst, der Ernst,
ernsthaft

ern|ten, sie erntet,
die Ernte,
das Erntedankfest

er|obern, er erobert,
die Eroberung

er|öff|nen, sie eröffnet,
die Eröffnung

er|pres|sen,
er erpresst,
die Erpressung

er|ra|ten, sie errät,
sie erriet, sie hat erraten

der Er|re|ger, die Erreger

er|rei|chen, sie erreicht

der Er|satz, ersetzen,
sie ersetzt

er|schei|nen,
er erscheint, er erschien,
er ist erschienen,
die Erscheinung

er|schöpft,
die Erschöpfung

er|schre|cken,
er erschrickt,
er erschrak,
er ist erschrocken

er|schüt|tern,
es erschüttert,
die Erschütterung,
erschütternd

erst

er|stau|nen,
sie erstaunt, erstaunlich

ers|te, erster, der Erste,
erstens

die Ers|te Hil|fe

er|sti|cken, er erstickt

erst|klas|sig

er|tap|pen, sie ertappt

er|tra|gen, er erträgt,
er ertrug,
er hat ertragen,
erträglich

er|trin|ken, er ertrinkt,
er ertrank,
er ist ertrunken

er|wach|sen,
der Erwachsene,
die Erwachsene

er|wäh|nen,
sie erwähnt,
die Erwähnung

er|war|ten, er erwartet,
die Erwartung,
erwartungsvoll

er|wi|dern, sie erwidert,
die Erwiderung

er|zäh|len, er erzählt,
die Erzählung

er|zeu|gen,
sie erzeugt,
das Erzeugnis

er|zie|hen, sie erzieht,
sie erzog,
sie hat erzogen,
die Erziehung,
der Erzieher,
die Erzieherin

es

der   **Esel**, die Esel

der   **Es|ki|mo** (Volk, das am
nördlichen Polarkreis
lebt), die Eskimos,
die Eskimofrau

es|sen, sie isst, sie aß,
sie hat gegessen,
das Essen, essbar,
der Esslöffel,
der Esstisch

der   **Es|sig**

das   **Ess|zim|mer**,
die Esszimmer

Est|land
die Estländer,
estländisch

die   **Eta|ge** (sprich:
E-ta-sche; Stockwerk),
die Etagen

das   **Eti|kett**, die Etiketten

et|li|che

das   **Etui**, die Etuis

et|wa (ungefähr)

et|was

euch, euer, eure,
eurem, euren

die   **Eu|le**, die Eulen

der   **Eu|ro** (€), die Euros

Eu|ro|pa, die Europäer,
europäisch

das /
der   **Eu|ter**, die Euter

evan|ge|lisch (ev.)

das   **Evan|ge|li|um**,
die Evangelien

even|tu|ell (evtl.)

ewig, die Ewigkeit

121

A
B
C
D
E
F
G
H
I
J
K
L
M
N
O
P
Q
R
S
T
U
V
W
X
Y
Z

ex|akt (genau)

das **Ex|em|plar**,
die Exemplare

exis|tie|ren, er existiert,
die Existenz

exo|tisch

das **Ex|pe|ri|ment**,
die Experimente,
experimentieren,
sie experimentiert

der **Ex|per|te**, die Experten,
die Expertin

ex|plo|die|ren,
es explodiert,
die Explosion

ex|tra

ex|trem (äußerst)

die **Fa|bel**, die Fabeln

die **Fa|brik**, die Fabriken,
fabrizieren, sie fabriziert

das **Fach**, die Fächer,
fachlich

die **Fa|ckel**, die Fackeln

der **Fa|den**, die Fäden,
einfädeln, sie fädelt ein

das **Fa|gott**
(Blasinstrument),
die Fagotte

fä|hig, die Fähigkeit

fahn|den, er fahndet,
die Fahndung

die **Fah|ne**, die Fahnen

die **Fäh|re**, die Fähren

fah|ren, er fährt, er fuhr,
er ist gefahren,
der Fahrer, die Fahrerin,
die Fahrbahn,
der Fahrplan,
das Fahrzeug

die **Fahr|kar|te**,
die Fahrkarten

das **Fahr|rad**, die Fahrräder, der Fahrradfahrer, die Fahrradfahrerin, Fahrrad fahren, sie fährt Fahrrad, sie fuhr Fahrrad, sie ist Fahrrad gefahren

der **Fahr|stuhl**, die Fahrstühle

die **Fahrt**, die Fahrten

die **Fähr|te**, die Fährten

fair, unfair, die Fairness

der **Fall**, die Fälle

die **Fal|le**, die Fallen

fal|len, er fällt, er fiel, er ist gefallen

fäl|len, er fällt, er fällte, er hat gefällt

fäl|lig, die Fälligkeit

falls

falsch, fälschen, er fälscht, die Fälschung

die **Fal|te**, die Falten, falten, sie faltet, faltig

der **Fal|ter**, die Falter

die **Fa|mi|lie**, die Familien, der Familienname

der **Fan** (sprich: Fähn), die Fans

fan|gen, sie fängt, er fing, er hat gefangen, der Fang

die **Fan|ta|sie**, auch: Phantasie, die Fantasien, fantasieren, er fantasiert, fantastisch

die **Far|be**, die Farben, färben, sie färbt, farbig, farblos

der **Farn**, die Farne

der **Fa|san**, die Fasane

der **Fa|sching**

die **Fa|ser**, die Fasern, faserig

das **Fass**, die Fässer

die **Fas|sa|de** (Außenansicht eines Gebäudes), die Fassaden

fas|sen, sie fasst, die Fassung, fassungslos

fast

fas|ten, sie fastet, das Fasten, die Fastenzeit

das **Fast Food**, auch: Fastfood

die **Fast|nacht**

fas|zi|nie|rend, die Faszination

A
B
C
D
E
F
G
H
I
J
K
L
M
N
O
P
Q
R
S
T
U
V
W
X
Y
Z

fau|chen, er faucht

faul, die Faulheit,
faulenzen, sie faulenzt

fau|len, es fault

die **Faust**, die Fäuste

der **Fa|vo|rit**, die Favoriten,
die Favoritin

das **Fax**, die Faxe, faxen,
er faxt, die Faxnummer

der **Fe|bru|ar**

fech|ten, er ficht,
er focht,
er hat gefochten

die **Fe|der**, die Federn

die **Fee**, die Feen

fe|gen, er fegt

feh|len, sie fehlt

der **Feh|ler**, die Fehler,
fehlerfrei,
fehlerhaft, fehlerlos

die **Fei|er**, die Feiern

fei|ern, er feiert,
feierlich,
der Feierabend,
der Feiertag

die **Fei|ge**, die Feigen

fei|ge/feig, die Feigheit,
der Feigling

die **Fei|le**, die Feilen, feilen,
sie feilt

fein, die Feinheit

der **Feind**, die Feinde,
die Feindschaft,
feindlich, feindselig

das **Feld**, die Felder

die **Fel|ge**, die Felgen

das **Fell**, die Felle

der **Fels**, die Felsen, felsig

das **Fens|ter**, die Fenster,
das Fensterbrett

die **Fe|ri|en**

das **Fer|kel**, die Ferkel

fern, die Ferne

fern|se|hen,
sie sieht fern,
sie sah fern,
sie hat ferngesehen

der **Fern|se|her**,
die Fern|se|her

das **Fern|se|hen**

die **Fer|se**,
die Fer|sen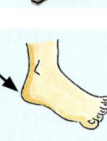
Beim Laufen tut
ihr die Ferse weh.

der **Vers**,
die Ver|se
Das Gedicht ist
in Versen aufgeschrieben.

fer|tig

die **Fes|sel**, die Fesseln,
fesseln, er fesselt

das **Fest**, die Feste,
festlich

fest

fest|hal|ten,
sie hält fest,
sie hielt fest,
sie hat festgehalten

fest|stel|len,
er stellt fest

das **Fett**, die Fette, fettig

fett

der **Fet|zen**, die Fetzen

feucht, die Feuchtigkeit

das **Feu|er**, die Feuer,
feurig, der Feuermelder

die **Feu|er|wehr**

die **Fi|bel**, die Fibeln

die **Fich|te**, die Fichten

das **Fie|ber**, fiebern,
er fiebert,
fiebrig / fieberig,
das Fieberthermometer

fies

die **Fi|gur**, die Figuren

der **Film**, die Filme,
filmen, sie filmt

der **Fil|ter**, die Filter, filtern,
er filtert

der **Filz**, filzen, sie filzt,
der Filzstift

fi|nan|zie|ren,
er finanziert,
die Finanzen,
das Finanzamt

fin|den, er findet,
er fand, er hat gefunden,
der Fund

der **Fin|ger**, die Finger,
der Fingerabdruck,
der Fingernagel

der **Fink**, die Finken

Finn|land,
die Finnen, finnisch

fins|ter, die Finsternis

die **Fir|ma**, die Firmen

die **Fir|mung**,
die Firmungen, firmen,
er firmt, der Firmling

der **Fisch**, die Fische,
fischen, sie fischt,
der Fischer,
die Fischerin

fit, die Fitness

fix (schnell)

flach,
das Flachland

die **Flä|che**, die Flächen,
der Flächeninhalt

fla|ckern, es flackert

der **Fla|den**, die Fladen,
das Fladenbrot

die **Flag|ge**, die Flaggen

der **Fla|min|go**,
die Flamingos

A
B
C
D
E
F
G
H
I
J
K
L
M
N
O
P
Q
R
S
T
U
V
W
X
Y
Z

A
B
C
D
E
F
G
H
I
J
K
L
M
N
O
P
Q
R
S
T
U
V
W
X
Y
Z

die **Flam|me**, die Flammen

die **Fla|sche**, die Flaschen,
der Flaschenöffner

die **Flat|rate** (sprich:
Flätt-reyt),
auch: Flat Rate,
die Flatrates

flat|tern, sie flattert

der **Flaum**, flaumig

flau|schig

flech|ten, er flicht,
er flocht,
er hat geflochten

der **Fleck**/Flecken,
die Flecken, fleckig

die **Fle|der|maus**,
die Fledermäuse

fle|hen, sie fleht

das **Fleisch**,
die Fleischerei

der **Fleiß**, fleißig

flet|schen, er fletscht

fli|cken, er flickt,
der Flicken

die **Flie|ge**, die Fliegen

flie|gen, sie fliegt,
sie flog,
sie ist geflogen

flie|hen, er flieht,
er floh, er ist geflohen

die **Flie|se**,
die Fliesen,
fliesen, sie fliest

flie|ßen, es fließt,
es floss,
es ist geflossen

flim|mern, es flimmert

flink

flit|zen, er flitzt

die **Flo|cke**, die Flocken,
flockig

der **Floh**, die Flöhe,
der Flohmarkt

das **Floß**, die Flöße

die **Flos|se**, die Flossen

die **Flö|te**, die Flöten,
flöten, er flötet

der **Fluch**, die Flüche,
fluchen, sie flucht

die **Flucht**, der Flüchtling,
flüchten, sie flüchtet,
flüchtig,
der Flüchtigkeitsfehler,
der Fluchtweg

der **Flug**, die Flüge,
der Flughafen,
der Flugplatz,
das Flugzeug

der **Flü|gel**,
die Flügel

der **Flü|gel**,
die Flügel

der **Flur**, die Flure

der   **Fluss**, die Flüsse

flüs|sig,
die Flüssigkeit

das   **Fluss|pferd**,
die Flusspferde

flüs|tern, er flüstert,
das Geflüster

die   **Flut** (Ebbe und Flut),
die Fluten, fluten,
sie flutet

das   **Foh|len**, die Fohlen

> der **Föhn**,
> die   Föhne
> Sie trocknet ihre Haare
> mit dem Föhn.
>
> der **Föhn**,
> die   Föhne
> Der Föhn ist ein
> warmer Fallwind.

föh|nen, sie föhnt

fol|gen, sie folgt,
die Folge, folgend,
im Folgenden

die   **Fo|lie**, die Folien

fol|tern, er foltert,
die Folter

for|dern, sie fordert,
die Forderung

för|dern, er fördert,
die Förderung

die   **Fo|rel|le**, die Forellen

die   **Form**, die Formen,
das Format

die   **For|mel**, die Formeln

for|men, sie formt

das   **For|mu|lar**,
die Formulare

for|mu|lie|ren,
er formuliert,
die Formulierung

for|schen, sie forscht,
die Forschung

der   **Förs|ter**, die Förster,
die Försterin, der Forst

fort

> **fort|fah|ren**,
> er fährt fort,
> er fuhr fort,
> er ist fortgefahren
> Er fährt mit seinem
> Auto fort.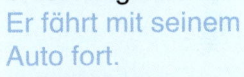
>
> **fort|fah|ren**,
> sie fährt fort,
> sie fuhr fort,
> sie ist fortgefahren
> Sie fährt mit ihrer Rede fort.

der   **Fort|schritt**,
die Fortschritte,
fortschrittlich

fort|set|zen,
sie setzt fort,
die Fortsetzung

das   **Fo|to**, die Fotos,
fotografieren,
er fotografiert

A
B
C
D
E
F
G
H
I
J
K
L
M
N
O
P
Q
R
S
T
U
V
W
X
Y
Z

A B C D E F G H I J K L M N O P Q R S T U V W X Y Z

der **Fo|to|la|den**,
die Fotoläden

das **Foul** (sprich: Faul;
Regelverstoß im Sport),
die Fouls, foulen,
sie foult

die **Fracht**, die Frachten,
der Frachter

die **Fra|ge**, die Fragen,
der Fragebogen,
der Fragesatz,
das Fragewort

fra|gen, er fragt,
fraglich

das **Fra|ge|zei|chen**,
die Fragezeichen

Frank|reich,
die Franzosen,
französisch

die **Fran|se**, die Fransen

die **Frat|ze**, die Fratzen

die **Frau**, die Frauen,
die Frauenbewegung,
das Frauenhaus,
die Hausfrau

frech, die Frechheit

frei, die Freiheit,
die Freistunde,
die Freizeit, freiwillig

der **Frei|tag**, die Freitage,
freitags

fremd, fremde

der **Frem|de**,
die Fremden,
die Fremde,
die Fremdenfeindlichkeit,
die Fremdsprache,
das Fremdwort
Der Fremde lernt ein neues
Land kennen.

die **Frem|de**
Er flieht in die Fremde.

fres|sen, sie frisst,
sie fraß,
sie hat gefressen,
der Fraß

die **Freu|de**, die Freuden

sich **freu|en**,
er freut sich,
freudig

der **Freund**, die Freunde,
die Freundschaft

die **Freun|din**,
die Freundinnen

freund|lich,
die Freundlichkeit

der **Frie|den**, friedlich

der **Fried|hof**, die Friedhöfe

frie|ren, sie friert,
sie fror, sie hat gefroren

die **Fri|ka|del|le**,
die Frikadellen

das **Fris|bee** (sprich:
Friss-bie; Wurfscheibe),
die Frisbees

frisch, die Frische

der **Fri|seur**, auch: Frisör,
die Friseure,
die Friseurin,
auch: Frisörin,
die Frisur, frisieren,
er frisiert

die **Frist**, die Fristen, fristlos

froh

fröh|lich,
die Fröhlichkeit

Fron|leich|nam
(kath. Feiertag)

die **Front**, die Fronten,
frontal

der **Frosch**, die Frösche,
der Froschlaich

der **Frost**, frösteln,
sie fröstelt, frostig

die **Frucht**, die Früchte,
fruchtig

frucht|bar,
die Fruchtbarkeit

früh
Die Kinder gehen
früh am Morgen aus
dem Haus.

frü|her
Früher gab es
in der Schule
Tafeln und Griffel
zum Schreiben.

der **Früh|ling**,
die Frühlinge

das **Früh|stück**,
die Frühstücke,
frühstücken, sie frühstückt

der **Frust**, die Frustration,
frustriert

der **Fuchs**, die Füchse

die **Fu|ge**, die Fugen

füh|len, er fühlt

der **Füh|ler**, die Fühler

füh|ren, er führt,
die Führung, der Führer,
die Führerin,
der Führerschein

fül|len, er füllt,
die Fülle, die Füllung

der **Fül|ler**, die Füller

der **Fund**, die Funde,
das Fundbüro

das **Fun|da|ment**
(Grundlage),
die Fundamente

fünf, fünfmal, das Fünftel   **5**

fünf|zehn   **15**

fünf|zig   **50**

der **Funk**,
funken, er funkt,
das Funkgerät
Er spricht über Funk.

der **Fun|ke**,
die Funken,
funken, es funkt
Beim Schweißen sprühen
Funken.

A
B
C
D
E
F
G
H
I
J
K
L
M
N
O
P
Q
R
S
T
U
V
W
X
Y
Z

A
B
C
D
E
F
G
H
I
J
K
L
M
N
O
P
Q
R
S
T
U
V
W
X
Y
Z

fun|keln, sie funkelt, funkelnagelneu

funk|tio|nie|ren, es funktioniert, die Funktion

für

die **Fur|che**, die Furchen

sich **fürch|ten**, er fürchtet sich, die Furcht, furchtbar, fürchterlich, furchtlos

für|ei|nan|der

für|sorg|lich, die Fürsorge

der **Fürst**, die Fürsten, die Fürstin, fürstlich

das **Für|wort** (Pronomen), die Fürwörter

der **Fuß**, die Füße, der Fußball, der Fußboden, der Fußgänger, die Fußgängerin, die Fußgängerzone

das **Fut|ter**

füt|tern, er füttert, die Fütterung

die **Ga|bel**, die Gabeln

sich **ga|beln**, er gabelt sich

ga|ckern, es gackert

gaf|fen, er gafft

gäh|nen, er gähnt

die **Ga|la|xie** (Sternsystem), die Galaxien

die **Ga|le|rie**, die Galerien

der **Gal|gen**, die Galgen

die **Gal|le**

der **Ga|lopp**, galoppieren, er galoppiert

der **Gang**, die Gänge, die Gangschaltung

der **Gang**, die Gänge

der **Gang**, die Gänge

der **Gangs|ter** (sprich: Gängs-ter; Verbrecher), die Gangster, die Gangsterin

die **Gans**, die Gänse

ganz, ganzer, ganze, ganzes

gar
Ich mag das gar nicht.

gar,
garen,
es gart
Das Fleisch ist noch
nicht gar.

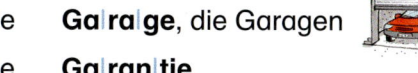

die **Ga|ra|ge**, die Garagen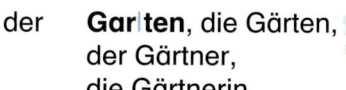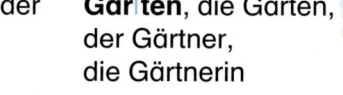

die **Ga|ran|tie**,
die Garantien,
garantieren,
sie garantiert

die **Gar|de|ro|be**,
die Garderoben

die **Gar|di|ne**, die Gardinen

gä|ren, es gärt, es gor,
es ist gegoren,
die Gärung

das **Garn**, die Garne

gar|nie|ren, sie garniert

die **Gar|ni|tur**,
die Garnituren

der **Gar|ten**, die Gärten,
der Gärtner,
die Gärtnerin

die **Gärt|ne|rei**,
die Gärtnereien

das **Gas**, die Gase

die **Gas|se**, die Gassen

der **Gast**, die Gäste,
das Gasthaus,
die Gaststätte,
gastfreundlich

das **Gat|ter**, die Gatter

der **Gaul**, die Gäule

der **Gau|men**, die Gaumen

der **Gau|ner**, die Gauner,
die Gaunerin

das **Ge|bäck**

die **Ge|bär|de**
(Handbewegung),
die Gebärden,
die Gebärdensprache

ge|bä|ren, sie gebärt,
sie gebar,
sie hat geboren

das **Ge|bäu|de**,
die Gebäude

ge|ben, er gibt, er gab,
er hat gegeben

das **Ge|bet**, die Gebete

das **Ge|biet**, die Gebiete

ge|bil|det

das **Ge|bir|ge**, die Gebirge,
gebirgig

das **Ge|biss**, die Gebisse

die **Ge|bor|gen|heit**

das **Ge|bot**, die Gebote

ge|brau|chen,
sie gebraucht,
der Gebrauch,
gebräuchlich,
die Gebrauchsanweisung

das **Ge|bre|chen**,
die Gebrechen,
gebrechlich

A
B
C
D
E
F
G
H
I
J
K
L
M
N
O
P
Q
R
S
T
U
V
W
X
Y
Z

das **Ge|brüll**

die **Ge|bühr**, die Gebühren

die **Ge|burt**, die Geburten,
der Geburtsort,
die Geburtsurkunde

der **Ge|burts|tag**,
die Geburtstage

das **Ge|büsch**,
die Gebüsche

das **Ge|dächt|nis**

der **Ge|dan|ke**,
die Gedanken,
gedankenlos

ge|dei|hen, es gedeiht,
es gedieh,
es ist gediehen

das **Ge|dicht**, die Gedichte

das **Ge|drän|ge**

die **Ge|duld**, geduldig

ge|ehrt

ge|eig|net

die **Ge|fahr**,
die Gefahren

ge|fähr|lich

das **Ge|fäl|le**, die Gefälle

der **Ge|fal|len**, gefallen,
es gefällt, es gefiel,
es hat gefallen

ge|fan|gen,
der Gefangene,
die Gefangene,
die Gefangenschaft

das **Ge|fäng|nis**,
die Gefängnisse

das **Ge|fäß**, die Gefäße

das **Ge|fie|der**, die Gefieder

ge|fleckt

das **Ge|flü|gel**

das **Ge|flüs|ter**

ge|frä|ßig

das **Ge|frier|fach**,
die Gefrierfächer

die **Ge|frier|tru|he**,
die Gefriertruhen

das **Ge|fühl**, die Gefühle,
gefühllos, gefühlvoll

ge|gen

die **Ge|gend**, die Gegenden

ge|gen|ei|nan|der

der **Ge|gen|satz**,
die Gegensätze,
gegensätzlich

ge|gen|sei|tig

der **Ge|gen|stand**,
die Gegenstände

das **Ge|gen|teil**,
die Gegenteile,
im Gegenteil

ge|gen|über

die **Ge|gen|wart**,
gegenwärtig

der **Geg|ner**, die Gegner,
die Gegnerin, gegnerisch

das **Ge|halt**, die Gehälter

das **Ge|he|ge**, die Gehege

ge|heim,
das Geheimnis,
geheimnisvoll,
die Geheimzahl

ge|hen, er geht, er ging,
er ist gegangen,
der Gang

das **Ge|hirn**, die Gehirne,
die Gehirnerschütterung

das **Ge|hör**, gehörlos

ge|hor|chen, er gehorcht

ge|hö|ren,
es gehört mir

ge|hor|sam,
der Gehorsam

der **Geh|weg**, die Gehwege

der **Gei|er**, die Geier

die **Gei|ge**, die Geigen

geil

die **Gei|sel**, die Geiseln

der **Geist**,
geistig
Der Geist ist der
Verstand des Menschen.

der **Geist**,
die Geister
Es gibt keine Geister.

der **Geist|li|che**,
die Geistlichen,
geistlich
Ein Geistlicher ist ein
Priester.

gei|zig, der Geiz

das **Ge|jam|mer**

das **Gel**, die Gele / Gels

das **Ge|läch|ter**,
die Gelächter

ge|lähmt

das **Ge|län|de** (Landschaft),
die Gelände

das **Ge|län|der**,
die Geländer

ge|las|sen,
die Gelassenheit

gelb, das Gelb, gelblich

das **Geld**, die Gelder,
der Geldautomat

der **Geld|beu|tel**,
die Geldbeutel

das /
der **Ge|lee**, die Gelees

die **Ge|le|gen|heit**,
die Gelegenheiten,
gelegentlich

ge|lehrt

das **Ge|lenk**, die Gelenke,
gelenkig

ge|lin|gen, es gelingt,
es gelang, es ist
gelungen

gel|ten, es gilt,
es galt, es hat gegolten

ge|mäch|lich

das **Ge|mäl|de**,
die Gemälde

A B C D E F **G** H I J K L M N O P Q R S T U V W X Y Z

ge|mäß

ge|mein,
die Gemeinheit

die **Ge|mein|de**,
die Gemeinden

ge|mein|sam,
die Gemeinsamkeit,
die Gemeinschaft

das **Ge|mü|se**

das **Ge|müt**, die Gemüter

ge|müt|lich,
die Gemütlichkeit

ge|nau, die Genauigkeit

ge|nau|so

ge|neh|mi|gen,
er genehmigt,
die Genehmigung

der **Ge|ne|ral**,
die Generäle / Generale,
die Generalin

die **Ge|ne|ra|ti|on**,
die Generationen

ge|ni|al, das Genie
(sprich: Sche-nie)

das **Ge|nick**

ge|nie|ßen, er genießt,
er genoss,
er hat genossen,
genießbar

der **Ge|ni|tiv** (Wessen-Fall),
die Genitive

ge|nug

ge|nü|gen, es genügt,
genügend, genügsam

der **Ge|nuss**, die Genüsse

die **Geo|gra|fie** (Erdkunde),
auch: Geographie,
geografisch, auch:
geographisch

die **Geo|me|trie**,
geometrisch,
das Geodreieck

das **Ge|päck**, gepackt,
das Gepäckstück

der **Ge|pard**,
die Geparden

ge|punk|tet

ge|ra|de, geradeaus,
die Gerade

das **Ge|rät**, die Geräte

ge|ra|ten, er gerät,
er geriet, er ist geraten

ge|räu|mig

das **Ge|räusch**,
die Geräusche,
geräuschlos

ge|recht,
die Gerechtigkeit

das **Ge|re|de**

das **Ge|richt**,
die Gerichte

das **Ge|richt**,
die Gerichte

ge|ring

ge|rin|nen, sie gerinnt,
sie gerann,
sie ist geronnen

das **Ge|rip|pe**, die Gerippe

ge|ris|sen,
die Gerissenheit

der **Ger|ma|ne**,
die Germanen

gern / gerne, lieber,
am liebsten

das **Ge|röll**

die **Gers|te**

der **Ge|ruch**, die Gerüche,
geruchlos

das **Ge|rücht**, die Gerüchte

das **Ge|rüm|pel**

das **Ge|rüst**, die Gerüste

ge|samt,
die Gesamtheit,
die Gesamtschule,
insgesamt

der **Ge|sand|te**,
die Gesandten,
die Gesandte

der **Ge|sang**, die Gesänge

das **Ge|säß**

das **Ge|schäft**,
die Geschäfte

ge|sche|hen,
es geschieht,
es geschah,
es ist geschehen

das **Ge|schenk**,
die Geschenke

die **Ge|schich|te**,
die Geschichten

ge|schickt,
die Geschicklichkeit

das **Ge|schirr**,
die Geschirrspülmaschine

das **Ge|schlecht**,
die Geschlechter

der **Ge|schmack**,
geschmacklos,
geschmackvoll

das **Ge|schöpf**,
die Geschöpfe

das **Ge|schoss**,
die Geschosse

das **Ge|schrei**

das **Ge|schwätz**,
geschwätzig

die **Ge|schwin|dig|keit**,
die Geschwindigkeiten

die **Ge|schwis|ter**

das **Ge|schwür**,
die Geschwüre

der **Ge|sel|le**, die Gesellen,
die Gesellin

ge|sel|lig

die **Ge|sell|schaft**,
die Gesellschaften

das **Ge|setz**, die Gesetze,
gesetzlich, gesetzlos

das **Ge|sicht**, die Gesichter

A
B
C
D
E
F
G
H
I
J
K
L
M
N
O
P
Q
R
S
T
U
V
W
X
Y
Z

das **Ge|spenst**,
die Gespenster,
gespenstisch

das **Ge|spräch**,
die Gespräche,
gesprächig

die **Ge|stalt**,
die Gestalten

ge|stal|ten,
sie gestaltet,
die Gestaltung

das **Ge|ständ|nis**,
die Geständnisse

der **Ge|stank**

ge|stat|ten, er gestattet

die **Ges|te**, die Gesten

ge|ste|hen, er gesteht,
er gestand,
er hat gestanden

das **Ge|stell**, die Gestelle

ges|tern

ge|streift

das **Ge|strüpp**

ge|sund,
gesünder,
am gesündesten

die **Ge|sund|heit**,
gesundheitsschädlich

das **Ge|tränk**, die Getränke

das **Ge|trei|de**

das **Ge|wächs**,
die Gewächse

ge|wäh|ren,
sie gewährt,
die Gewähr
Die Mutter lässt ihr Kind
gewähren.

das **Ge|wehr**,
die Gewehre
Ein Jäger hat ein Gewehr.

die **Ge|walt**, gewaltig,
gewaltlos, gewalttätig

das **Ge|wand**,
die Gewänder
Sie trägt ein langes
Gewand.

ge|wandt,
die Gewandtheit
Die Tänzerin bewegt
sich gewandt.

das **Ge|wäs|ser**,
die Gewässer

das **Ge|we|be**, die Gewebe

das **Ge|wehr**,
(vgl. gewähren), die Gewehre

das **Ge|weih**, die Geweihe

das **Ge|wer|be**

die **Ge|werk|schaft**,
die Gewerkschaften

das **Ge|wicht**, die Gewichte

das **Ge|win|de**, die Gewinde

ge|win|nen, er gewinnt,
er gewann,
er hat gewonnen,
der Gewinn,
der Gewinner, die Gewinnerin

ge|wiss, die Gewissheit

das Ge|wis|sen,
gewissenhaft,
gewissenlos

das Ge|wit|ter,
die Gewitter

sich ge|wöh|nen,
sie gewöhnt sich,
die Gewöhnung,
gewöhnlich

die Ge|wohn|heit,
die Gewohnheiten

das Ge|wöl|be, die Gewölbe

das Ge|wühl

das Ge|würz, die Gewürze

die Ge|zei|ten
(Ebbe und Flut)

das Ge|zwit|scher

der Gie|bel, die Giebel

gie|rig, die Gier

gie|ßen, er gießt,
er goss,
er hat gegossen,
die Gießkanne

das Gift, die Gifte, giftig

gi|gan|tisch,
der Gigant (Riese)

der Gip|fel, die Gipfel

der Gips, gipsen, er gipst

die Gi|raf|fe, die Giraffen

die Gir|lan|de,
die Girlanden

die Gi|tar|re, die Gitarren

das Git|ter, die Gitter

glän|zen, es glänzt,
der Glanz, glänzend

das Glas, die Gläser,
gläsern

die Gla|sur, die Glasuren

glatt, glatter /
glätter,
am glattesten /
glättesten, die Glätte,
das Glatteis

glät|ten, sie glättet

die Glat|ze, die Glatzen

glau|ben, er glaubt,
der Glaube, gläubig

gleich, das Gleiche,   =
das Gleichheitszeichen

gleich|be|rech|tigt,
die Gleichberechtigung

glei|chen, es gleicht,
es glich,
es hat geglichen

gleich|falls

das Gleich|ge|wicht

gleich|gül|tig

gleich|mä|ßig

gleich|zei|tig

das Gleis, die Gleise

glei|ten, er gleitet,
er glitt, er ist geglitten

A
B
C
D
E
F
G
H
I
J
K
L
M
N
O
P
Q
R
S
T
U
V
W
X
Y
Z

137

der **Glet|scher**,
die Gletscher

das **Glied**, die Glieder,
die Gliedmaßen

glie|dern, sie gliedert,
die Gliederung

glim|men, es glimmt,
es glomm / glimmte,
es hat geglommen /
geglimmt

glit|zern, es glitzert

der **Glo|bus**,
die Globen / Globusse

die **Glo|cke**, die Glocken,
das Glockenspiel

das **Glück**, glücken,
es glückt, glücklich,
der Glückwunsch

die **Glüh|bir|ne**,
die Glühbirnen

glü|hen, er glüht,
die Glut, glühend

die **Gna|de**, gnädig,
gnadenlos

das **Gold**, golden

der **Golf**,
der Golfstrom
Der Golf von Mexiko
ist eine große
Meeresbucht.

das **Golf**,
der Golfball

die **Gon|del**, die Gondeln

der **Gong**, die Gongs,
gongen, es gongt

sich **gön|nen**, sie gönnt sich

goo|geln (sprich:
guh-geln), er googelt

der **Go|ril|la**, die Gorillas

der **Gott**, die Götter,
die Göttin, göttlich

das **Grab**, die Gräber

der **Gra|ben**, die Gräben,
graben, er gräbt,
er grub, er hat gegraben

der **Grad**,
die Grade
In Grad misst
man Winkel und
Temperaturen.

30°

der **Grat**,
die Grate
Ein Grat ist die
oberste Kante eines
Bergrückens.

der **Graf**, die Grafen,
die Gräfin

das /
der **Graf|fi|to** (Bilder oder
Schriftzüge an Wänden),
die Graffiti

das **Gramm** (g)

die **Gram|ma|tik**,
grammatisch

die **Gra|na|te** (Geschoss),
die Granaten

der **Gra|nit** (Gesteinsart)

A
B
C
D
E
F
G
H
I
J
K
L
M
N
O
P
Q
R
S
T
U
V
W
X
Y
Z

die **Grape|fruit**
(sprich: Gräip-fruht),
die Grapefruits

das **Gras**, die Gräser,
grasen, es grast

gräss|lich

der **Grat** (vgl. der Grad),
die Grate

die **Grä|te**, die Gräten

gra|tis (kostenlos)

die **Grät|sche**,
grätschen, sie grätscht

gra|tu|lie|ren,
er gratuliert,
die Gratulation

grau, das Grau,
grauhaarig, gräulich

grau|en,
es graut
Der Morgen graut.

grau|en,
es graut mir,
das Grauen,
grauenhaft,
grauenvoll
Mir graut vor dir.

die **Grau|pel** (Hagelkorn),
die Graupeln

grau|sam,
die Grausamkeit

grei|fen, er greift,
er griff, er hat gegriffen

der **Greis**, die Greise,
die Greisin

grell

die **Gren|ze**, die Grenzen,
grenzenlos

Grie|chen|land,
die Griechen,
griechisch

der **Grieß**, der Grießbrei

der **Griff**, die Griffe, griffig

der **Grill**, die Grills, grillen,
sie grillt

die **Gril|le**, die Grillen
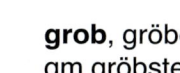

die **Gri|mas|se**,
die Grimassen

grim|mig

grin|sen, er grinst,
das Grinsen

die **Grip|pe**,
das/der Grippevirus

grob, gröber,
am gröbsten

grö|len, sie grölt,
das Grölen

grol|len, es grollt

groß, größer,
am größten,
die Größe,
die Großeltern,
die Großstadt

groß|ar|tig

Groß|bri|tan|ni|en,
die Briten, britisch

groß|schrei|ben,
sie schreibt groß,
sie schrieb groß,
sie hat großgeschrieben,
die Großschreibung

die **Grot|te**, die Grotten

die **Gru|be**, die Gruben,
das Grübchen

grü|beln, er grübelt

die **Gruft** (Grab), die Grüfte

grün, das Grün,
grünlich

der **Grund**, die Gründe,
gründlich, grundlos,
das Grundstück

grün|den, sie gründet,
die Gründung

die **Grund|la|ge**,
die Grundlagen

die **Grund|schu|le**,
die Grundschulen

grun|zen, es grunzt

die **Grup|pe**, die Gruppen

sich **gru|seln**, sie gruselt sich,
gruselig

grü|ßen, er grüßt,
der Gruß

gu|cken, er guckt

das/
der **Gu|lasch**

der **Gul|ly**, die Gullys

gül|tig, die Gültigkeit

das/
der **Gum|mi**, die Gummis,
das Gummiband,
das Gummibärchen

der **Gum|mi|stie|fel**,
die Gummistiefel

die **Gunst**

güns|tig

gur|geln, er gurgelt,
die Gurgel

die **Gur|ke**, die Gurken

der **Gurt**, die Gurte

der **Gür|tel**, die Gürtel

der **Guss**, die Güsse

das **Gut**, die Güter

gut, besser, am besten

die **Gü|te**, gütig

das **Gym|na|si|um**,
die Gymnasien

die **Gym|nas|tik**

das **Gy|ros**

das **Haar**, die Haare, haaren, sie haart

sich
die **Haa|re wa|schen**,
er wäscht sich die Haare,
er wusch sich die Haare,
er hat sich die Haare
gewaschen

ha|ben, er hat,
er hatte, er hat gehabt

hab|gie|rig, die Habgier

die **Ha|cke** /
der Hacken,
die Hacken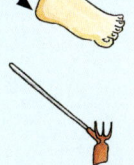

die **Ha|cke**,
die Hacken,
hacken,
sie hackt

das **Hack|fleisch**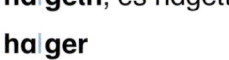

der **Ha|fen**, die Häfen

der **Ha|fer**, die Haferflocken

die **Haft**, haften, er haftet,
der Häftling

der **Ha|gel**

ha|geln, es hagelt

ha|ger

der **Hahn**, die Hähne

der **Hai**, die Haie

hä|keln, sie häkelt

der **Ha|ken**, die Haken

halb, halbieren,
er halbiert,
die Halbinsel,
halbjährig, der Halbmond,
halbtags, die Halbzeit

die **Hälf|te**, die Hälften

die **Hal|le**, die Hallen

hal|len, es hallt,
der Hall

hal|lo!

Hal|lo|ween (sprich:
Häl-lo-wien)

der **Halm**, die Halme

der **Hals**, die Hälse

hal|ten, er hält,
er hielt, er hat gehalten,
die Haltestelle, haltbar

Ham|burg,
die Hamburger,
hamburgisch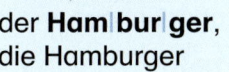

der **Ham|bur|ger**,
die Hamburger

hä|misch, die Häme

der **Ham|mel**, die Hammel

der **Ham|mer**, die Hämmer,
hämmern, sie hämmert

ham|peln, er hampelt

der **Hams|ter**, die Hamster

die **Hand**, die Hände,
handlich

A
B
C
D
E
F
G
H
I
J
K
L
M
N
O
P
Q
R
S
T
U
V
W
X
Y
Z

sich
die **Hän|de wa|schen**,
sie wäscht sich
die Hände,
sie wusch sich die Hände,
sie hat sich die Hände
gewaschen

han|deln, er handelt,
der Handel,
der Händler,
die Händlerin

die **Hand|lung**,
die Handlungen

der **Hand|schuh**,
die Handschuhe

das **Hand|tuch**,
die Handtücher

das **Hand|werk**,
der Handwerker,
die Handwerkerin

das **Han|dy**, die Handys

der **Hang**, die Hänge

hän|gen, es hängt,
es hing,
es hat gehangen

hän|seln, sie hänselt

han|tie|ren, er hantiert

der **Hap|pen**, die Happen

hap|py (glücklich)

die **Hard|ware**

die **Har|fe** (Zupfinstrument),
die Harfen

die **Har|ke** (Gartengerät),
die Harken, harken,
sie harkt

harm|los

die **Har|mo|nie**,
die Harmonien,
harmonisch

der **Harn** (Urin),
die Harnblase

die **Har|pu|ne**,
die Harpunen

hart, härter,
am härtesten,
die Härte, hartnäckig

das **Harz**,
die Harze,
harzig
Harz findet man
an Bäumen.

der **Harz**
Der Harz ist
ein Gebirge in
Deutschland.

der **Ha|se**, die Hasen

die **Ha|sel|nuss**,
die Haselnüsse

der **Hass**, hassen, sie hasst

häss|lich

die **Hast**, hasten, sie hastet,
hastig

die **Hau|be**, die Hauben

hau|chen, er haucht,
der Hauch

haulen, er haut

der Haulfen, die Haufen,
anhäufen, sie häuft an

häulfig

das Haupt, die Häupter

der Häuptlling,
die Häuptlinge

die Hauptlsalche,
die Hauptsachen,
hauptsächlich

die Hauptlstadt,
die Hauptstädte

das Hauptlwort,
die Hauptwörter

das Haus, die Häuser,
hausen, sie haust

die Hauslauflgalbe,
die Hausaufgaben

der Hauslhalt,
die Haushalte

der Hauslmeislter,
die Hausmeister,
die Hausmeisterin

die Hauslnumlmer,
die Hausnummern

das Hausltier, die Haustiere

die Haut, die Häute

die Heblamlme,
die Hebammen

der Helbel, die Hebel

hellben, er hebt,
er hob, er hat gehoben

der Hecht, die Hechte

das Heck,
die Hecks / Hecke

die Helcke,
die Hecken

das Heer, die Heere

die Helfe, der Hefezopf

das Heft, die Hefte

heflten, sie heftet,
der Hefter

hefltig

die Heildellbeelre,
die Heidelbeeren

heilkel

heil, die Heilung, heilen,
er heilt, heilbar, heilsam

der Heilland
(Jesus Christus)

heillig, der Heilige,
die Heilige,
der Heiligabend,
der Heilige Abend

das Heim, die Heime,
heimwärts,
das Heimweh

die Heilmat, heimatlich,
heimatlos

heimllich,
die Heimlichkeit

die Heilrat, heiraten,
er heiratet

heilser, die Heiserkeit

heiß

A
B
C
D
E
F
G
H
I
J
K
L
M
N
O
P
Q
R
S
T
U
V
W
X
Y
Z

A
B
C
D
E
F
G
H
I
J
K
L
M
N
O
P
Q
R
S
T
U
V
W
X
Y
Z

hei|ßen, sie heißt,
sie hieß,
sie hat geheißen

hei|ter, die Heiterkeit

hei|zen, sie heizt,
die Heizung

die **Hek|tik**, hektisch

der **Hek|to|li|ter** (hl = 100 l),
die Hektoliter

der **Held**, die Helden,
die Heldin, heldenhaft

hel|fen, er hilft,
er half,
er hat geholfen

hell, die Helligkeit

hell|blau

hell|braun

hell|grün

hell|rot

der **Helm**, die Helme

Hel|sin|ki (Hauptstadt
Finnlands)

das **Hemd**, die Hemden

hem|men, sie hemmt,
die Hemmung,
hemmungslos

der **Hengst**, die Hengste

der **Hen|kel**, die Henkel

die **Hen|ne**, die Hennen

her

he|rab

he|ran

he|rauf

he|raus

he|raus|for|dern,
sie fordert heraus,
die Herausforderung

herb

her|bei

die **Her|ber|ge**,
die Herbergen

der **Herbst**, herbstlich

der **Herd**,
die Herde,
die Herdplatte

die **Her|de**,
die Herden

he|rein

he|rein|kom|men,
er kommt herein,
er kam herein, er ist
hereingekommen

der **He|ring**, die Heringe

die **Her|kunft**,
das Herkunftsland

der **Herr**, die Herren

herr|lich,
die Herrlichkeit

herr|schen, er herrscht,
die Herrschaft

der **Herr|scher**,
die Herrscher,
die Herrscherin

her|**stel**|**len**,
sie stellt her,
die Herstellung

he|**rü**|**ber**

he|**rum**

he|**run**|**ter**

her|**vor**

her|**vor**|**ra**|**gend**

das **Herz**, die Herzen,
herzhaft, herzlich

der **Her**|**zog**, die Herzöge,
die Herzogin

Hes|**sen**, die Hessen,
hessisch

het|**zen**, er hetzt,
die Hetze

das **Heu**

heu|**cheln**, sie heuchelt

heu|**len**, er heult

die **Heu**|**schre**|**cke**,
die Heuschrecken

heu|**te**

die **He**|**xe**, die Hexen,
der Hexer, hexen,
sie hext

der **Hieb**, die Hiebe

hier

hie|**rauf**

hier|**bei**

hier|**durch**

hier|**her**

hier|**mit**

die **Hie**|**ro**|**gly**|**phe**
(altägyptisches
Schriftzeichen),
die Hieroglyphen

hier|**zu**

hie|**sig** (einheimisch)

die **Hil**|**fe**, die Hilfen,
hilflos, hilfreich,
hilfsbereit

die **Him**|**bee**|**re**,
die Himbeeren

der **Him**|**mel**, himmlisch

hin

hi|**nab**

hi|**nauf**

hi|**naus**

hin|**dern**, sie hindert,
das Hindernis

hin|**durch**

hi|**nein**

hin|**ken**, sie hinkt

hin|**ten**

hin|**ter**,
der Hintergrund

hin|**ter**|**ei**|**nan**|**der**

hin|**ter**|**her**

hi|**nü**|**ber**

hi|**nun**|**ter**

hin|**weg**

der **Hin**|**weis**, die Hinweise

A
B
C
D
E
F
G
H
I
J
K
L
M
N
O
P
Q
R
S
T
U
V
W
X
Y
Z

145

A
B
C
D
E
F
G
H
I
J
K
L
M
N
O
P
Q
R
S
T
U
V
W
X
Y
Z

hin|zu

das **Hirn**, die Hirne

der **Hirsch**, die Hirsche

die **Hir|se** (Getreideart)

der **Hir|te**/Hirt, die Hirten, die Hirtin

der **Hit**, die Hits

die **Hit|ze**, hitzig

das **Hob|by**, die Hobbys

der **Ho|bel**, die Hobel, hobeln, sie hobelt

hoch, höher, am höchsten

der **Hoch|mut**, hochmütig

die **Hoch|zeit**, die Hochzeiten

ho|cken, er hockt, die Hocke, der Hocker

das **Ho|ckey** (Sport)

der **Ho|den**, die Hoden

der **Hof**, die Höfe

hof|fen, sie hofft, die Hoffnung, hoffnungslos, hoffentlich

höf|lich, die Höflichkeit

die **Hö|he**, die Höhen

hohl

die **Höh|le**, die Höhlen

der **Hohn**, höhnisch

ho|len, er holt

die **Höl|le**, die Höllen, höllisch

hol|pern, sie holpert, holperig/holprig

der **Ho|lun|der** (Strauch)

das **Holz**, die Hölzer, hölzern

die **Home|page** (erste Seite einer Internetseite), die Homepages

der **Ho|nig**

der **Hop|fen**

hop|peln, er hoppelt

hop|sen, sie hopst

hor|chen, er horcht

die **Hor|de**, die Horden

hö|ren, sie hört, der Hörer, die Hörerin, das Hörgerät

der **Ho|ri|zont**, horizontal

das **Horn**, die Hörner

die **Hor|nis|se**, die Hornissen

der **Hor|ror** (Grauen)

der **Hort**, die Horte

hor|ten, er hortet

die **Ho|se**, die Hosen

das **Hos|pi|tal**, die Hospitale/Hospitäler

die **Hos|tie**, die Hostien

das **Ho|tel**, die Hotels

hübsch

der **Hub|schrau|ber**, die Hubschrauber

hu|cke|pack

der **Huf**, die Hufe

die **Hüf|te**, die Hüften

der **Hü|gel**, die Hügel, hügelig/hüglig

das **Huhn**, die Hühner

die **Hül|le**, die Hüllen

die **Hül|se**, die Hülsen

die **Hum|mel**, die Hummeln

der **Hum|mer**, die Hummer

der **Hu|mor**, humorvoll, humorlos

hum|peln, er humpelt

der **Hu|mus**

der **Hund**, die Hunde, die Hündin

hun|dert, hundertmal, ein Hundertstel **100**

der **Hun|ger**, hungern, sie hungert

hung|rig

die **Hu|pe**, die Hupen, hupen, er hupt

hüp|fen, sie hüpft

die **Hür|de**, die Hürden

hur|ra!

hu|schen, er huscht

der **Hus|ten**, husten, sie hustet

der **Hut**, die Hüte

hü|ten, er hütet, behüten, sie behütet

die **Hüt|te**, die Hütten

die **Hyä|ne**, die Hyänen

die **Hya|zin|the**, die Hyazinthen

der **Hy|drant**, die Hydranten

die **Hy|gi|ene**, hygienisch

die **Hym|ne**, die Hymnen, die Nationalhymne

A B C D E F G H I J K L M N O P Q R S T U V W X Y Z

A
B
C
D
E
F
G
H
I
J
K
L
M
N
O
P
Q
R
S
T
U
V
W
X
Y
Z

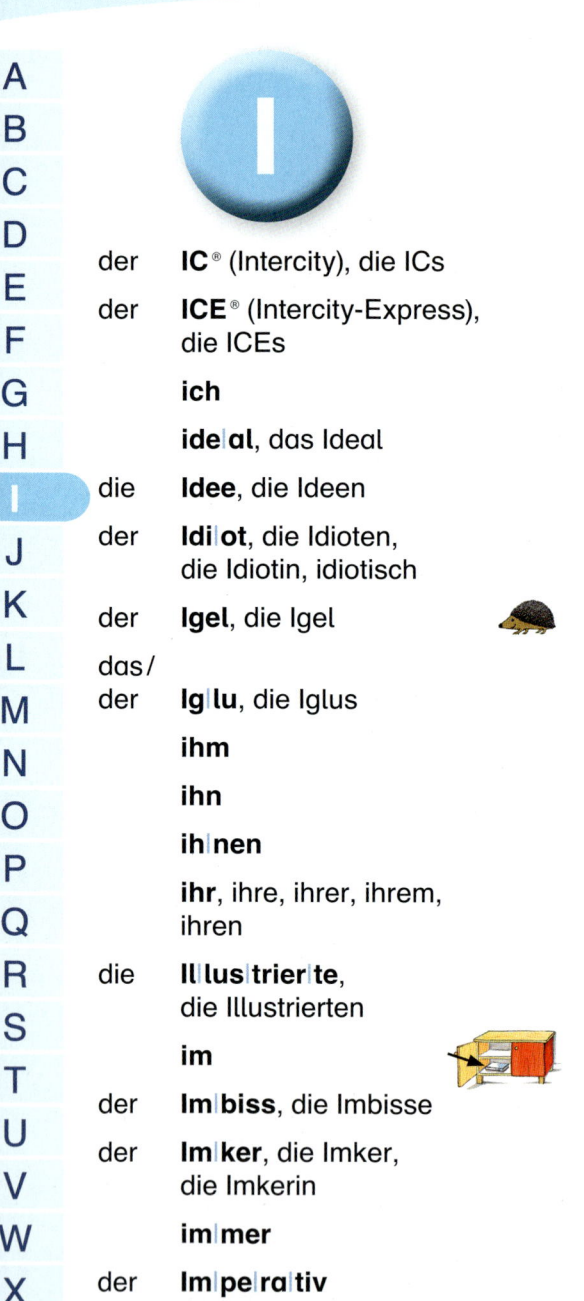

der   **IC**® (Intercity), die ICs

der   **ICE**® (Intercity-Express), die ICEs

ich

ide|al, das Ideal

die   **Idee**, die Ideen

der   **Idi|ot**, die Idioten, die Idiotin, idiotisch

der   **Igel**, die Igel

das /
der   **Ig|lu**, die Iglus

ihm

ihn

ih|nen

ihr, ihre, ihrer, ihrem, ihren

die   **Il|lus|trier|te**, die Illustrierten

im

der   **Im|biss**, die Imbisse

der   **Im|ker**, die Imker, die Imkerin

im|mer

der   **Im|pe|ra|tiv** (Befehlsform), die Imperative

das   **Im|per|fekt** (Vergangenheitsform)

imp|fen, er impft, die Impfung

im|stan|de, auch: im Stande

in

der   **In|dia|ner**, die Indianer, die Indianerin

die   **In|dus|trie**, die Industrien

in|ei|nan|der

die   **In|fek|ti|on** (Ansteckung durch Krankheitserreger), die Infektionen, infizieren, er infiziert, sich infizieren, er infiziert sich

der   **In|fi|ni|tiv** (Grundform eines Verbs), die Infinitive

der   **In|for|ma|ti|ker**, die Informatiker, die Informatikerin, die Informatik

die   **In|for|ma|ti|on**, die Informationen, informieren, sie informiert

der   **In|ge|ni|eur**, die Ingenieure, die Ingenieurin

der   **Ing|wer**

der   **In|ha|ber**, die Inhaber, die Inhaberin

der **In|halt**, die Inhalte,
inhaltlich

die **In|klu|si|on**
(Einschließung),
inkludieren,
sie inkludiert

das **In|land**

in|mit|ten

in|nen, die Innenseite

in|ner|halb

in|nig

ins

der **In|sas|se**, die Insassen,
die Insassin

ins|be|son|de|re

das **In|sekt**, die Insekten

die **In|sel**, die Inseln

ins|ge|samt

in|so|fern

die **In|spek|ti|on**
(Begutachtung),
der Inspektor,
die Inspektorin

die **In|stal|la|ti|on**,
installieren,
er installiert

der **In|stinkt**, die Instinkte,
instinktiv

das **In|sti|tut**, die Institute

das **In|stru|ment**,
die Instrumente

die **In|te|gra|ti|on**
(Eingliederung),
sich integrieren,
sie integriert sich

in|tel|li|gent,
die Intelligenz

in|ten|siv

das **In|te|res|se**, die Interessen,
sich interessieren,
er interessiert sich,
interessant

das **In|ter|nat**, die Internate

in|ter|na|tio|nal

das **In|ter|net**

das **In|ter|view** (sprich:
In-ter-wju),
die Interviews,
interviewen,
sie interviewt

der **Inuk**
(Selbstbezeichnung
der Eskimos;
bedeutet „der Mensch"),
die Inuit

in|zwi|schen

ir|gend, irgendein,
irgendjemand,
irgendwann, irgendwas,
irgendwie, irgendwo

Ir|land, die Iren, irisch

die **Iro|nie**, ironisch

sich **ir|ren**, sie irrt sich,
der Irrtum

der **Is|lam** (Religion),
islamisch

A
B
C
D
E
F
G
H
I
J
K
L
M
N
O
P
Q
R
S
T
U
V
W
X
Y
Z

Is|land, die Isländer, isländisch

die **Iso|la|ti|on**, isolieren, er isoliert

ist → sein

Ita|li|en,
die Italiener, italienisch

ja

die **Jacht**, auch: die Yacht, die Jachten

die **Ja|cke**, die Jacken

ja|gen, er jagt, die Jagd, der Jäger, die Jägerin

der **Ja|gu|ar**,
die Jaguare

jäh

das **Jahr**, die Jahre, jährlich,
das Jahrhundert

der **Jah|res|kreis**,
die Jahreskreise

die **Jah|res|zeit**,
die Jahreszeiten

der **Jahr|markt**,
die Jahrmärkte

der **Jäh|zorn**, jähzornig

die **Ja|lou|sie** (Rollladen),
die Jalousien

der **Jam|mer**, jammern,
sie jammert, jämmerlich

der **Ja|nu|ar**

Ja|pan,
die Japaner, japanisch

jä|ten, er jätet

jauch|zen, sie jauchzt

jau|len, er jault

ja|wohl

der **Jazz** (sprich: Dschähß; Musikstil, der sich aus der Volksmusik der schwarzen Bevölkerung Amerikas entwickelt hat), die Jazzmusik

je

die **Jeans**

je|den|falls

je|der, jede, jedes, jedem, jeden

je|doch

je|mals

je|mand, jemandem, jemanden

je|ner, jene, jenes

jen|seits

Je|sus Chris|tus → Heiland

der **Jet** (Düsenflugzeug), die Jets

jetzt

je|weils

der **Job**, die Jobs, jobben, sie jobbt

das **Jod**

jo|deln, er jodelt

jog|gen, sie joggt, das Jogging, der Jogger, die Joggerin

das/ der **Jo|ghurt**, auch: Jogurt, die Joghurts

die **Jo|han|nis|bee|re**, die Johannisbeeren

joh|len, er johlt

der **Jo|ker** (Spielkarte), die Joker

jon|glie|ren (sprich: schon-glie-ren), sie jongliert

der **Jour|na|list**, die Journalisten, die Journalistin, der Journalismus

ju|beln, er jubelt, der Jubel

das **Ju|bi|lä|um**, die Jubiläen, der Jubilar, die Jubilarin

ju|bi|lie|ren, sie jubiliert

ju|cken, es juckt

der **Ju|de**, die Juden, die Jüdin, das Judentum, jüdisch

das **Ju|do** (Kampfsportart)

die **Ju|gend**, die Jugendlichen, jugendlich

der **Ju|li**

jung, jünger,
am jüngsten

der **Jun|ge**, die Jungen

der **Ju|ni**

der **Ju|pi|ter**

der **Ju|rist**
(Rechtskundiger),
die Juristen, die Juristin

die **Ju|ry** (sprich: Schü-ri;
Preisgericht), die Jurys

das /
der **Ju|wel**, die Juwelen,
der Juwelier,
die Juwelierin

K

das **Ka|bel**, die Kabel

der **Ka|bel|jau**,
die Kabeljaue /
Kabeljaus

die **Ka|bi|ne**, die Kabinen

die **Ka|chel**, die Kacheln

der **Kä|fer**, die Käfer

der **Kaf|fee**, die Kaffees

der **Kä|fig**, die Käfige

kahl

der **Kahn**, die Kähne

das /
der **Kai** / Quai (Ufermauer),
die Kais

der **Kai|ser**, die Kaiser,
die Kaiserin, kaiserlich

das **Ka|jak** (Paddelboot),
die Kajaks

die **Ka|jü|te**, die Kajüten

der **Ka|ka|du**,
die Kakadus

der **Ka|kao**

die **Ka|ker|la|ke**,
die Kakerlaken

der **Kak|tus**, die Kakteen

das **Kalb**, die Kälber,
das Kalbfleisch

der	**Ka len der**, die Kalender	
der	**Kalk**, kalken, es kalkt	
die	**Ka lo rie**, die Kalorien	
	kalt, kälter, am kältesten	
die	**Käl te**	
das	**Ka mel**, die Kamele	
die	**Ka me ra**, die Kameras	
der	**Ka me rad**, die Kameraden, die Kameradin, die Kameradschaft	
die	**Ka mil le**, der Kamillentee	
der	**Ka min**, die Kamine	
der	**Kamm**, die Kämme	
	käm men, er kämmt	
die	**Kam mer**, die Kammern	
der	**Kampf**, die Kämpfe, kämpfen, er kämpft	
	Ka na da, die Kanadier, kanadisch	
der	**Ka nal**, die Kanäle, die Kanalisation	
der	**Ka na ri en vo gel**, die Kanarienvögel	
der	**Kan di dat**, die Kandidaten, die Kandidatin	
das	**Kän gu ru**, die Kängurus	

das	**Ka nin chen**, die Kaninchen
der	**Ka nis ter**, die Kanister
die	**Kan ne**, die Kannen
der	**Ka non**, die Kanons
die	**Ka no ne**, die Kanonen
die	**Kan te**, die Kanten, kantig
die	**Kan ti ne**, die Kantinen
das	**Ka nu**, die Kanus
die	**Kan zel**, die Kanzeln
der	**Kanz ler**, die Kanzler, die Kanzlerin
die	**Ka pel le**, die Kapellen
	ka pie ren, sie kapiert
der	**Ka pi tän**, die Kapitäne, die Kapitänin
das	**Ka pi tel**, die Kapitel
die	**Kap pe**, die Kappen
die	**Kap sel**, die Kapseln
	ka putt
die	**Ka pu ze**, die Kapuzen
das	**Ka ra te**
die	**Ka ra wa ne**, die Karawanen
der	**Kar di nal** (hoher kath. Würdenträger), die Kardinäle
der	**Kar frei tag**
	karg, kärglich

A B C D E F G H I J K L M N O P Q R S T U V W X Y Z

ka|riert, das Karo,
die Karos

die **Ka|ri|es** (Zahnfäule),
kariös

der **Kar|ne|val**
(Fastnacht)

die **Ka|ros|se|rie**,
die Karosserien

die **Ka|rot|te**, die Karotten

der **Karp|fen**,
die Karpfen

die **Kar|re**, die Karren,
karren, er karrt

die **Kar|te**, die Karten

die **Kar|tei**, die Karteien

die **Kar|tof|fel**,
die Kartoffeln

der **Kar|ton**, die Kartons

das **Ka|rus|sell**,
die Karussells

der **Kä|se**, die Käse

die **Ka|ser|ne**,
die Kasernen

der **Kas|per**,
das Kasperletheater

die **Kas|se**, die Kassen,
kassieren, sie kassiert,
der Kassierer,
die Kassiererin

die **Kas|ta|nie**,
die Kastanien

der **Kas|ten**, die Kästen

der **Ka|ta|log**, die Kataloge

die **Ka|ta|stro|phe**
(Unglück),
die Katastrophen,
katastrophal

der **Ka|ter**, die Kater

die **Ka|the|dra|le**,
die Kathedralen

der **Ka|tho|lik**,
die Katholiken,
die Katholikin,
katholisch (kath.)

die **Kat|ze**, die Katzen

kau|en, sie kaut

kau|ern, er kauert

kau|fen, er kauft,
der Kauf, der Käufer,
die Käuferin, käuflich

das **Kauf|haus**,
die Kaufhäuser

die **Kaul|quap|pe**,
die Kaulquappen

kaum

der **Kauz**, die Käuze

der **Ke|bab** (am Spieß
gebratene
Fleischstückchen),
die Kebabs

der **Ke|gel**, die Kegel,
kegeln, er kegelt

die **Keh|le**, die Kehlen

keh|ren (fegen),
sie kehrt

kehrt|ma|chen,
er macht kehrt

kei|fen, sie keift

der   **Keil**, die Keile

der   **Keim**, die Keime,
keimen, es keimt,
der Keimling, keimfrei

kein, keine, keiner,
keinem, keinen,
keinerlei, keinmal

kei|nes|falls,
keineswegs

der   **Keks**, die Kekse

der   **Kelch**, die Kelche

die   **Kel|le**, die Kellen

der   **Kel|ler**, die Keller

der   **Kell|ner**, die Kellner,
die Kellnerin

ken|nen, er kennt,
er kannte,
er hat gekannt,
die Kenntnis

ken|nen|ler|nen, auch:
kennen lernen,
er lernt kennen

das   **Kenn|zei|chen**,
die Kennzeichen,
kennzeichnen,
sie kennzeichnet

ken|tern, es kentert

die   **Ke|ra|mik**,
die Keramiken

die   **Ker|be**, die Kerben

der   **Ker|ker**, die Kerker

der   **Kerl**, die Kerle

der   **Kern**, die Kerne, kernig

das   **Kern|kraft|werk**,
die Kernkraftwerke

die   **Ker|ze**, die Kerzen

der   **Kes|sel**, die Kessel

der /
das   **Ket|chup**, auch:
Ketschup

die   **Ket|te**, die Ketten

keu|chen, er keucht

die   **Keu|le**, die Keulen

das   **Key|board**
(Tasteninstrument),
die Keyboards

ki|chern, sie kichert

ki|cken, er kickt

der **Kie|fer**,
die Kiefer

die **Kie|fer**,
die Kiefern

die   **Kie|me**, die Kiemen

der   **Kies**

der   **Kie|sel**, die Kiesel,
der Kieselstein

das   **Ki|lo** (Kilogramm; kg),
die Kilos

der   **Ki|lo|me|ter** (km),
die Kilometer

das   **Kind**, die Kinder,
die Kindheit, kindlich,
der Kinderwagen

A
B
C
D
E
F
G
H
I
J
K
L
M
N
O
P
Q
R
S
T
U
V
W
X
Y
Z

A
B
C
D
E
F
G
H
I
J
K
L
M
N
O
P
Q
R
S
T
U
V
W
X
Y
Z

das **Kin|der|zim|mer**, die Kinderzimmer

das **Kinn**, die Kinne

das **Ki|no**, die Kinos

der **Ki|osk**, die Kioske

kip|pen, sie kippt

die **Kir|che**, die Kirchen

die **Kir|sche**, die Kirschen

das **Kis|sen**, die Kissen

die **Kis|te**, die Kisten

der **Kitsch**, kitschig

der **Kitt**, kitten, er kittet

der **Kit|tel**, die Kittel

das **Kitz** (Junges von Reh, Ziege und Gämse), die Kitze

kit|zeln, sie kitzelt

die **Ki|wi**, die Kiwis

der **Ki|wi**, die Kiwis
Der Kiwi ist ein in Neuseeland lebender Laufvogel.

kläf|fen, er kläfft

kla|gen, sie klagt, die Klage, der Kläger, die Klägerin, kläglich

klamm

die **Klam|mer**, die Klammern, klammern, er klammert

der **Klang**, die Klänge, klangvoll

die **Klap|pe**, die Klappen

klap|pen, es klappt

klap|pe|rig/klapprig

klap|pern, sie klappert

der **Klaps**, die Klapse

klar, klären, er klärt, die Klarheit

die **Klär|an|la|ge**, die Kläranlagen

die **Kla|ri|net|te** (Blasinstrument), die Klarinetten

die **Klas|se**, die Klassen, der Klassenlehrer, die Klassenlehrerin

das **Klas|sen|zim|mer**, die Klassenzimmer

klas|se

der **Klatsch** (Geschwätz)

klat|schen, er klatscht

die **Klaue** (Kralle), die Klauen

klau|en, sie klaut

das **Kla|vier**, die Klaviere

kle|ben, er klebt, der Kleber, klebrig

der **Kleb|stoff**, die Klebstoffe

kle|ckern, er kleckert

der **Klecks**, die Kleckse

der **Klee**

das **Kleid**, die Kleider

die **Klei|dung**

klein, kleiner,
die Kleinigkeit,
kleinlich

der **Kleis|ter**, die Kleister

klem|men, er klemmt,
die Klemme

der **Klemp|ner**,
die Klempner,
die Klempnerin

die **Klet|te**, die Kletten

klet|tern,
sie klettert

der **Klett|ver|schluss**,
die Klettverschlüsse

das **Kli|ma**, klimatisch,
klimatisiert,
die Klimaanlage,
der Klimawandel

der **Klimm|zug**,
die Klimmzüge

klim|pern, er klimpert

die **Klin|ge**, die Klingen

die **Klin|gel**, die Klingeln,
klingeln, sie klingelt

klin|gen, er klingt,
er klang,
er hat geklungen

die **Kli|nik**, die Kliniken,
klinisch

die **Klin|ke**, die Klinken

die **Klip|pe**, die Klippen

klir|ren, es klirrt

klit|ze|klein

das **Klo**, die Klos

klop|fen, sie klopft

der **Klops**, die Klopse

der **Kloß**, die Klöße

das **Klos|ter**, die Klöster

der **Klotz**, die Klötze, klotzig

der **Klub**, auch: Club,
die Klubs

klug, klüger,
am klügsten,
die Klugheit

der **Klum|pen**,
die Klumpen, klumpig

km (Kilometer)

knab|bern, er knabbert

kna|cken, sie knackt,
knackig

der **Knall**, knallen, es knallt

knapp, die Knappheit

der **Knap|pe**
(Lehrling eines Ritters),
die Knappen

knar|ren, es knarrt

knat|tern, es knattert

der / das **Knäu|el**, die Knäuel

der **Kne|bel**, die Knebel,
knebeln, er knebelt

der **Knecht**, die Knechte

knei|fen, er kneift,
er kniff, er hat gekniffen

die **Knei|pe**, die Kneipen

kne|ten, sie knetet,
die Knete

kni|cken, er knickt,
der Knick

der **Knicks**, die Knickse,
knicksen, sie knickst

das **Knie**, die Knie, knien,
er kniet

der **Kniff**, die Kniffe,
kniffelig / knifflig

knip|sen, sie knipst

der **Knirps**, die Knirpse

knir|schen, es knirscht

knis|tern, es knistert

knit|tern, er knittert,
knitterfrei

kno|beln, sie knobelt

der **Knob|lauch**

der **Knö|chel**, die Knöchel

der **Kno|chen**,
die Knochen, knochig

der **Knö|del**, die Knödel

die **Knol|le**, die Knollen,
knollig

der **Knopf**, die Knöpfe,
knöpfen, er knöpft

der **Knor|pel**, die Knorpel,
knorpelig / knorplig

knor|rig

die **Knos|pe**, die Knospen

der **Kno|ten**, die Knoten,
knoten, sie knotet

knül|len, er knüllt,
der Knüller

knüp|fen, sie knüpft

der **Knüp|pel**, die Knüppel

knur|ren, er knurrt

knus|pern,
sie knuspert, knusperig /
knusprig

K. o. (Knock-out),
der K.-o.-Schlag

der **Koa|la**, die Koalas

der **Ko|bold**, die Kobolde

die **Ko|bra**,
die Kobras

ko|chen,
er kocht

der **Koch**, die Köche,
die Köchin

der **Kö|der**, die Köder

der **Kof|fer**, die Koffer

der **Kohl**,
der Kohlrabi

die **Koh|le**, die Kohlen

die **Ko|je**, die Kojen

die **Ko|kos|nuss**,
die Kokosnüsse

der **Kol|ben**, die Kolben

der **Kol|le|ge**, die Kollegen,
die Kollegin,
das Kollegium, kollegial

die **Ko|lon|ne**,
die Kolonnen

der **Ko|loss**, die Kolosse,
kolossal

kom|bi|nie|ren,
sie kombiniert,
die Kombination

der **Ko|met**, die Kometen

der **Kom|fort**, komfortabel

ko|misch, die Komik,
der Komiker,
die Komikerin

das **Kom|ma**, die Kommas,
auch: die Kommata

kom|man|die|ren,
er kommandiert,
das Kommando

kom|men, er kommt,
er kam, er ist gekommen

der **Kom|men|tar**,
die Kommentare

der **Kom|mis|sar**,
die Kommissare,
die Kommissarin

die **Kom|mis|si|on**,
die Kommissionen

die **Kom|mo|de**,
die Kommoden

die **Kom|mu|ni|on**,
die Kommunionen

kom|mu|ni|zie|ren,
er kommuniziert

die **Ko|mö|die**,
die Komödien

der **Kom|pa|ra|tiv**
(1. Steigerungsstufe),
die Komparative

der **Kom|pass**,
die Kompasse

kom|plett (vollständig)

das **Kom|pli|ment**,
die Komplimente

der **Kom|pli|ze**, auch:
Komplice,
die Komplizen,
die Komplizin

kom|pli|ziert (schwierig)

kom|po|nie|ren,
er komponiert,
die Komposition,
der Komponist,
die Komponistin

der **Kom|post**,
kompostieren,
sie kompostiert

der **Kom|pro|miss**,
die Kompromisse

der **Kon|di|tor**,
die Konditoren,
die Konditorin,
die Konditorei

das **Kon|dom**, die Kondome

die **Kon|fe|renz**,
die Konferenzen

A B C D E F G H I J **K** L M N O P Q R S T U V W X Y Z

die **Kon|fes|si|on**
(Glauben),
die Konfessionen,
konfessionslos

das **Kon|fet|ti**

die **Kon|fir|ma|ti|on**,
die Konfirmationen

die **Kon|fi|tü|re** (Marmelade
mit Fruchtstücken),
die Konfitüren

der **Kon|flikt** (Streit),
die Konflikte

der **Kö|nig**, die Könige,
die Königin, königlich

kon|ju|gie|ren (ein Verb
beugen), er konjugiert,
die Konjugation

die **Kon|junk|ti|on**
(Bindewort),
die Konjunktionen

die **Kon|kur|renz**,
die Konkurrenzen,
konkurrieren,
sie konkurriert

kön|nen, er kann,
er konnte,
er hat gekonnt

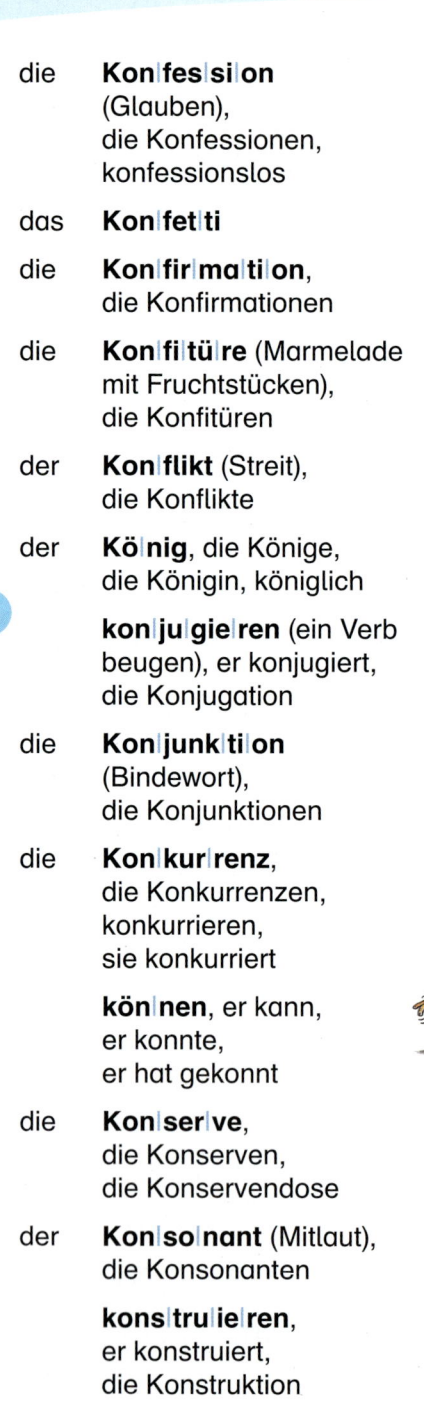

die **Kon|ser|ve**,
die Konserven,
die Konservendose

der **Kon|so|nant** (Mitlaut),
die Konsonanten

kons|tru|ie|ren,
er konstruiert,
die Konstruktion

der **Kon|sum** (Verbrauch),
der Konsument,
die Konsumentin,
konsumieren,
sie konsumiert

der **Kon|takt**, die Kontakte

der **Kon|ti|nent**,
die Kontinente

das **Kon|to**, die Konten

der **Kon|tra|bass**,
die Kontrabässe

die **Kon|trol|le**,
die Kontrollen,
der Kontrolleur,
die Kontrolleurin,
kontrollieren,
er kontrolliert

sich **kon|zen|trie|ren**,
sie konzentriert sich,
die Konzentration

das **Kon|zert**, die Konzerte

Ko|pen|ha|gen
(Hauptstadt
Dänemarks),
die Kopenhagener

der **Kopf**, die Köpfe

die **Ko|pie**, die Kopien,
kopieren, sie kopiert,
der Kopierer

die **Kop|pel**, die Koppeln

die **Ko|ral|le**, die Korallen

der **Ko|ran** (das heilige
Buch des Islam)

der **Korb**, die Körbe

die **Kor|del**, die Kordeln

der **Kor|ken**, die Korken

das **Korn**, die Körner, körnig

der **Kör|per**, die Körper, körperlich

das **Kör|per|teil**, die Körperteile

kor|rekt (richtig)

der **Kor|ri|dor**, die Korridore

kor|ri|gie|ren, er korrigiert, die Korrektur

die **Kos|me|tik**, kosmetisch

der **Kos|mos** (Weltall)

kos|ten, sie kostet, die Kost, köstlich
Sie kostet das leckere Essen.

kos|ten, es kostet, die Kosten, kostbar, kostenlos
Die Bluse kostet 30,00 Euro.

das **Kos|tüm**, die Kostüme, sich kostümieren, er kostümiert sich

der **Kot**

die **Krab|be**, die Krabben

krab|beln, sie krabbelt

der **Krach**, krachen, es kracht

kräch|zen, er krächzt

die **Kraft**, die Kräfte, kräftig, kraftlos

der **Kra|gen**, die Kragen

die **Krä|he**, die Krähen

krä|hen, sie kräht

der **Kra|ke**, die Kraken

die **Kral|le**, die Krallen

der **Kram**, kramen, er kramt

der **Krampf**, die Krämpfe, krampfhaft, verkrampft

der **Kran**, die Kräne

der **Kra|nich**, die Kraniche

krank, kränker, am kränksten, der / die Kranke, krankhaft

krän|ken, sie kränkt, die Kränkung

das **Kran|ken|bett**, die Krankenbetten

das **Kran|ken|haus**, die Krankenhäuser

die **Kran|ken|schwes|ter**, die Krankenschwestern

der **Kran|ken|wa|gen**, die Krankenwagen

A
B
C
D
E
F
G
H
I
J
K
L
M
N
O
P
Q
R
S
T
U
V
W
X
Y
Z

161

A
B
C
D
E
F
G
H
I
J
K
L
M
N
O
P
Q
R
S
T
U
V
W
X
Y
Z

die **Krank|heit**,
die Krankheiten

der **Kranz**, die Kränze

krass

der **Kra|ter**, die Krater

krat|zen, sie kratzt,
der Kratzer

krau|len,
sie krault

krau|len,
sie krault

kraus

das **Kraut**, die Kräuter

der **Kra|wall**, die Krawalle

die **Kra|wat|te**,
die Krawatten

kra|xeln (klettern),
er kraxelt

krea|tiv

der **Krebs**,
die Krebse

der **Krebs**
Die Krankheit Krebs
kann immer öfter
geheilt werden.

der **Kre|dit**, die Kredite,
die Kreditkarte

die **Krei|de**

der **Kreis**, die Kreise,
kreisen, sie kreist,
der Kreisel, kreisförmig,
kreisrund

krei|schen, er kreischt

das **Krepp|pa|pier**,
auch: Krepp-Papier

das **Kreuz**, die Kreuze,
kreuzen, sie kreuzt,
die Kreuzung

krib|beln, es kribbelt,
kribblig

krie|chen,
er kriecht,
er kroch,
er ist gekrochen

der **Krieg**, die Kriege,
kriegerisch

krie|gen (bekommen),
er kriegt

der **Kri|mi**, die Krimis

kri|mi|nell,
die Kriminalpolizei

der **Krin|gel**, die Kringel

die **Krip|pe**, die Krippen

die **Kri|se**, die Krisen,
kriseln, es kriselt

das /
der **Kris|tall**, die Kristalle

die **Kri|tik**, die Kritiken,
kritisieren, sie kritisiert,
kritisch

krit|zeln, er kritzelt,
die Kritzelei

Kroa|ti|en,
die Kroaten, kroatisch

die **Kro|ket|te**,
die Kroketten

das **Kro|ko|dil**, die Krokodile

der **Kro|kus**, die Krokusse

die **Kro|ne**, die Kronen, die Krönung

die **Krö|te**, die Kröten

die **Krü|cke**, die Krücken

der **Krug**, die Krüge

der **Krü|mel**, die Krümel, krümeln, sie krümelt, krümelig

krumm, die Krümmung

die **Krus|te**, die Krusten

das **Kru|zi|fix**, die Kruzifixe

der **Kü|bel**, die Kübel

die **Kü|che**, die Küchen

der **Ku|chen**, die Kuchen

der **Ku|ckuck**, die Kuckucke

die **Ku|fe**, die Kufen

die **Ku|gel**, die Kugeln, kugelrund

die **Kuh**, die Kühe

kühl, die Kühle, kühlen, er kühlt, die Kühlung

der **Kühl|schrank**, die Kühlschränke

kühn, die Kühnheit

das **Kü|ken**, die Küken

der **Ku|li** (Kugelschreiber), die Kulis

die **Ku|lis|se**, die Kulissen

die **Kul|tur**, die Kulturen, kulturell

der **Küm|mel** (Gewürzpflanze)

der **Kum|mer**, kümmerlich

sich **küm|mern**, sie kümmert sich

der **Kum|pel**, die Kumpel

der **Kun|de** (Käufer), die Kunden, die Kundin, die Kundschaft

kün|di|gen, er kündigt, die Kündigung

künf|tig (in Zukunft)

die **Kunst**, die Künste, der Künstler, die Künstlerin, das Kunststück, kunstvoll

kun|ter|bunt

das **Kup|fer**

die **Kup|pe** (abgeflachte Berghöhe), die Kuppen

die **Kup|pel** (Dach in Form einer Halbkugel), die Kuppeln

die **Kupp|lung**, die Kupplungen, kuppeln, er kuppelt

die **Kur**, die Kuren, kurieren, er kuriert

A
B
C
D
E
F
G
H
I
J
K
L
M
N
O
P
Q
R
S
T
U
V
W
X
Y
Z

die **Kur|bel**, die Kurbeln,
kurbeln, er kurbelt

der **Kür|bis**, die Kürbisse

der **Ku|rier**, die Kuriere

ku|ri|os (seltsam)

der **Kurs**, die Kurse

die **Kur|ve**, die Kurven,
kurven, er kurvt, kurvig

kurz, kürzer,
am kürzesten,
die Kürze, die Kürzung,
kürzen, er kürzt,
kürzlich, kurzfristig,
kurzsichtig

ku|scheln, sie kuschelt,
kuschelig,
das Kuscheltier

der **Kuss**, die Küsse,
küssen, er küsst

die **Küs|te**, die Küsten

der **Küs|ter** (Kirchendiener),
die Küsterin

die **Kut|sche**, die Kutschen,
kutschieren,
sie kutschiert

der **Kut|ter**, die Kutter

das **Ku|vert**, die Kuverts

L

l (Liter)

das **La|bor** (Laboratorium),
die Labors,
auch: Labore

das **La|by|rinth**,
die Labyrinthe

lä|cheln, sie lächelt,
das Lächeln

la|chen, sie lacht,
das Lachen,
das Gelächter

lä|cher|lich

der **Lachs**, die Lachse

der **Lack**, lackieren,
er lackiert,
die Lackierung

der **La|den**,
die Läden
Schuhe kaufen wir
im Laden um die Ecke.

la|den,
er lädt,
er lud,
er hat geladen,
die Ladung
Er lädt alles in sein Auto.

die **La|ge**, die Lagen

das **La|ger**, die Lager,
lagern, sie lagert,
die Lagerung

lahm

läh|men, sie lähmt,
die Lähmung, gelähmt

der **Laib**,
die Laibe
Ein Laib ist ein rundes
Stück Brot oder Käse.

der **Leib**,
die Leiber
Der Leib ist der Körper
eines Menschen.

der **Laich**, laichen,
er laicht

der **Laie**, die Laien,
laienhaft

das **La|ken**, die Laken

die **La|krit|ze**

lal|len, sie lallt

das **La|ma**, die Lamas

das **La|met|ta**

das **Lamm**,
die Lämmer

die **Lam|pe**, die Lampen

der **Lam|pi|on**,
die Lampions

das **Land**, die Länder,
ländlich, die Landschaft

die **Land|kar|te**,
die Landkarten

lan|den, er landet,
die Landung

die **Land|stra|ße**,
die Landstraßen

der **Land|wirt**,
die Landwirte,
die Landwirtin,
die Landwirtschaft,
landwirtschaftlich

lang, länger,
am längsten,
die Länge, länglich

lang|sam,
die Langsamkeit

längst (schon lange)

lang|wei|lig,
die Langeweile,
sich langweilen,
er langweilt sich

der **Lap|pen**, die Lappen

das/
der **Lap|top**, die Laptops

die **Lär|che**,
die Lärchen

die **Ler|che**,
die Lerchen

der **Lärm**, lärmen, er lärmt

die **Lar|ve**, die Larven

der **La|ser** (sprich: Ley-ser)

las|sen, er lässt,
er ließ, er hat gelassen

läs|sig, die Lässigkeit

das **Las|so**, die Lassos

die **Last**, die Lasten,
der Lastkraftwagen
(Lkw, auch: LKW)

das **Las|ter** (Sünde),
die Laster, lasterhaft

läs|tern, sie lästert

läs|tig, belästigen,
er belästigt

das **La|tein**, lateinisch

die **La|ter|ne**,
die Laternen

die **Lat|te**, die Latten

lau (mild), lauwarm

das **Laub**

die **Lau|be**, die Lauben

der **Lauch**

lau|ern, er lauert

lau|fen, er läuft,
er lief, er ist gelaufen,
der Lauf, der Läufer,
die Läuferin

das **Lauf|werk**,
die Laufwerke

die **Lau|ge**, die Laugen

die **Lau|ne**, die Launen,
launisch

die **Laus**, die Läuse

lau|schen, sie lauscht

der **Laut**,
die Laute,
lautlos

laut

die **Lau|te**,
die Lauten

läu|ten, es läutet

die **La|va**

die **La|wi|ne**, die Lawinen

das **Le|ben**, die Leben

le|ben, er lebt,
lebendig, lebhaft,
leblos, lebensfroh,
lebensgefährlich,
das Lebensmittel

die **Le|ber**

lech|zen, er lechzt

das **Leck** (undichte Stelle),
die Lecks

le|cken, sie leckt

le|cker

das **Le|der**

le|dig (unverheiratet)

le|dig|lich

leer, die Leere, leeren,
er leert

die **Le|gas|the|nie**
(Lese-Rechtschreib-
Schwäche),
der Legastheniker,
die Legasthenikerin

le|gen, er legt

die **Le|gen|de**,
die Legenden

die **Leg|gings** / Leggins

der **Lehm**, lehmig

die **Leh|ne**, die Lehnen

leh|ren, sie lehrt,
die Lehre

der **Leh|rer**, die Lehrer

die **Leh|re|rin**,
die Lehrerinnen

das **Leh|rer|zim|mer**,
die Lehrerzimmer

der **Leib** (vgl. der Laib),
die Leiber

die **Lei|che**, die Leichen,
der Leichnam

leicht,
die Leichtigkeit

der **Leicht|sinn**, leichtsinnig

lei|den, er leidet,
er litt, er hat gelitten,
das Leiden

die **Lei|den|schaft**,
die Leidenschaften,
leidenschaftlich

lei|der

leid|tun, es tut mir leid,
es tat mir leid,
es hat mir leidgetan

lei|hen, er leiht,
er lieh, er hat geliehen

der **Leim**, leimen,
sie leimt

die **Lei|ne**,
die Leinen

das **Lei|nen**

lei|se

die **Leis|te**,
die Leisten

leis|ten,
er leistet,
die Leistung,
leistungsfähig
Er leistet sportlich sehr viel.

sich **leis|ten**,
sie leistet sich
Sie leistet sich
teure Schuhe.

lei|ten,
sie leitet,
die Leitung,
der Leiter,
die Leiterin

die **Lei|ter**,
die Leitern

die **Lek|ti|on**, die Lektionen

die **Lek|tü|re**, die Lektüren

len|ken, er lenkt,
der Lenker,
das Lenkrad,
die Lenkung

der **Leo|pard**,
die Leoparden

A
B
C
D
E
F
G
H
I
J
K
L
M
N
O
P
Q
R
S
T
U
V
W
X
Y
Z

die **Ler|che**
(vgl. die Lärche),
die Lerchen

ler|nen, sie lernt

le|sen, sie liest,
sie las, sie hat gelesen,
der Leser, die Leserin,
leserlich

Lett|land, die Letten,
lettisch

letz|te, letzter, letztes

leuch|ten, er leuchtet,
der Leuchter

leug|nen, sie leugnet

die **Leu|kä|mie** (Blutkrebs)

die **Leu|te**

das **Le|xi|kon**,
die Lexika / Lexiken

die **Li|bel|le**, die Libellen

das **Licht**, die Lichter

die **Lich|tung**,
die Lichtungen

> das **Lid**,
> die Lider
>
> das **Lied**,
> die Lieder

lieb, lieblich, lieblos

die **Lie|be**, der Liebling

lie|ben, er liebt,
liebenswürdig,
liebevoll

lie|ber → gern

Liech|ten|stein,
die Liechtensteiner,
liechtensteinisch

das **Lied** (vgl. das Lid),
die Lieder

lie|fern, er liefert,
die Lieferung

lie|gen, er liegt, er lag,
er hat gelegen,
die Liege

der **Lift**, die Lifte / Lifts

die **Li|ga**, die Ligen

li|la, das Lila

die **Li|lie**, die Lilien

die **Li|mo|na|de**,
die Limonaden

die **Lin|de**, die Linden

lin|dern, sie lindert,
die Linderung

das **Li|ne|al**, die Lineale

die **Li|nie**, die Linien,
linieren, er liniert

links, linke

die **Lin|se**, die Linsen

die **Lip|pe**, die Lippen

lis|peln, sie lispelt

Lis|sa|bon
(Hauptstadt Portugals),
die Lissabonner

die **List**, listig

die **Lis|te**, die Listen

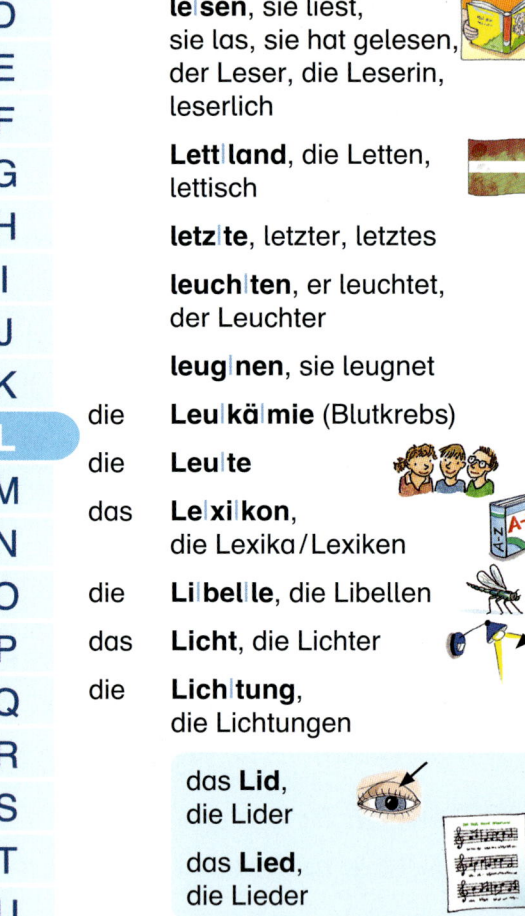

Li|tau|en, die Litauer,
litauisch

der/
das **Li|ter** (l), die Liter,
literweise

die **Lit|faß|säu|le**,
die Litfaßsäulen

live (unmittelbar),
die Livesendung,
auch: Live-Sendung

Ljubl|ja|na (Hauptstadt
Sloweniens)

der **Lkw**, auch: LKW
(Lastkraftwagen),
die Lkws

lo|ben, er lobt, das Lob

das **Loch**, die Löcher,
lochen, sie locht,
löchrig/löcherig

die **Lo|cke**, die Locken

lo|cken, er lockt

lo|cker, lockern,
sie lockert

die **Lo|cke|rung**

lo|ckig

lo|dern, es lodert

der **Löf|fel**, die Löffel,
löffeln, er löffelt,
löffelweise

die **Lo|gik**, logisch

der **Lohn**, die Löhne,
sich lohnen,
es lohnt sich

die **Loi|pe** (Langlaufbahn),
die Loipen

die **Lok** (Lokomotive),
die Loks

das **Lo|kal**, die Lokale, lokal

Lon|don (Hauptstadt
Großbritanniens),
die Londoner

das/
der **Loo|ping**,
die Loopings

der **Lor|beer**, die Lorbeeren

das **Los**,
die Lose

los!
Los, beeil dich!

lo|se
Der Knopf
ist lose.

lö|schen, er löscht

lö|sen, sie löst,
die Lösung

das **Lot**

lö|ten, er lötet

der **Lot|se**, die Lotsen,
lotsen, sie lotst

die **Lot|te|rie**, die Lotterien

das **Lot|to**, der Lottogewinn,
die Lottozahlen

der **Lö|we**, die Löwen,
die Löwin

der **Lö|wen|zahn**

A
B
C
D
E
F
G
H
I
J
K
L
M
N
O
P
Q
R
S
T
U
V
W
X
Y
Z

der **Luchs**, die Luchse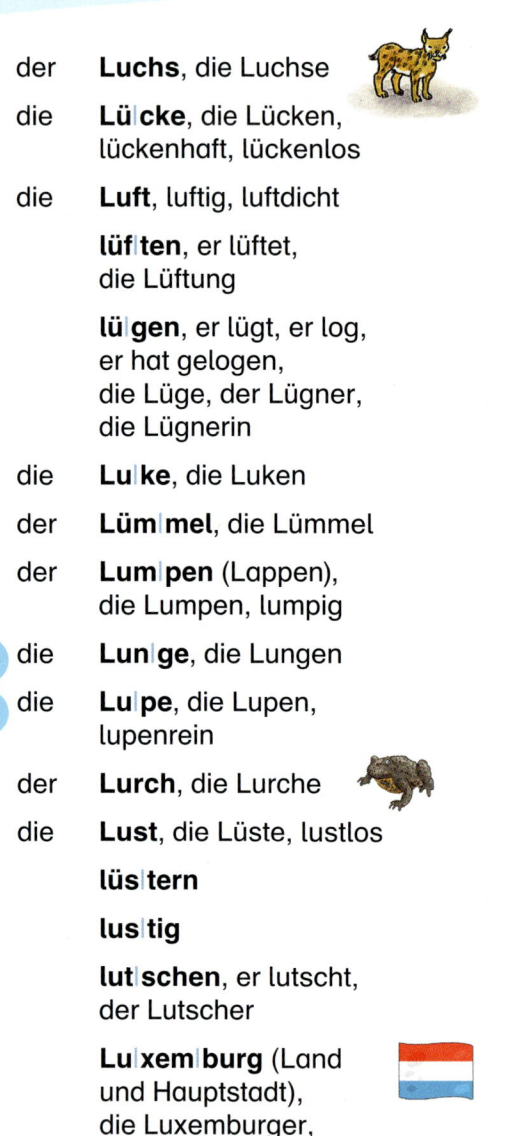

die **Lü|cke**, die Lücken, lückenhaft, lückenlos

die **Luft**, luftig, luftdicht

lüf|ten, er lüftet, die Lüftung

lü|gen, er lügt, er log, er hat gelogen, die Lüge, der Lügner, die Lügnerin

die **Lu|ke**, die Luken

der **Lüm|mel**, die Lümmel

der **Lum|pen** (Lappen), die Lumpen, lumpig

die **Lun|ge**, die Lungen

die **Lu|pe**, die Lupen, lupenrein

der **Lurch**, die Lurche

die **Lust**, die Lüste, lustlos

lüs|tern

lus|tig

lut|schen, er lutscht, der Lutscher

Lu|xem|burg (Land und Hauptstadt), die Luxemburger, luxemburgisch

der **Lu|xus**, luxuriös

M

m (Meter)

ma|chen, er macht

die **Macht**, die Mächte, mächtig, machtlos

das **Mäd|chen**, die Mädchen

die **Ma|de**, die Maden, madig

Ma|drid (Hauptstadt Spaniens), die Madrider

das **Ma|ga|zin**, die Magazine

die **Magd**, die Mägde

der **Ma|gen**, die Mägen / Magen

ma|ger, magersüchtig

die **Ma|gie** (Zauberkunst), der Magier, die Magierin, magisch

der **Mag|net**, die Magnete, magnetisch

mä|hen, sie mäht

mah|len, sie mahlt

ma|len, sie malt, die Malerei, das Gemälde, der Maler, die Malerin, malerisch

die	**Mahl‌zeit**, die Mahlzeiten	
die	**Mäh‌ne**, die Mähnen	
	mah‌nen, er mahnt, die Mahnung	
der	**Mai**, das Maiglöckchen	
der	**Mai‌kä‌fer**, die Maikäfer	
die	**Mail‌box**, die Mailboxen	
	mai‌len, sie mailt	
der	**Main** (Fluss)	
der	**Mais**	
die	**Ma‌jes‌tät**, die Majestäten	
der	**Ma‌kel**, die Makel, makellos	
das	**Make-up** (Gesichtskosmetik)	
die	**Mak‌ka‌ro‌ni**	
der	**Mak‌ler**, die Makler, die Maklerin	
die	**Ma‌kre‌le**, die Makrelen	
das	**Mal**, die Male, einmal, diesmal, keinmal, paarmal	
	mal	
	ma‌len (vgl. mahlen), sie malt, die Malerei, das Gemälde, der Maler, die Malerin, malerisch	

	mal‌neh‌men, 2 · 2	
	er nimmt mal, er nahm mal, er hat malgenommen	
	Mal‌ta (Inselstaat im Mittelmeer), die Malteser, maltesisch	
das	**Malz**, das Malzbier	
die	**Ma‌ma**, die Mamas, die Mami	
das	**Mam‌mut**, die Mammute / Mammuts	
	man	
der	**Ma‌na‌ger**, die Manager, die Managerin	
	manch, manche, mancher, manches	
	manch‌mal	
die	**Man‌da‌ri‌ne**, die Mandarinen	
die	**Man‌del**, die Mandeln	
die	**Ma‌ne‌ge** (sprich: Ma-neh-sche), die Manegen	
der	**Man‌gel** (Fehler), die Mängel, mangelhaft	
die	**Ma‌nie‌ren**, manierlich	
der	**Mann**, die Männer, männlich	

Man – mas

die	**Mann|schaft,** die Mannschaften
der	**Man|tel,** die Mäntel
die	**Map|pe,** die Mappen
das	**Mäpp|chen,** die Mäppchen
der	**Ma|ra|thon,** die Marathons
das	**Mär|chen,** die Märchen, märchenhaft
der	**Mar|der,** die Marder
die	**Mar|ga|ri|ne**
der	**Ma|ri|en|kä|fer,** die Marienkäfer
die	**Ma|ri|ne**
die	**Ma|rio|net|te,** die Marionetten

> das **Mark**
>
> die **Mark,** die Mark
>
> Früher bezahlte man mit der Deutschen Mark.

die	**Mar|ke,** die Marken, die Briefmarke
	mar|kie|ren, sie markiert, die Markierung
die	**Mar|ki|se,** die Markisen
der	**Markt,** die Märkte
die	**Mar|me|la|de,** die Marmeladen

der	**Mar|mor**
die	**Ma|ro|ne,** die Maronen
der	**Mars**
der	**Marsch,** die Märsche, marschieren, er marschiert
der	**März**
das	**Mar|zi|pan**
die	**Ma|sche,** die Maschen
die	**Ma|schi|ne,** die Maschinen, maschinell
die	**Ma|sern** (Krankheit)
die	**Mas|ke,** die Masken, sich maskieren, er maskiert sich
das	**Mas|kott|chen**

> das **Maß,** die Maße, maßlos, maßvoll
>
> die **Mas\|se,** die Massen, massenhaft, massig

das	**Maß|band,** die Maßbänder
	mas|sie|ren, sie massiert, die Massage

A B C D E F G H I J K L **M** N O P Q R S T U V W X Y Z

mä|ßig

mas|siv (fest)

die **Maß|nah|me**,
die Maßnahmen

der **Maß|stab**,
die Maßstäbe

> der **Mast**,
> die Masten
>
> die **Mast**,
> die Masten,
> mästen,
> er mästet

das **Ma|te|ri|al**,
die Materialien

die **Ma|the|ma|tik**,
mathematisch

die **Ma|trat|ze**,
die Matratzen

der **Ma|tro|se**, die Matrosen

der **Matsch**, matschig

matt, die Mattigkeit

die **Mat|te**, die Matten

die **Mau|er**, die Mauern,
mauern, sie mauert

das **Maul**, die Mäuler

das **Maul|tier**,
die Maultiere

der **Maul|wurf**,
die Maulwürfe

die **Maus**, die Mäuse

ma|xi|mal

die **Ma|yon|nai|se**, auch:
Majonäse

Ma|ze|do|ni|en,
die Mazedonier,
mazedonisch

der **Me|cha|ni|ker**,
die Mechaniker,
die Mechanikerin,
mechanisch

me|ckern, sie meckert

**Meck|len|burg-
Vor|pom|mern**,
die Mecklenburg-
Vorpommern,
mecklenburg-
vorpommerisch

die **Me|dail|le** (sprich:
Me-dal-je),
die Medaillen

das **Me|di|ka|ment**,
die Medikamente

das **Me|di|um**, die Medien

die **Me|di|zin**,
die Mediziner,
medizinisch

das **Meer**, die Meere

der **Meer|ret|tich**

das **Meer|schwein|chen**,
die Meerschweinchen

das **Mehl**, mehlig

mehr, mehrere,
mehrmals,
die Mehrheit,
die Mehrzahl

A
B
C
D
E
F
G
H
I
J
K
L
M
N
O
P
Q
R
S
T
U
V
W
X
Y
Z

A
B
C
D
E
F
G
H
I
J
K
L
M
N
O
P
Q
R
S
T
U
V
W
X
Y
Z

mei den, er meidet,
er mied,
er hat gemieden

die **Mei le**, die Meilen,
meilenweit

mein, meine, meiner,
meinem, meinen,
meinetwegen

mei nen, sie meint,
die Meinung

die **Mei se**, die Meisen

meist, meistens,
am meisten

der **Meis ter**, die Meister,
die Meisterin, meisterlich

sich **mel den**,
sie meldet sich,
die Meldung

mel ken, er melkt,
er molk,
er hat gemolken

die **Me lo die**, die Melodien

die **Me lo ne**, die Melonen

die **Men ge**, die Mengen

der **Mensch**, die Menschen,
menschlich

die **Mens trua ti on**,
die Menstruationen

mer ken, sie merkt,
das Merkmal,
merkwürdig,
der Merksatz

der **Mer kur**

die **Mes se** (Ausstellung),
die Messen

mes sen, er misst,
er maß,
er hat gemessen

das **Mes ser**, die Messer

das **Mes sing**

das **Me tall**, die Metalle,
metallic, metallisch

der **Me te or**, die Meteore

die **Me teo ro lo gie**

der / das **Me ter** (m), die Meter,
meterlang

die **Me tho de**,
die Methoden,
methodisch

der **Metz ger**, die Metzger,
die Metzgerin

die **Metz ge rei**,
die Metzgereien

die **Meu te**, die Meuten,
meutern, er meutert

Me xi ko,
die Mexikaner,
mexikanisch

mi au en, sie miaut

mich

die **Mie ne**,
die Mienen

die **Mi ne**,
die Minen

mies

die	**Mie**|**te**, die Mieten, der Mieter, die Mieterin, mieten, er mietet
der	**Mi**|**grant**, die Migranten, die Migrantin, die Migration (dauerhafter Wohnsitzwechsel), migrieren, er migriert
das	**Mi**|**kro**|**fon**, auch: Mikrophon, die Mikrofone
das	**Mi**|**kros**|**kop**, die Mikroskope, mikroskopisch
die	**Mi**|**kro**|**wel**|**le**, die Mikrowellen
die	**Mil**|**be**, die Milben
die	**Milch**, milchig
	mild, die Milde, mildern, er mildert
das	**Mi**|**li**|**tär**, militärisch
die	**Mil**|**li**|**ar**|**de** (Md., Mrd., Mia.), die Milliarden
das	**Mil**|**li**|**gramm** (mg)
der / das	**Mil**|**li**|**me**|**ter** (mm), die Millimeter
die	**Mil**|**li**|**on** (Mill., Mio.), die Millionen, der Millionär, die Millionärin
die	**Milz**
die	**Mi**|**mik**

	min, auch: Min. (Minute)
	min|**der**, die Minderheit, minderjährig, minderwertig
	min|**des**|**tens**
die / das	**Mind**|**map**, auch: Mind-Map, die Mindmaps
die	**Mi**|**ne** (vgl. die Miene), die Minen
das	**Mi**|**ne**|**ral**, die Minerale / Mineralien
	mi|**ni**|**mal**
der	**Mi**|**nis**|**ter**, die Minister, die Ministerin
der	**Mi**|**nis**|**trant**, die Ministranten, die Ministrantin
	Minsk (Hauptstadt von Weißrußland), die Minsker
	mi|**nus**, das Minuszeichen
die	**Mi**|**nu**|**te** (min), die Minuten, minutenlang
	mir
	mi|**schen**, er mischt, die Mischung, das Gemisch
	mi|**se**|**ra**|**bel**

A
B
C
D
E
F
G
H
I
J
K
L
M
N
O
P
Q
R
S
T
U
V
W
X
Y
Z

die **Miss|ach|tung**,
die Missachtungen,
missachten,
sie missachtet

der **Miss|brauch**,
missbrauchen,
er missbraucht

der **Miss|er|folg**,
die Misserfolge

das **Miss|ge|schick**,
die Missgeschicke

die **Miss|gunst**,
missgünstig

miss|han|deln,
sie misshandelt,
die Misshandlung

der **Mis|sio|nar**,
die Missionare,
die Missionarin

miss|mu|tig

miss|trau|en,
er misstraut,
das Misstrauen

das **Miss|ver|ständ|nis**,
die Missverständnisse,
missverstehen,
sie missversteht,
sie missverstand,
sie hat missverstanden

der **Mist**

mit

die **Mit|ar|beit**,
der Mitarbeiter,
die Mitarbeiterin,
mitarbeiten,
er arbeitet mit

mit|brin|gen,
sie bringt mit,
sie brachte mit,
sie hat mitgebracht

der **Mit|bür|ger**,
die Mitbürger,
die Mitbürgerin

mit|ei|nan|der

mit|fah|ren, er fährt mit,
er fuhr mit,
er ist mitgefahren,
der Mitfahrer,
die Mitfahrerin

das **Mit|ge|fühl**, mitfühlen,
sie fühlt mit

das **Mit|glied**, die Mitglieder

mit|hel|fen, er hilft mit,
er half mit, er hat
mitgeholfen, die Mithilfe

mit|hil|fe

der **Mit|laut** (Konsonant),
die Mitlaute

das **Mit|leid**, mitleidig

der **Mit|mensch**,
die Mitmenschen,
mitmenschlich

mit|neh|men,
sie nimmt mit,
sie nahm mit,
sie hat mitgenommen

der **Mit|schü|ler**,
die Mitschüler,
die Mitschülerin

mit|spie|len,
er spielt mit

der **Mit**|**tag**, die Mittage

das **Mit**|**tag**|**es**|**sen**,
die Mittagessen

mit|**tags**

die **Mit**|**te**

mit|**tei**|**len**, sie teilt mit,
die Mitteilung,
mitteilsam

das **Mit**|**tel**, die Mittel,
mittellos

das **Mit**|**tel**|**al**|**ter**,
mittelalterlich

das **Mit**|**tel**|**maß**,
mittelmäßig

das **Mit**|**tel**|**meer**

der **Mit**|**tel**|**punkt**

die **Mit**|**tel**|**schu**|**le**,
die Mittelschulen

mit|**ten**, mittendrin

die **Mit**|**ter**|**nacht**

mitt|**ler**|**wei**|**le**

der **Mitt**|**woch**,
die Mittwoche,
mittwochs

mi|**xen**, er mixt,
der Mixer

das **Mob**|**bing**, mobben,
sie mobbt

das **Mö**|**bel**, die Möbel

die **Mo**|**de**, die Moden,
modisch

das **Mo**|**dell**, die Modelle

der **Mo**|**de**|**ra**|**tor**,
die Moderatoren,
die Moderatorin,
moderieren,
er moderiert

mo|**dern**,
es modert,
der Moder
Die alten Blätter modern
schon.

mo|**dern**
Ihre Kleidung
ist modern.

mo|**der**|**ni**|**sie**|**ren**,
er modernisiert,
die Modernisierung

das **Mo**|**fa**, die Mofas

mö|**gen**, er mag/
er möchte, er mochte,
er hat gemocht

mög|**lich**,
die Möglichkeit,
möglicherweise

Mo|**ham**|**med**
(Stifter des Islams)

der **Mohn**

die **Möh**|**re**, die Möhren

der **Molch**, die Molche

Mol|**da**|**wi**|**en**,
die Moldauer,
moldauisch

die **Mol**|**ke**|**rei**,
die Molkereien

mol|**lig**

A
B
C
D
E
F
G
H
I
J
K
L
M
N
O
P
Q
R
S
T
U
V
W
X
Y
Z

der **Mo|ment**, die Momente, momentan

Mo|na|co, die Monegassen, monegassisch

die **Mo|nar|chie** (Herrschaft eines Königs / einer Königin), die Monarchien, der Monarch, die Monarchin

der **Mo|nat**, die Monate, monatlich

der **Mönch**, die Mönche

der **Mond**, die Monde

der **Mo|ni|tor** (Bildschirm), die Monitore

das **Mons|ter**, die Monster

der **Mon|tag**, die Montage, montags

Mon|te|ne|gro, die Montenegriner, montenegrinisch

der **Mon|teur** (sprich: Mon-tör), die Monteure, die Monteurin, die Montage, montieren, er montiert

das **Moor**, die Moore, moorig

das **Moos**, die Moose, moosig

das **Mo|ped**, die Mopeds

die **Mo|ral**, moralisch

der **Mo|rast**, morastig

der **Mord**, die Morde, der Mörder, die Mörderin, morden, er mordet

der **Mor|gen**, die Morgen

mor|gen

mor|gens

morsch (brüchig)

das **Mo|sa|ik**, die Mosaiken / Mosaike

die **Mo|schee**, die Moscheen

der **Mos|lem**, die Moslems, die Moslemin

das **Mo|tiv** (Beweggrund, Antrieb), die Motive

der **Mo|tor**, die Motoren

die **Mot|te**, die Motten

das **Moun|tain|bike** (sprich: Maun-ten-beik), die Mountainbikes

die **Mö|we**, die Möwen

die **Mü|cke**, die Mücken

mü|de, die Müdigkeit

muf|fig

die **Mü|he**, die Mühen, sich mühen, sie müht sich, mühsam

die **Müh|le**, die Mühlen

die **Mul|de** (flache Vertiefung), die Mulden

der **Müll**, die Müllabfuhr,
der Mülleimer,
die Müllhalde,
die Mülltonne,
die Mülltrennung

der **Mül|ler**, die Müller,
die Müllerin

mul|mig

mul|ti|kul|tu|rell

mul|ti|pli|zie|ren   2 · 2
(vervielfachen),
sie multipliziert,
die Multiplikation

die **Mu|mie**, die Mumien

der **Mumps** (Krankheit)

der **Mund**, die Münder,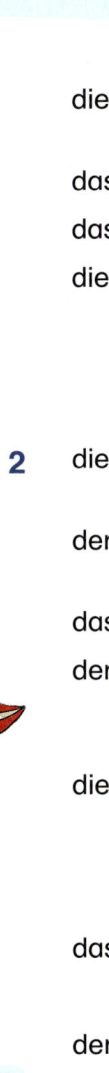
mündlich,
die Mundharmonika

die **Mün|dung**,
die Mündungen,
münden, es mündet

mun|ter

die **Mün|ze**, die Münzen

mür|be

die **Mur|mel**,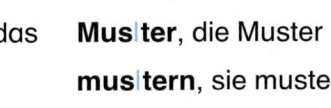
die Murmeln

mur|meln,
sie murmelt
Sie murmelt leise.

mur|ren, er murrt,
mürrisch

das **Mus**

die **Mu|schel**,
die Muscheln

das **Mu|se|um**, die Museen

das **Mu|si|cal**, die Musicals

die **Mu|sik**, der Musiker,
die Musikerin,
musizieren,
sie musiziert,
musikalisch

die **Mus|kat|nuss**,
die Muskatnüsse

der **Mus|kel**, die Muskeln,
muskulös

das **Müs|li**, die Müsli

der **Mus|lim**, die Muslime /
Muslims, die Muslimin,
muslimisch

die **Mu|ße**, müßig

müs|sen, sie muss,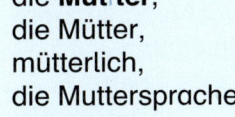
sie musste,
sie hat gemusst

das **Mus|ter**, die Muster

mus|tern, sie mustert

der **Mut**, mutig, mutlos

die **Mut|ter**,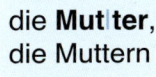
die Mütter,
mütterlich,
die Muttersprache

die **Mut|ter**,
die Muttern

mut|wil|lig

die **Müt|ze**, die Mützen

A
B
C
D
E
F
G
H
I
J
K
L
M
N
O
P
Q
R
S
T
U
V
W
X
Y
Z

die **Na|be**,
die Naben

die **Nar|be**
die Narben

der **Na|bel**, die Nabel

nach

nach|ah|men,
sie ahmt nach

der **Nach|bar**,
die Nachbarn,
die Nachbarin,
die Nachbarschaft

nach|dem

nach|den|ken,
er denkt nach,
er dachte nach,
er hat nachgedacht,
nachdenklich

nach|ei|nan|der

die **Nach|er|zäh|lung**,
die Nacherzählungen,
nacherzählen,
er erzählt nach

der **Nach|fol|ger**,
die Nachfolger,
die Nachfolgerin

nach|ge|ben,
er gibt nach, er gab nach,
er hat nachgegeben,
nachgiebig

nach|her

die **Nach|hil|fe**

der **Nach|kom|me**,
die Nachkommen,
die Nachkommin

nach|läs|sig,
die Nachlässigkeit

der **Nach|mit|tag**,
die Nachmittage,
nachmittags

der **Nach|na|me**,
die Nachnamen

die **Nach|richt**,
die Nachrichten

nach|schla|gen,
er schlägt nach,
er schlug nach,
er hat nachgeschlagen

die **Nach|sicht**,
die Nachsichtigkeit,
nachsichtig

die **Nach|sil|be**,
die Nachsilben

die **Nach|spei|se**,
die Nachspeisen

der **Nächs|te** (Mitmensch),
die Nächsten,
die Nächstenliebe

nächs|te, nächster,
nächstes, nächstens,
als Nächstes

die **Nacht**, die Nächte,
nächtigen, sie nächtigt

der **Nach**|**teil**, die Nachteile,
nachteilig

die **Nach**|**ti**|**gall**,
die Nachtigallen

der **Nach**|**tisch**,
die Nachtische

der **Nach**|**trag**,
die Nachträge,
nachträglich

nachts

der **Nacht**|**tisch**,
die Nachttische

der **Nach**|**wuchs**

die **Nach**|**zah**|**lung**,
die Nachzahlungen

der **Nach**|**züg**|**ler**,
die Nachzügler,
die Nachzüglerin

der **Na**|**cken**, die Nacken

nackt, die Nacktheit

die **Na**|**del**, die Nadeln

der **Na**|**del**|**baum**, nadeln,
er nadelt

der **Na**|**gel**, die Nägel

na|**geln**, sie nagelt

na|**gen**, er nagt,
der Nager

nah, näher,
am nächsten,
die Nähe, sich nähern,
sie nähert sich, nahezu

nä|**hen**, sie näht

die **Nah**|**rung**, nähren,
sie nährt, nahrhaft,
das Nahrungsmittel

die **Naht**, die Nähte, nahtlos

na|**iv** (leichtgläubig),
die Naivität

der **Na**|**me**, die Namen,
namentlich,
der Namenstag,
das Namenwort

näm|**lich**

der **Napf**, die Näpfe

die **Nar**|**be** (vgl. die Nabe),
die Narben

die **Nar**|**ko**|**se**,
die Narkosen

der **Narr**, die Narren,
die Närrin, närrisch

die **Nar**|**zis**|**se**,
die Narzissen

na|**schen**, sie nascht

die **Na**|**se**, die Nasen

das **Nas**|**horn**,
die Nashörner

nass, die Nässe,
nässen, er nässt,
nasskalt

A
B
C
D
E
F
G
H
I
J
K
L
M
N
O
P
Q
R
S
T
U
V
W
X
Y
Z

die **Na|ti|on** (das Volk eines Staates), die Nationen, die Nationalität, national, die Nationalhymne

die **Nat|ter**, die Nattern

die **Na|tur**

na|tür|lich

die **Na|tur|wis|sen|schaft**, die Naturwissenschaften

das **Na|vi** (Navigationssystem), die Navis

der **Ne|bel**, die Nebel

ne|ben, nebenan

ne|ben|ei|nan|der

neb|lig/ne|be|lig

ne|cken, sie neckt, neckisch

der **Nef|fe**, die Neffen

ne|ga|tiv

neh|men, sie nimmt, sie nahm, sie hat genommen

der **Neid**, neiden, sie neidet, neidisch, neidlos

sich **nei|gen**, er neigt sich, die Neigung

nein

der **Nek|tar**, die Nektare

die **Nek|ta|ri|ne**, die Nektarinen

die **Nel|ke**, die Nelken

nen|nen, er nennt, er nannte, er hat genannt, der Nenner, nennenswert

das **Ne|on**, das Neonlicht

Nep|tun
Neptun ist der römische Gott des Meeres.

der **Nep|tun**
Neptun ist der äußerste Planet unseres Sonnensystems.

der **Nerv**, die Nerven, nervig

ner|vös, die Nervosität

die **Nes|sel**, die Nesseln

das **Nest**, die Nester

nett, die Nettigkeit

net|to, das Nettogewicht

das **Netz**, die Netze

neu, etwas Neues, die Neuigkeit, neuerdings

die **Neu|gier**/Neugierde, neugierig

Neu|jahr

neu|lich

neun, die Neun, neunmal, der Neunte

9

neun|zehn   **19**

neun|zig   **90**

neu|tral, die Neutralität

nicht

die   Nich|te, die Nichten

nichts

der   Nicht|schwim|mer,
die Nichtschwimmer,
die Nichtschwimmerin

ni|cken, er nickt

nie

nie|der, die Niederlage

die   Nie|der|lan|de,
die Niederländer,
niederländisch

Nie|der|sach|sen,
die Niedersachsen,
niedersächsisch

der   Nie|der|schlag,
die Niederschläge

die   Nie|der|tracht
(Gemeinheit),
niederträchtig

nied|lich

nied|rig

nie|mals

nie|mand, niemanden

die   Nie|re, die Nieren

nie|seln, es nieselt

nie|sen, er niest

die **Nie|te**,
die Nieten

die **Nie|te**,
die Nieten

der   Ni|ko|laus,
die Nikoläuse

Ni|ko|sia (Hauptstadt
Zyperns), auch: Nicosia,
die Nikosianer

das   Ni|ko|tin (Gift im Tabak),
nikotinhaltig

das   Nil|pferd,
die Nilpferde

nip|pen, er nippt

nir|gends, nirgendwo

die   Ni|sche, die Nischen

die   Nis|se (Ei der Laus),
die Nissen

nis|ten, er nistet

die   Ni|xe, die Nixen

noch

noch|mals

das   No|men, die Nomen

der   No|mi|na|tiv (Werfall),
die Nominative

die   Non|ne, die Nonnen

der   Non|sens (Unsinn)

non|stop

Nord|ame|ri|ka

der   Nor|den, nördlich

der   Nord|pol

A
B
C
D
E
F
G
H
I
J
K
L
M
N
O
P
Q
R
S
T
U
V
W
X
Y
Z

Nord|rhein-West|fa|len,
die Nordrhein-
Westfalen,
nordrhein-westfälisch

die **Nord|see**

nör|geln, er nörgelt,
die Nörgelei

nor|mal, die Normalität

Nor|we|gen,
die Norweger,
norwegisch

die **Not**, die Nöte,
der Notarzt,
die Notärztin,
der Notausgang,
die Notbremse,
der Notfall

der **No|tar**, die Notare

die **No|te**,
die Noten
Musik wird mit Noten
aufgeschrieben.

die **No|te**,
die Noten
Im Test hat sie
eine gute Note.

das **Note|book**,
die Notebooks

no|tie|ren, er notiert

nö|tig, die Nötigung

die **No|tiz**, die Notizen

not|wen|dig,
die Notwendigkeit

der **No|vem|ber**

im **Nu**

nüch|tern

die **Nu|del**, die Nudeln

das/
der **Nu|gat**, auch: Nougat

null, die Null

die **Num|mer**,
die Nummern,
die Nummerierung,
nummerieren,
sie nummeriert

nun

nur

nu|scheln, er nuschelt

die **Nuss**, die Nüsse

die **Nüs|ter**, die Nüstern

nut|zen, er nutzt,
nützen, sie nützt

das **Ny|lon** (Kunstfaser)

O

die **Oa|se**, die Oasen

ob

die **Ob|acht**

das **Ob|dach**,
der Obdachlose,
die Obdachlose,
obdachlos

oben

der **Ober** (Kellner), die Ober

der **Ober|be|griff**,
die Oberbegriffe

die **Ober|flä|che**,
die Oberflächen,
oberflächlich

ober|halb

das **Ober|haupt**,
die Oberhäupter

das **Ober|teil**, die Oberteile

ob|gleich

das **Ob|jekt** (Gegenstand),
die Objekte

ob|jek|tiv (sachlich),
die Objektivität

die **Ob|la|te**, die Oblaten

die **Oboe** (Blasinstrument),
die Oboen

das **Obst**

ob|wohl

der **Och|se**, die Ochsen

ocker

öde / öd

die **Oder** (Fluss)

oder

der **Ofen**, die Öfen

of|fen, offenbar,
offensichtlich

öf|fent|lich,
die Öffentlichkeit

of|fi|zi|ell

der **Of|fi|zier**, die Offiziere,
die Offizierin

off|line (ohne
Verbindung zum
Internet)

öff|nen, er öffnet,
die Öffnung

oft, öfter, am öftesten,
oftmals

oh!

oh|ne

die **Ohn|macht**,
die Ohnmachten,
ohnmächtig

das **Ohr**, die Ohren,
ohrenbetäubend

oje!

okay (o. k. / O. K.)

die **Öko|lo|gie**, ökologisch

der **Ok|to|ber**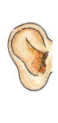

das **Öl**, die Öle, ölen, er ölt, ölig

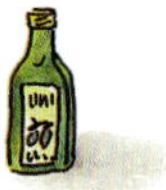

die **Oli|ve**, die Oliven

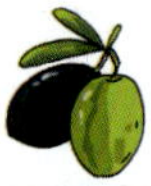

die **Olym|pia|de**, die Olympiaden
Die Olympiade ist der Zeitraum zwischen zwei Olympischen Spielen, sie dauert vier Jahre. 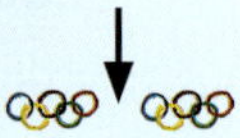

die **Olym|pi|schen Spie|le** 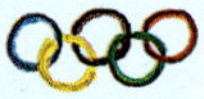
Die Olympischen Spiele sind Sportwettkämpfe, die alle vier Jahre in einem anderen Land ausgetragen werden.

die **Oma**, die Omas, die Omi

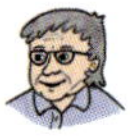

das **Ome|lett**, die Omelette / Omeletts

der **Om|ni|bus**, die Omnibusse

der **On|kel**, die Onkel

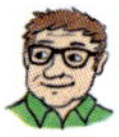

on|line (Verbindung zum Internet)

der **Opa**, die Opas, der Opi

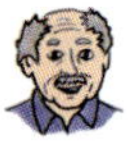

das **Open Air** (Konzert unter freiem Himmel), die Open Airs

die **Oper**, die Opern

die **Ope|ra|ti|on**, die Operationen, operieren, sie operiert

die **Ope|ret|te**, die Operetten

das **Op|fer**, die Opfer, opfern, er opfert, die Opferung

die **Op|tik**, der Optiker, die Optikerin

op|ti|mal (sehr gut)

der **Op|ti|mis|mus**, der Optimist, die Optimistin, optimistisch

die **Oran|ge**, die Orangen

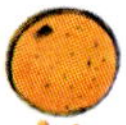

oran|ge

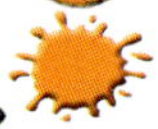

der **Orang-Utan**, die Orang-Utans

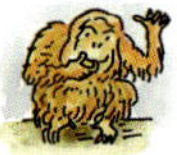

das **Or|ches|ter**, die Orchester

die **Or|chi|dee**, die Orchideen

der **Or|den**, die Orden

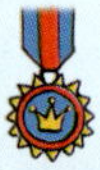

der **Or|den**, die Orden
In einem Orden leben Mitglieder nach bestimmten Regeln. 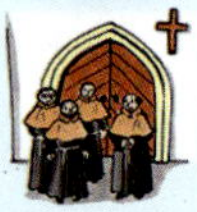

or|dent|lich

ord|nen, er ordnet, die Ordnung

der **Ord|ner**, die Ordner

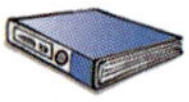

der **Ore|ga|no** (Gewürzpflanze)

das **Or|gan**, die Organe,
organisch

die **Or|ga|ni|sa|ti|on**,
die Organisationen,
organisieren,
er organisiert

die **Or|gel**, die Orgeln

der **Ori|ent**, orientalisch

sich **ori|en|tie|ren**,
sie orientiert sich,
die Orientierung

das **Ori|gi|nal**, die Originale,
original (ursprünglich,
echt)

ori|gi|nell (ungewöhnlich)

der **Or|kan**, die Orkane,
orkanartig

der **Ort**, die Orte, örtlich,
die Ortschaft

die **Or|tho|gra|fie**
(Rechtschreibung),
auch: Orthographie

die **Öse** (kleiner Metallring),
die Ösen

Os|lo (Hauptstadt
Norwegens), die Osloer

der **Os|ten**, östlich

der **Os|ter|ha|se**,
die Osterhasen

das **Os|tern**, österlich,
das Osterfest

Ös|ter|reich,
die Österreicher,
österreichisch

die **Ost|see**

der **Ot|ter**,
die Otter

die **Ot|ter**,
die Ottern

out (sprich: aut;
draußen, unmodern)

oval, das Oval

der **Oze|an**, die Ozeane

das /
der **Ozon**, das Ozonloch

das **Paar**,
die Paare,
das Pärchen,
paarweise
Zwei Menschen
oder Dinge, die
zusammengehören,
sind ein Paar.

paar
Im Geldbeutel sind
ein paar Euro.

pa|cken, sie packt,
die Packung,
das Päckchen

das **Pad|del**, die Paddel,
paddeln, er paddelt

das **Pa|ket**, die Pakete

der **Pa|last**, die Paläste

die **Pal|me**, die Palmen,
der Palmsonntag

die **Pam|pel|mu|se**,
die Pampelmusen

der **Pan|da**, die Pandas

pa|nie|ren, sie paniert

die **Pa|nik**, panisch

die **Pan|ne**, die Pannen

das **Pa|no|ra|ma**,
die Panoramen

der **Pan|ther**, auch:
der Panter, die Panther

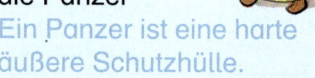

der **Pan|tof|fel**,
die Pantoffeln

die **Pan|to|mi|mik**
(Gebärdenspiel),
die Pantomime,
der Pantomime,
die Pantomimin,
pantomimisch

der **Pan|zer**,
die Panzer
Ein Panzer ist eine harte
äußere Schutzhülle.

der **Pan|zer**,
die Panzer

der **Pa|pa**, die Papas,
der Papi

der **Pa|pa|gei**,
die Papageien

das **Pa|pier**, die Papiere,
der Papierkorb

die **Pap|pe**, die Pappen

der /
die **Pap|ri|ka**, die Paprikas

der **Papst**, die Päpste,
päpstlich

die **Pa|ra|de**, die Paraden

das **Pa|ra|dies**, paradiesisch

der **Pa|ra|graf**
(Gesetzesabschnitt),
auch: Paragraph,
die Paragrafen

pa|ral|lel, die Parallele

der **Pa|ra|sit**, die Parasiten

der **Par|cours** (sprich:
Par-kuhr;
Hindernisbahn),
die Parcours

das **Par|füm**/Parfum,
die Parfüme/Parfüms,
die Parfümerie,
sich parfümieren,
sie parfümiert sich

pa|rie|ren (gehorchen),
er pariert

Pa|ris (Hauptstadt
Frankreichs), die Pariser

der **Park**, die Parks

par|ken, sie parkt,
der Parkplatz

das **Par|kett**

das **Par|la|ment**,
die Parlamente

die **Pa|ro|le**, die Parolen

die **Par|tei**, die Parteien,
parteiisch

das **Par|ter|re**
(Erdgeschoss)

der **Part|ner**, die Partner,
die Partnerin,
die Partnerarbeit

die **Par|ty**, die Partys

der **Pass**,
die Pässe
Ein Pass ist
ein Reiseausweis.

der **Pass**,
die Pässe
Ein Pass ist der
niedrigste Punkt zwischen
zwei Bergrücken, der
einen Durchgang durch ein
Gebirge ermöglicht.

die **Pas|sa|ge** (Durchgang),
die Passagen

der **Pas|sa|gier**,
die Passagiere,
die Passagierin

der **Pas|sant**,
die Passanten,
die Passantin

pas|sen, es passt

pas|sie|ren, es passiert

pas|siv (untätig),
die Passivität

die **Pas|te**, die Pasten

die **Pas|te|te**, die Pasteten

der **Pas|tor**, die Pastoren,
die Pastorin

der **Pa|te**, die Paten,
die Patin

das **Pa|tent**, die Patente

der **Pa|ter** (kath.
Ordensgeistlicher),
die Pater/Patres

A
B
C
D
E
F
G
H
I
J
K
L
M
N
O
P
Q
R
S
T
U
V
W
X
Y
Z

der **Pa|ti|ent**, die Patienten, die Patientin

die **Pa|tro|ne**, die Patronen

die **Pau|ke** (Schlaginstrument), die Pauken, pauken, er paukt

die **Pau|se**, die Pausen, pausieren, sie pausiert, pausenlos

pau|sen, er paust

das **Pau|sen|brot**, die Pausenbrote

der **Pa|vi|an**, die Paviane

der **Pa|vil|lon** (sprich: Pa-will-jong), die Pavillons

der **Pa|zi|fik** (Weltmeer)

der **PC** (Personal Computer), die PCs

das **Pech**
Pech ist eine schwarze, teerartige und zähe Flüssigkeit.

das **Pech**
Das ist wirklich Pech!

das **Pe|dal** (Fußhebel), die Pedale

der **Pe|gel**, die Pegel

pein|lich

die **Peit|sche**, die Peitschen, peitschen, er peitscht

der **Pelz**, die Pelze, pelzig

das **Pen|del**, die Pendel, pendeln, er pendelt

der **Pe|nis**, die Penisse

die **Pen|si|on**, die Pensionen
Wenn Beamte in Ruhestand gehen, erhalten sie eine Pension.

die **Pen|si|on**, die Pensionen

das **Per|fekt** (Vergangenheitsform)

per|fekt, die Perfektion

das **Per|ga|ment**, die Pergamente

die **Pe|rio|de**, die Perioden

die **Per|le**, die Perlen, perlen, es perlt

die **Per|son**, die Personen, die Persönlichkeit, persönlich, der Personalausweis

das **Per|so|nal|pro|no|men**, die Personalpronomen

die **Pe|rü|cke**, die Perücken

der **Pes|si|mist**, die Pessimisten, die Pessimistin, pessimistisch

die **Pest**

die **Pe|ter|si|lie**

der **Pfad**, die Pfade

der **Pfad|fin|der**,
die Pfadfinder,
die Pfadfinderin

der **Pfahl**, die Pfähle

die **Pfalz**, die Pfalzen,
pfälzisch

das **Pfand**, pfänden,
er pfändet,
die Pfandflasche

die **Pfan|ne**, die Pfannen

der **Pfar|rer**, die Pfarrer,
die Pfarrerin

der **Pfau**,
die Pfauen / Pfaue

der **Pfef|fer**, pfeffern,
sie pfeffert

die **Pfef|fer|min|ze**

die **Pfei|fe**,
die Pfeifen

die **Pfei|fe**,
die Pfeifen

pfei|fen,
er pfeift,
er pfiff,
er hat gepfiffen

der **Pfeil**, die Pfeile

der **Pfei|ler**, die Pfeiler

das **Pferd**, die Pferde

der **Pfiff**, die Pfiffe

der **Pfif|fer|ling**,
die Pfifferlinge

Pfings|ten

der **Pfir|sich**,
die Pfirsiche

die **Pflan|ze**,
die Pflanzen

pflan|zen,
er pflanzt

das **Pflas|ter**,
die Pflaster

das **Pflas|ter**,
die Pflaster,
pflastern,
er pflastert

die **Pflau|me**, die Pflaumen

pfle|gen, sie pflegt,
die Pflege,
der Pfleger,
die Pflegerin

die **Pflicht**, die Pflichten,
pflichtbewusst

pflü|cken, sie pflückt

der **Pflug**, die Pflüge,
pflügen, er pflügt

die **Pfor|te**, die Pforten,
der Pförtner,
die Pförtnerin

der **Pfos|ten**, die Pfosten

die **Pfo|te**, die Pfoten

der **Pfrop|fen**, die Pfropfen

pfui!

das **Pfund**, die Pfunde

A
B
C
D
E
F
G
H
I
J
K
L
M
N
O
P
Q
R
S
T
U
V
W
X
Y
Z

die **Pfüt|ze**, die Pfützen

der **Phi|lo|soph**,
die Philosophen,
die Philosophin,
die Philosophie,
philosophisch

die **Phy|sik**, der Physiker,
die Physikerin,
physikalisch

das **Pia|no**,
die Pianos
Das Piano ist ein
Tasteninstrument.

pia|no
Piano ist in
der Musik
die Anweisung
für „leise".

p

der **Pi|ckel**,
die Pickel

der **Pi|ckel**,
die Pickel
Ein Pickel ist ein
Werkzeug mit einer Spitze.

pi|cken, er pickt

das **Pick|nick**,
die Picknicke / Picknicks,
picknicken,
sie picknickt

piep|sen, er piepst,
der Piepser, piepsig

sich **pier|cen** lassen,
er lässt sich piercen,
das Piercing

pi|kant

der **Pil|ger**, die Pilger,
die Pilgerin, pilgern,
sie pilgert

die **Pil|le**, die Pillen

der **Pi|lot**, die Piloten,
die Pilotin

der **Pilz**, die Pilze

der **Pin|gu|in**,
die Pinguine

pink

die **Pinn|wand**,
die Pinnwände

der **Pin|sel**, die Pinsel,
pinseln, er pinselt

die **Pin|zet|te**, die Pinzetten

der **Pi|rat**, die Piraten,
die Piratin, die Piraterie

pir|schen, sie pirscht,
die Pirsch

die **Pis|te**, die Pisten

die **Pis|to|le**, die Pistolen

die **Piz|za**, die Pizzas /
Pizzen, die Pizzeria

die **Pla|ge**, die Plagen

sich **pla|gen**, sie plagt sich

das **Pla|kat**, die Plakate,
plakatieren, er plakatiert

die **Pla|ket|te**, die Plaketten

der **Plan**, die Pläne, planen,
sie plant, planlos

der **Pla|net**, die Planeten

pla|nie|ren, er planiert,
die Planierraupe

die **Plan|ke**, die Planken

plan|schen, auch:
plantschen, sie planscht

die **Plan|ta|ge**,
die Plantagen

die **Pla|nung**,
die Planungen

das **Plas|tik** (Kunststoff),
die Plastiktüte

plät|schern,
es plätschert

platt, die Platte

der **Platz**, die Plätze

das **Plätz|chen** (Gebäck),
die Plätzchen

plat|zen, es platzt

plau|dern, sie plaudert,
die Plauderei

plau|si|bel, plausibler,
am plausibelsten

das **Play-back**, auch:
Playback,
die Play-backs

die **Plei|te**, die Pleiten,
pleite sein, er ist pleite

die **Plom|be**,
die Plomben

die **Plom|be**,
die Plomben

plötz|lich

plump

plün|dern, sie plündert,
die Plünderung

der **Plu|ral** (Mehrzahl),
die Plurale

plus, das Pluszeichen **+**

der **Po**, die Pos

po|chen, es pocht

die **Po|cke**, die Pocken

das **Po|dest**, die Podeste

das **Po|di|um**, die Podien

die **Poe|sie**, der Poet,
die Poetin, poetisch

der **Po|kal**, die Pokale

der **Pol**, die Pole

Po|len, die Polen,
polnisch

po|lie|ren, er poliert,
die Politur

die **Po|li|tik**, der Politiker,
die Politikerin, politisch

die **Po|li|zei**, der Polizist,
die Polizistin,
polizeilich

der **Pol|len**, die Pollen

das **Pols|ter**, die Polster

pol|tern, er poltert

die **Pom|mes**

das **Po|ny**,
die Ponys

A
B
C
D
E
F
G
H
I
J
K
L
M
N
O
P
Q
R
S
T
U
V
W
X
Y
Z

der **Pool**, die Pools

der **Pop**, die Popmusik

das **Pop|corn**

der **Po|po**, die Popos

po|pu|lär (beliebt)

die **Po|re**, die Poren

der **Por|ree**

das **Por|tal**, die Portale

das **Porte|mon|naie**
(sprich: Port-mo-neh;
Geldtäschchen), auch:
Portmonee,
die Portemonnaies

die **Por|ti|on**, die Portionen

das **Por|to**, die Porti / Portos

das **Por|trät**, die Porträts

Por|tu|gal,
die Portugiesen,
portugiesisch

das **Por|zel|lan**

die **Po|sau|ne**,
die Posaunen

po|si|tiv

die **Post**, das Postamt,
der Postbote,
die Postbotin,
die Postkarte,
die Postleitzahl (PLZ)

der **Pos|ten**, die Posten

das **Pos|ter**, die Poster

die **Po|wer** (sprich: Pau-a;
Kraft), powern, er powert

die **Pracht**, prächtig,
prachtvoll

> das **Prä|di|kat**,
> die Prädikate
> Der Hund bellt.
> In einem Satz macht das
> Prädikat eine Aussage
> über das Subjekt.
>
> das **Prä|di|kat**,
> die Prädikate
> Dieser Wein hat
> ein Prädikat.

Prag (Hauptstadt
Tschechiens), die Prager

prä|gen, er prägt,
die Prägung

prah|len, sie prahlt

prak|tisch

das **Prak|ti|kum**,
die Praktika,
der Praktikant,
die Praktikantin

die **Pra|li|ne**, die Pralinen

prall

die **Prä|mie** (Belohnung),
die Prämien

die **Pran|ke**, die Pranken

die **Prä|po|si|ti|on**
(Verhältniswort),
die Präpositionen

die **Prä|rie** (Grassteppe),
die Prärien

das **Prä|sens** (Gegenwart)

die **Prä|sen|ta|ti|on**,
die Präsentationen,
präsentieren,
er präsentiert

der **Prä|si|dent**,
die Präsidenten,
die Präsidentin

pras|seln, es prasselt

das **Prä|te|ri|tum**
(Vergangenheit)

die **Pra|xis**, die Praxen

prä|zi|se (genau)

pre|di|gen, er predigt,
die Predigt,
der Prediger,
die Predigerin

der **Preis**, die Preise,
preiswert
`5 €`

die **Prei|sel|bee|re**,
die Preiselbeeren

prei|sen, er preist,
er pries,
er hat gepriesen

prel|len, sie prellt,
die Prellung

---

die **Pres|se**
Die Presse
berichtet über
aktuelle Geschehnisse.

pres|sen,
er presst,
die Presse,
die Pressen
Aus Obst kann man
Saft pressen.

---

pri|ckeln, es prickelt

der **Pries|ter**, die Priester,
die Priesterin

pri|ma

pri|mi|tiv (einfach,
dürftig)

der **Prinz**, die Prinzen,
die Prinzessin

das **Prin|zip**, die Prinzipien

die **Pri|se**, die Prisen

pri|vat

die **Pro|be**, die Proben,
proben, er probt

pro|bie|ren, sie probiert

das **Pro|blem**,
die Probleme,
problemlos

das **Pro|dukt**, die Produkte,
die Produktion,
produzieren,
er produziert

der **Pro|fes|sor**,
die Professoren,
die Professorin

der **Pro|fi**, die Profis

das **Pro|gramm**,
die Programme,
die Programmierung,
programmieren,
sie programmiert

das **Pro|jekt**, die Projekte,
der Projektor,
projizieren,
er projiziert

A
B
C
D
E
F
G
H
I
J
K
L
M
N
O
P
Q
R
S
T
U
V
W
X
Y
Z

A
B
C
D
E
F
G
H
I
J
K
L
M
N
O
P
Q
R
S
T
U
V
W
X
Y
Z

pro|mi|nent

prompt

das **Pro|no|men** (Fürwort), die Pronomen

der **Pro|pel|ler**, die Propeller

der **Pro|phet**, die Propheten, die Prophetin, die Prophezeiung, prophezeien, sie prophezeit

das/ der **Pro|spekt**, die Prospekte

prost!

der **Pro|test**, die Proteste, protestieren, er protestiert
Die Studenten protestieren öffentlich.

der **Pro|tes|tant**, die Protestanten, die Protestantin, protestantisch
Ein Protestant ist Angehöriger der protestantischen Kirche.

die **Pro|the|se**, die Prothesen

das **Pro|to|koll**, die Protokolle, protokollieren, sie protokolliert

prot|zen, er protzt

der **Pro|vi|ant**

das **Pro|zent** (%), die Prozente

der **Pro|zess**, die Prozesse

die **Pro|zes|si|on** (feierlicher, kirchlicher Umzug), die Prozessionen

prü|fen, er prüft, die Prüfung

prü|geln, sie prügelt, die Prügel, die Prügelei

der **Prunk**, prunkvoll

prus|ten, er prustet

der **Psalm**, die Psalmen

die **Pu|ber|tät** (Übergang vom Kindes- zum Erwachsenenalter)

das **Pub|li|kum**

der **Pud|ding**, die Puddinge / Puddings

der **Pu|del**, die Pudel

der **Pu|der**, pudern, sie pudert

der **Puf|fer**, die Puffer

der **Pul|li** (Pullover), die Pullis

der **Pul|lo|ver**, die Pullover

der **Puls**, pulsieren, es pulsiert

das **Pult**, die Pulte

das **Pul|ver**

der **Pu|ma**, die Pumas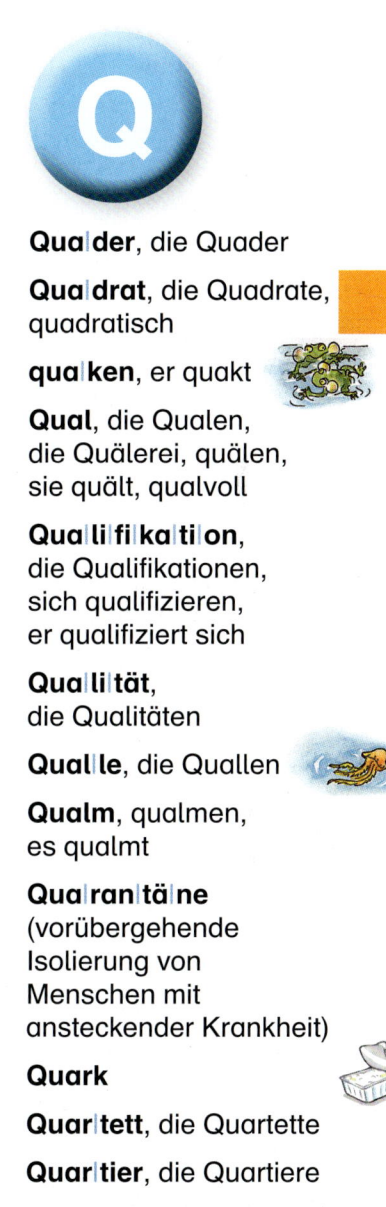

die **Pum|pe**, die Pumpen,
pumpen, er pumpt

der **Punkt**, die Punkte

pünkt|lich,
die Pünktlichkeit

die **Pu|pil|le**, die Pupillen

die **Pup|pe**,
die Puppen

die **Pup|pe**,
die Puppen
Die Schmetterlingslarve
verpuppt sich.

das **Pü|ree**, die Pürees,
pürieren, sie püriert

pur|zeln, er purzelt,
der Purzelbaum

pus|ten, sie pustet,
die Puste

die **Pu|te** (Truthenne),
die Puten,
der Puter (Truthahn)

put|zen, er putzt

put|zig (drollig)

das **Puz|zle**, die Puzzles,
puzzeln, sie puzzelt

der **Py|ja|ma**, die Pyjamas

die **Py|ra|mi|de**,
die Pyramiden

Q

der **Qua|der**, die Quader

das **Qua|drat**, die Quadrate,
quadratisch

qua|ken, er quakt

die **Qual**, die Qualen,
die Quälerei, quälen,
sie quält, qualvoll

die **Qua|li|fi|ka|ti|on**,
die Qualifikationen,
sich qualifizieren,
er qualifiziert sich

die **Qua|li|tät**,
die Qualitäten

die **Qual|le**, die Quallen

der **Qualm**, qualmen,
es qualmt

die **Qua|ran|tä|ne**
(vorübergehende
Isolierung von
Menschen mit
ansteckender Krankheit)

der **Quark**

das **Quar|tett**, die Quartette

das **Quar|tier**, die Quartiere

der **Quarz**, die Quarze

quas|seln, er quasselt

der **Quatsch**
Unsinn nennt man
auch Quatsch.

quat|schen,
sie quatscht
Laura quatscht mit
ihren Freunden.

das **Queck|sil|ber**

die **Quel|le**, die Quellen

quel|len, es quillt,
es quoll,
es ist gequollen

quen|geln,
sie quengelt,
quengelig / quenglig

quer, der Querschnitt

die **Quer|flö|te**,
die Querflöten

quet|schen,
er quetscht,
die Quetschung

quie|ken, es quiekt

quiet|schen,
er quietscht

der **Quirl**, die Quirle,
quirlen, sie quirlt

quitt (ausgeglichen,
fertig)

die **Quit|te** (Obstsorte),
die Quitten

die **Quit|tung**,
die Quittungen,
quittieren,
er quittiert

das **Quiz**, die Quizfrage

die **Quo|te**, die Quoten

der **Quo|ti|ent** (Ergebnis
einer Division),
die Quotienten

der **Ra|batt** (Preisnachlass), die Rabatte

der **Rab|bi** (jüdischer Gesetzeslehrer), die Rabbis / Rabbiner

der **Ra|be**, die Raben

ra|bi|at (grob)

die **Ra|che**, der Rächer, die Rächerin, sich rächen, sie rächt sich

der **Ra|chen**, die Rachen

das **Rad**, die Räder, der Radweg

Rad fah|ren, er fährt Rad, er fuhr Rad, er ist Rad gefahren, das Radfahren, der Radfahrer, die Radfahrerin

das /
der **Ra|dar**

ra|die|ren, sie radiert

der **Ra|dier|gum|mi**, die Radiergummis

das **Ra|dies|chen**, die Radieschen

ra|di|kal (rücksichtslos)

das **Ra|dio**, die Radios

ra|dio|ak|tiv, die Radioaktivität

der **Ra|di|us**, die Radien

raf|fen, er rafft, raffgierig

raf|fi|niert, die Raffinesse

ra|gen, er ragt

der **Rah|men**, die Rahmen, einrahmen, sie rahmt ein

die **Ra|ke|te**, die Raketen

die **Ral|lye** (sprich: Rel-li), die Rallyes

der **Ra|ma|dan** (Fastenmonat der Muslime), die Ramadane

ram|men, er rammt

die **Ram|pe**, die Rampen

der **Rand**, die Ränder, randvoll

ran|da|lie|ren, er randaliert, die Randale

der **Rang**, die Ränge

die **Ran|ge|lei**, die Rangeleien

ran|gie|ren (sprich: ran-schie-ren), sie rangiert

A
B
C
D
E
F
G
H
I
J
K
L
M
N
O
P
Q
R
S
T
U
V
W
X
Y
Z

199

die **Ran|ke**, die Ranken,
ranken, es rankt

der **Ran|zen**, die Ranzen

ran|zig

der **Rap** (sprich: Räpp;
Sprechgesang),
die Raps, der Rapper,
die Rapperin

ra|pi|de (sehr schnell)

der **Rap|pe**, die Rappen

der **Raps**

rar, die Rarität

ra|sant

rasch

ra|scheln, es raschelt

der **Ra|sen**,
die Rasen

ra|sen,
sie rast,
die Raserei

ra|sen,
er rast

sich **ra|sie|ren**,
er rasiert sich, die Rasur

die **Ras|pel**, die Raspeln,
raspeln, sie raspelt

die **Ras|se**, die Rassen

die **Ras|sel**, die Rasseln,
rasseln, er rasselt

die **Rast**, die Rasten,
rasten, sie rastet, rastlos

der **Rat**, ratlos, ratsam,
der Ratgeber,
der Ratschlag

die **Ra|te**,
die Raten,
ratenweise

ra|ten,
er rät,
er riet,
er hat geraten
Bei dieser Frage musste er
raten.

ra|ten,
sie rät,
sie riet,
sie hat geraten
Sie rät zum blauen Rock.

das **Rat|haus**,
die Rathäuser

das **Rät|sel**, die Rätsel,
rätseln, sie rätselt,
rätselhaft

die **Rat|te**, die Ratten

rat|tern, es rattert

rau

der **Raub**, der Räuber,
die Räuberin, rauben,
er raubt

der **Rauch**, der Raucher,
die Raucherin, rauchen,
sie raucht, rauchig

räu|chern, er räuchert

rau|fen, sie rauft,
die Rauferei

der **Raum**, die Räume,
räumlich

die **Räu|mung**,
die Räumungen,
räumen, er räumt

rau|nen, sie raunt

die **Rau|pe**, die Raupen

raus

der **Rausch**, die Räusche,
das Rauschgift

rau|schen, es rauscht

sich **räus|pern**,
er räuspert sich

die **Ra|vio|li** (Nudelgericht)

die **Raz|zia** (überraschende
Fahndung der Polizei),
die Razzien

re|agie|ren, sie reagiert,
die Reaktion

re|al (wirklich),
die Realität

die **Re|al|schu|le**,
die Realschulen

die **Re|be**, die Reben

der **Re|bell**, die Rebellen,
die Rebellin,
die Rebellion,
rebellieren,
sie rebelliert, rebellisch

der **Re|chen** (Harke),
die Rechen

rech|nen, er rechnet,
die Rechnung,
der Rechner

das **Recht**, die Rechte,
recht haben, auch:
Recht haben,
er hat recht,
der Rechtsanwalt,
die Rechtsanwältin

das **Recht|eck**,
die Rechtecke,
rechteckig, rechtwinklig

rech|ter, rechte, rechtes

rechts

die **Recht|schrei|bung**

recht|zei|tig

sich **re|cken**, sie reckt sich

das **Re|cyc|ling** (sprich:
Rie-ßeik-ling;
Wiederverwertung)

re|den, er redet,
die Rede, der Redner,
die Rednerin

re|flek|tie|ren,
er reflektiert,
der Reflektor,
die Reflexion

re|flek|tie|ren,
er reflektiert

die **Re|form**, die Reformen,
reformieren,
sie reformiert

der **Re|frain** (sprich:
Re-fräh), die Refrains

das **Re|gal**, die Regale

re|ge

A
B
C
D
E
F
G
H
I
J
K
L
M
N
O
P
Q
R
S
T
U
V
W
X
Y
Z

die **Re|gel**, die Regeln,
die Regelung, regeln,
er regelt, regelmäßig

der **Re|gen**

sich **re|gen**, sie regt sich,
die Regung

der **Re|gen|bo|gen**,
die Regenbogen

die **Re|gen|ja|cke**,
die Regenjacken

der **Re|gen|wurm**,
die Regenwürmer

die **Re|gie** (sprich:
Re-schie),
der Regisseur,
die Regisseurin

re|gie|ren, sie regiert,
die Regierung

die **Re|gi|on**, die Regionen,
regional

reg|nen, es regnet

das **Reh**, die Rehe

rei|ben, er reibt,
er rieb, er hat gerieben,
die Reibe, die Reibung

das **Reich**,
die Reiche
Der König betrachtet
sein Reich.

reich,
der Reichtum,
der Reiche,
die Reiche,
reichlich

rei|chen,
es reicht
Das Essen reicht nicht.

der **Reif**
Die Zweige sind
mit Reif überzogen.

der **Reif**

reif,
reifen,
er reift,
die Reife

der **Rei|fen**,
die Reifen

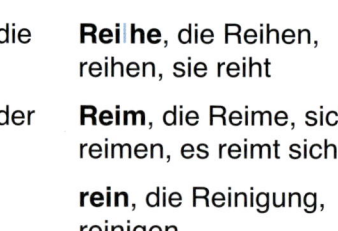

die **Rei|he**, die Reihen,
reihen, sie reiht

der **Reim**, die Reime, sich
reimen, es reimt sich

rein, die Reinigung,
reinigen,
er reinigt

der **Reis**

die **Rei|se**, die Reisen,
der Reisepass

rei|sen,
sie reist

rei|ßen,
es reißt,
es riss,
es ist gerissen,
der Riss

der **Reiß|ver|schluss**,
die Reißverschlüsse

rei|ten, er reitet, er ritt,
er ist geritten, der Ritt,
der Reiter, die Reiterin

der **Reiz**, die Reize, reizen,
es reizt, reizend

sich **re|keln**, auch: räkeln,
er rekelt sich

die **Re|kla|me**,
die Reklamen

re|kla|mie|ren,
sie reklamiert,
die Reklamation

der **Re|kord**, die Rekorde

der **Rek|tor**, die Rektoren

das **Rek|to|rat**,
die Rektorate

die **Rek|to|rin**,
die Rektorinnen

re|la|tiv
(verhältnismäßig),
die Relativität

die **Re|li|gi|on**,
die Religionen, religiös

die **Re|ling** (Geländer eines
Schiffs), die Relings

die **Re|li|quie** (Knochen
eines Heiligen),
die Reliquien

ren|nen, er rennt,
er rannte,
er ist gerannt,
das Rennen

re|no|vie|ren,
sie renoviert,
die Renovierung

die **Ren|te**, die Renten,
der Rentner,
die Rentnerin

das **Ren|tier**, die Rentiere

sich **ren|tie|ren**,
es rentiert sich

die **Re|pa|ra|tur**,
die Reparaturen

re|pa|rie|ren,
er repariert

der **Re|por|ter**,
die Reporter,
die Reporterin,
die Reportage

das **Rep|til**, die Reptilien

die **Re|pu|blik**,
die Republiken

die **Re|qui|si|te**,
die Requisiten

die **Re|ser|ve**,
die Reserven

re|ser|vie|ren,
sie reserviert,
die Reservierung

der **Re|spekt**, respektieren, er respektiert, respektlos

der **Rest**, die Reste, restlos

das **Res|tau|rant**, die Restaurants

das **Re|sul|tat** (Ergebnis), die Resultate

ret|ten, sie rettet, die Rettung, der Retter, die Retterin

der **Ret|tich**, die Rettiche

die **Reue**

sich **re|van|chie|ren** (sprich: re-wan-schie-ren), er revanchiert sich

das **Re|vier**, die Reviere

die **Re|vo|lu|ti|on**, die Revolutionen, der Revolutionär, die Revolutionärin

der **Re|vol|ver**, die Revolver

Reyk|ja|vík (Hauptstadt Islands), die Reykjavíker

das **Re|zept**, die Rezepte

der **Rha|bar|ber**

der **Rhein** (Fluss), rheinisch

das **Rhein|land**, rheinländisch

Rhein|land-Pfalz, die Rheinland-Pfälzer, rheinland-pfälzisch

der **Rhyth|mus**, die Rhythmen, rhythmisch

rich|ten, sie richtet

der **Rich|ter**, die Richter, die Richterin

rich|tig

die **Rich|tung**, die Richtungen

rie|chen, sie riecht, sie roch, sie hat gerochen, der Geruch

die **Rie|ge**, die Riegen

der **Rie|gel**, die Riegel

der **Rie|men**, die Riemen

der **Rie|se**, die Riesen, die Riesin, riesig

rie|seln, es rieselt

das **Riff** (Felsenklippe), die Riffe

Ri|ga (Hauptstadt Lettlands), die Rigaer

die **Ril|le**, die Rillen

das **Rind**, die Rinder, das Rindfleisch

die **Rin|de**, die Rinden

der **Ring**, die Ringe

rin|gen, er ringt, er rang, er hat gerungen, der Ringer, die Ringerin

rings, ringsumher

die **Rin|ne**, die Rinnen, rinnen, es rinnt, es rann, es ist geronnen

die **Rip|pe**, die Rippen

das **Ri|si|ko**, die Risiken, riskieren, sie riskiert, riskant

der **Riss**, die Risse, rissig

der **Ritt**, die Ritte

der **Rit|ter**, die Ritter, ritterlich

rit|zen, er ritzt, der Ritz, die Ritze

der **Ri|va|le**, die Rivalen, die Rivalin, die Rivalität

die **Rob|be**, die Robben

der **Ro|bo|ter**, die Roboter

ro|bust (kräftig), die Robustheit

rö|cheln, sie röchelt

der **Rock**, die Röcke

der **Rock**, der Rocker, die Rockerin, die Rockmusik
Rock ist eine Musikrichtung.

ro|deln, er rodelt

ro|den, sie rodet

der **Rog|gen**

roh

das **Rohr**, die Rohre, die Röhre

die **Rol|le**, die Rollen

rol|len, er rollt

der **Rol|ler**, die Roller

das **Rol|lo**, die Rollos

der **Roll|stuhl**, die Rollstühle

Rom (Hauptstadt Italiens), die Römer

der **Ro|man**, die Romane

ro|man|tisch, die Romantik

rönt|gen, er röntgt

ro|sa

die **Ro|se**, die Rosen, rosig

der **Ro|sen|kohl**

die **Ro|si|ne**, die Rosinen

der **Ros|ma|rin**

der **Rost**, rosten, es rostet, rostig, rostfrei
Wenn Eisen feucht wird, bildet sich Rost.

der **Rost**, die Roste, rösten, er röstet
Das Fleisch wird auf dem Rost gegrillt.

A
B
C
D
E
F
G
H
I
J
K
L
M
N
O
P
Q
R
S
T
U
V
W
X
Y
Z

rot, röter, am rötesten, das Rot, bei Rot, rötlich, das Rote Kreuz

die **Rö|teln** (Infektionskrankheit)

die **Rou|te** (sprich: Ru-te; Reiseweg), die Routen

rub|beln, er rubbelt

die **Rü|be**, die Rüben

der **Ruck**, ruckartig

der **Rü|cken**, die Rücken

rü|cken, sie rückt

die **Rück|fahrt**, die Rückfahrten, die Rückfahrkarte

die **Rück|kehr**

das **Rück|licht**, die Rücklichter

der **Ruck|sack**, die Rucksäcke

die **Rück|sicht**, rücksichtslos, rücksichtsvoll

der **Rück|sitz**, die Rücksitze

der **Rück|strah|ler**, die Rückstrahler

rück|wärts

der **Ru|co|la**, auch: Rukola

der **Rü|de** (männlicher Hund), die Rüden

das **Ru|del**, die Rudel

das **Ru|der**, die Ruder, der Ruderer, die Ruderin, rudern, er rudert

ru|fen, er ruft, er rief, er hat gerufen, der Ruf

rü|gen, sie rügt, die Rüge

die **Ru|he**, ruhen, er ruht, ruhig

der **Ruhm**

rüh|ren, er rührt

rüh|rend

das **Ruhr|ge|biet**

die **Ru|ine**, die Ruinen, ruinieren, sie ruiniert

rülp|sen, er rülpst, der Rülpser

Ru|mä|ni|en, die Rumänen, rumänisch

ru|mo|ren, es rumort

rum|peln, es rumpelt

der **Rumpf**, die Rümpfe

rümp|fen, sie rümpft

rund, die Runde, die Rundung, rundlich, rundherum

run|ter

die **Run|zel**, die Runzeln, runzeln, er runzelt, runzelig / runzlig

der **Rü|pel**, die Rüpel,
rüpelhaft

rup|fen, sie rupft

rup|pig

der **Ruß**, rußen, es rußt,
rußig

der **Rüs|sel**, die Rüssel

Russ|land,
die Russen,
russisch

sich **rüs|ten**, sie rüstet sich,
die Rüstung, rüstig,
die Abrüstung,
die Aufrüstung

rus|ti|kal

die **Rut|sche**,
die Rutschen,
rutschen, er rutscht,
rutschig

rüt|teln, er rüttelt

der **Saal**, die Säle

das **Saar|land**,
die Saarländer,
saarländisch

die **Saat**, die Saaten

der **Sab|bat** (jüdischer
Feiertag), die Sabbate

sab|bern, er sabbert

der **Sä|bel**, die Säbel

die **Sa|che**, die Sachen,
sachlich, das Sachbuch,
der Sachunterricht

Sach|sen, die Sachsen,
sächsisch

Sach|sen-An|halt,
die Sachsen-Anhalter,
sachsen-anhaltisch

sacht

der **Sack**, die Säcke

sä|en, sie sät

die **Sa|fa|ri**, die Safaris

der/
das **Safe**, die Safes

der **Saft**, die Säfte, saftig

die **Sa|ge**, die Sagen,
sagenhaft

die **Sä|ge**, die Sägen,
sägen, er sägt

207

A
B
C
D
E
F
G
H
I
J
K
L
M
N
O
P
Q
R
S
T
U
V
W
X
Y
Z

sa|gen, er sagt

die **Sa|ha|ra**

die **Sah|ne**, sahnig

die **Sai|son** (sprich: Sä-song),
die Saisons, saisonal

> die **Sai|te**,
> die Saiten,
> das Saiteninstrument
>
> die **Sei|te**,
> die Seiten,
> seitlich,
> seitenverkehrt
>
> die **Sei|te**,
> die Seiten

der **Sa|la|man|der**,
die Salamander

die **Sa|la|mi**,
die Salamis

der **Sa|lat**, die Salate

die **Sal|be**, die Salben

der **Sal|to**, die Saltos / Salti

das **Salz**, die Salze, salzen,
er salzt

sal|zig

der **Sa|men**, die Samen

sam|meln, sie sammelt,
die Sammlung

der **Sams|tag**,
die Samstage,
samstags

der **Samt**, samtig

sämt|lich, allesamt

der **Sand**

die **San|da|le**,
die Sandalen

san|dig

der **Sand|kas|ten**,
die Sandkästen

der /
das **Sand|wich**
(sprich: ßänt-witsch),
die Sandwiche,
auch: Sandwiches

sanft

sanft|mü|tig,
die Sanftmut

der **Sän|ger**, die Sänger,
die Sängerin

der **Sa|ni|tä|ter**,
die Sanitäter,
die Sanitäterin

Sa|ra|je|vo (Hauptstadt
von Bosnien-Herzegowina)

die **Sar|di|ne**,
die Sardinen

der **Sarg**, die Särge

der **Sa|tan**, satanisch

der **Sa|tel|lit**, die Satelliten

satt, die Sättigung,
sättigen, es sättigt

der **Sat|tel**, die Sättel,
satteln, er sattelt

der **Sa|turn**

der **Satz**, die Sätze,
die Satzaussage,
das Satzzeichen

Ich gehe zur Schule.

die **Sau**, die Säue

sau|ber,
die Sauberkeit,
säubern, er säubert

sau|er, saurer,
am sauersten

der **Sau|er|stoff**

sau|fen, sie säuft,
sie soff, sie hat gesoffen

sau|gen,
es saugt,
es sog / saugte,
es hat gesogen / gesaugt

säu|gen,
sie säugt,
der Säugling,
das Säugetier

die **Säu|le**, die Säulen

die **Sau|na**, die Saunas /
Saunen

die **Säu|re**, die Säuren

der **Sau|ri|er**, die Saurier

sau|sen, sie saust

die **Sa|van|ne**,
die Savannen

das **Sa|xo|fon**, auch:
Saxophon,
die Saxofone

die **S-Bahn** (Schnellbahn),
die S-Bahnen

scan|nen, er scannt,
der Scanner

scha|ben, sie schabt

schä|big

die **Scha|blo|ne**,
die Schablonen

das **Schach**,
das Schachspiel,
schachmatt

der **Schacht**, die Schächte

die **Schach|tel**,
die Schachteln

scha|de

der **Schä|del**, die Schädel

scha|den, er schadet,
der Schaden, schadhaft

scha|den|froh,
die Schadenfreude

schäd|lich,
der Schädling,
schädigen,
sie schädigt

das **Schaf**, die Schafe,
der Schäfer,
die Schäferin

schaf|fen, er schafft,
er schaffte / schuf,
er hat geschafft /
geschaffen

der **Schaff|ner**,
die Schaffner,
die Schaffnerin

A
B
C
D
E
F
G
H
I
J
K
L
M
N
O
P
Q
R
S
T
U
V
W
X
Y
Z

der **Schal**,
die Schals,
auch: Schale

die **Scha|le**,
die Schalen

die **Scha|le**,
die Schalen

schä|len, sie schält

der **Schall**, schallen,
es schallt

schal|ten, er schaltet,
der Schalter

die **Scham**, sich schämen,
sie schämt sich,
schamlos

die **Schan|de**, schändlich

die **Schan|ze**,
die Schanzen

die **Schar**, die Scharen,
scharenweise

scharf, schärfer,
am schärfsten,
die Schärfe, schärfen,
sie schärft, scharfsinnig

der **Schar|lach**
(Infektionskrankheit)

das **Schar|nier**,
die Scharniere

schar|ren, er scharrt

der **Schat|ten**,
die Schatten, schattig

die **Scha|tul|le**,
die Schatullen

der **Schatz**, die Schätze

schät|zen, er schätzt,
die Schätzung

schau|en, er schaut,
das Schaufenster

der **Schau|er**, die Schauer

die **Schau|fel**,
die Schaufeln,
schaufeln, sie schaufelt

die **Schau|kel**,
die Schaukeln,
schaukeln,
sie schaukelt

der **Schaum**, schäumen,
er schäumt, schaumig

schau|rig (gruselig)

das **Schau|spiel**,
die Schauspiele,
der Schauspieler,
die Schauspielerin

der **Scheck**, die Schecks

die **Schei|be**,
die Scheiben

der **Scheich**,
die Scheiche / Scheichs

die **Schei|de**, die Scheiden

schei|den, er scheidet,
er schied,
er hat geschieden,
die Scheidung

der **Schein**, die Scheine

schei|nen,
es scheint,
es schien,
es hat geschienen,
scheinbar

der **Schei|tel,** die Scheitel,
scheiteln, er scheitelt

schei|tern, sie scheitert

das **Sche|ma,** die Schemas /
Schemata

der **Sche|mel,** die Schemel

der **Schen|kel,**
die Schenkel

schen|ken,
sie schenkt,
die Schenkung,
das Geschenk

die **Scher|be,**
die Scherben

die **Sche|re,** die Scheren

der **Scherz,** die Scherze,
scherzen, sie scherzt,
scherzhaft

scheu, die Scheu,
scheuen, er scheut

scheu|chen,
er scheucht

scheu|ern, sie scheuert

die **Scheu|ne,**
die Scheunen

das **Scheu|sal,**
die Scheusale

scheuß|lich

die **Schicht,** die Schichten

schich|ten, er schichtet

schick / chic

schi|cken, sie schickt

das **Schick|sal,**
die Schicksale,
schicksalhaft

schie|ben, er schiebt,
er schob,
er hat geschoben,
die Schiebung

der **Schieds|rich|ter,**
die Schiedsrichter,
die Schiedsrichterin

schief

schie|len, sie schielt

das **Schien|bein,**
die Schienbeine

die **Schie|ne,** die Schienen

schie|ßen, er schießt,
er schoss,
er hat geschossen

das **Schiff,** die Schiffe,
die Schifffahrt,
auch: Schiff-Fahrt

die **Schi|ka|ne,**
die Schikanen,
schikanieren,
sie schikaniert

der **Schild,**
die Schilde

das **Schild,**
die Schilder

A
B
C
D
E
F
G
H
I
J
K
L
M
N
O
P
Q
R
S
T
U
V
W
X
Y
Z

schil|dern, er schildert,
die Schilderung

die **Schild|krö|te**,
die Schildkröten

das **Schilf**

schil|lern, es schillert

der **Schim|mel**,
die Schimmel

der **Schim|mel**,
schimmeln,
es schimmelt,
schimmlig / schimmelig
Das Brot schimmelt.

schim|mern,
es schimmert,
der Schimmer

der **Schim|pan|se**,
die Schimpansen

schimp|fen,
sie schimpft

sich **schin|den**,
er schindet sich,
er schindete sich,
er hat sich geschunden,
die Schinderei

der **Schin|ken**,
die Schinken

die **Schip|pe**, die Schippen,
schippen, sie schippt

der **Schirm**, die Schirme

die **Schlacht**,
die Schlachten

schlach|ten,
er schlachtet

die **Schlä|fe**, die Schläfen

schla|fen, sie schläft,
sie schlief,
sie hat geschlafen,
der Schlaf, schläfrig

das **Schlaf|zim|mer**,
die Schlafzimmer

schlaff, die Schlaffheit

schla|gen, er schlägt,
er schlug,
er hat geschlagen,
der Schlag,
der Schläger,
die Schlägerei

das **Schlag|zeug**,
die Schlagzeuge

der **Schlamm**, schlammig

die **Schlan|ge**,
die Schlangen

sich **schlän|geln**,
sie schlängelt sich

schlank,
die Schlankheit

schlapp,
die Schlappheit

das **Schla|raf|fen|land**

schlau, die Schläue,
die Schlauheit

der **Schlauch**,
die Schläuche

die **Schlau|fe**,
die Schlaufen

schlecht

schle|cken, er schleckt,
die Schleckerei

schlei|chen,
sie schleicht,
sie schlich,
sie ist geschlichen

der **Schlei|er**, die Schleier,
schleierhaft

die **Schlei|fe**,
die Schleifen

schlei|fen,
er schleift,
er schliff,
er hat geschliffen,
der Schliff
Messer muss man
schleifen.

schlei|fen,
sie schleift,
sie schleifte,
sie hat geschleift
Sie schleift den Teddy
hinter sich her.

der **Schleim**, schleimig

schlem|men,
sie schlemmt,
die Schlemmerei

schlen|dern,
er schlendert

schlen|kern,
sie schlenkert

schlep|pen,
sie schleppt,
die Schleppe,
der Schlepper,
schleppend

Schles|wig-Hol|stein,
die Schleswig-Holsteiner,
schleswig-holsteinisch

die **Schleu|der**,
die Schleudern,
schleudern,
er schleudert

die **Schleu|se**,
die Schleusen,
schleusen, sie schleust

schlicht,
die Schlichtheit

schlich|ten,
er schlichtet,
die Schlichtung

der **Schlick**

schlie|ßen, er schließt,
er schloss,
er hat geschlossen

schließ|lich

schlimm

die **Schlin|ge**,
die Schlingen

schlin|gen, er schlingt,
er schlang,
er hat geschlungen

der **Schlips** (Krawatte),
die Schlipse

der **Schlit|ten**, die Schlitten

schlit|tern, sie schlittert

der **Schlitt|schuh**,
die Schlittschuhe

der **Schlitz**, die Schlitze

A
B
C
D
E
F
G
H
I
J
K
L
M
N
O
P
Q
R
S
T
U
V
W
X
Y
Z

213

A
B
C
D
E
F
G
H
I
J
K
L
M
N
O
P
Q
R
S
T
U
V
W
X
Y
Z

das **Schloss**,
die Schlösser
Der Schlüssel passt
ins Schloss.
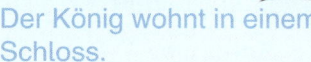

das **Schloss**,
die Schlösser
Der König wohnt in einem
Schloss.

der **Schlos|ser**,
die Schlosser,
die Schlosserin,
die Schlosserei

der **Schlot**, die Schlote

schlot|tern,
er schlottert

die **Schlucht**,
die Schluchten

schluch|zen,
sie schluchzt

schlu|cken,
er schluckt,
der Schluck

schlum|mern,
er schlummert,
der Schlummer

schlüp|fen, er schlüpft

schlur|fen, sie schlurft

schlür|fen, er schlürft

der **Schluss**, die Schlüsse

der **Schlüs|sel**,
die Schlüssel

schmäch|tig

schmack|haft

schmal

das **Schmalz**

schmat|zen,
sie schmatzt

schmau|sen,
er schmaust,
der Schmaus

schme|cken,
es schmeckt,
der Geschmack

schmei|cheln,
er schmeichelt,
die Schmeichelei,
der Schmeichler,
die Schmeichlerin,
schmeichelhaft

schmei|ßen,
er schmeißt, er schmiss,
er hat geschmissen

schmel|zen,
es schmilzt,
es schmolz,
es ist geschmolzen

der **Schmerz**,
die Schmerzen,
schmerzen, es schmerzt,
schmerzhaft, schmerzlos

der **Schmet|ter|ling**,
die Schmetterlinge

schmet|tern,
sie schmettert

der **Schmied**,
die Schmiede,
die Schmiedin,
schmieden,
er schmiedet

schmie|ren,
er schmiert,
die Schmiere,
die Schmiererei,
schmierig

die **Schmin|ke,**
sich schminken,
sie schminkt sich

schmir|geln,
er schmirgelt

schmol|len,
sie schmollt

schmo|ren, er schmort

schmü|cken,
sie schmückt,
der Schmuck

schmug|geln,
er schmuggelt,
der Schmuggel,
der Schmuggler,
die Schmugglerin

schmun|zeln,
sie schmunzelt

schmu|sen,
sie schmust

der **Schmutz**

schmut|zig

der **Schna|bel,**
die Schnäbel

die **Schna|ke**
(langbeinige
Stechmücke),
die Schnaken

die **Schnal|le,**
die Schnallen

schnal|zen,
sie schnalzt

schnap|pen,
er schnappt

der **Schnaps,** die Schnäpse

schnar|chen,
sie schnarcht

schnat|tern,
er schnattert

schnau|ben,
sie schnaubt

schnau|fen, er schnauft

die **Schnau|ze,**
die Schnauzen

sich **schnäu|zen,**
sie schnäuzt sich

die **Schne|cke,**
die Schnecken

der **Schnee,**
der Schneeball,
die Schneeflocke,
der Schneemann

schnei|den,
er schneidet,
er schnitt,
er hat geschnitten,
der Schnitt

der **Schnei|der,**
die Schneider,
die Schneiderin,
die Schneiderei,
schneidern,
sie schneidert

schnei|en, es schneit

A
B
C
D
E
F
G
H
I
J
K
L
M
N
O
P
Q
R
S
T
U
V
W
X
Y
Z

A
B
C
D
E
F
G
H
I
J
K
L
M
N
O
P
Q
R
S
T
U
V
W
X
Y
Z

schnell,
die Schnelligkeit

schnip|peln,
er schnippelt

schnip|pisch

der **Schnip|sel**,
die Schnipsel

der **Schnitt**,
die Schnitte

die **Schnit|te**,
die Schnitten
Die Schnitte ist mit Käse
belegt.

der **Schnitt|lauch**

das **Schnit|zel**,
die Schnitzel

schnit|zen, sie schnitzt,
die Schnitzerei

der **Schnor|chel**,
die Schnorchel,
schnorcheln,
er schnorchelt

der **Schnör|kel**,
die Schnörkel

schnüf|feln,
sie schnüffelt,
der Schnüffler,
die Schnüfflerin

der **Schnul|ler**,
die Schnuller

der **Schnup|fen**,
die Schnupfen

schnup|pern,
er schnuppert

die **Schnur**, die Schnüre,
schnüren, sie schnürt

der **Schnurr|bart**,
die Schnurrbärte

schnur|ren, sie schnurrt

der **Schnür|sen|kel**,
die Schnürsenkel

der **Schock**, die Schocks,
schocken, sie schockt,
schockiert

die **Scho|ko|la|de**,
die Schokoladen

die **Schol|le**,
die Schollen

die **Schol|le**,
die Schollen

schon

schön,
die Schönheit

scho|nen, er schont,
die Schonung,
schonungslos

schöp|fen, sie schöpft

der **Schöp|fer**,
die Schöpfer,
die Schöpferin,
die Schöpfung,
das Geschöpf,
schöpferisch

der **Schorf**, schorfig

der **Schorn|stein**,
die Schornsteine,
der Schornsteinfeger,
die Schornsteinfegerin

der   **Schoß**, die Schöße

die   **Scho|te**, die Schoten

der   **Schot|ter**

       schräg, die Schräge

die   **Schram|me**,
die Schrammen,
schrammen,
sie schrammt

der   **Schrank**,
die Schränke

die   **Schran|ke**,
die Schranken

die   **Schrau|be**,
die Schrauben,
schrauben, er schraubt

der   **Schre|ber|gar|ten**,
die Schrebergärten

der   **Schreck**, erschrecken,
sie erschrickt,
sie erschrak,
sie ist erschrocken,
schreckhaft, schrecklich

der   **Schrei**, die Schreie

       schrei|ben,
er schreibt,
er schrieb,
er hat geschrieben,
der Schreibtisch

der   **Schreib|wa|ren|la|den**,
die Schreibwarenläden

       schrei|en, er schreit,
er schrie,
er hat geschrien

       schrei|ten, er schreitet,
er schritt,
er ist geschritten

die   **Schrift**, die Schriften,
schriftlich,
der Schriftsteller,
die Schriftstellerin

       schrill

der   **Schritt**, die Schritte,
schrittweise

       schroff, die Schroffheit

der   **Schrott**, verschrotten,
er verschrottet

       schrub|ben,
sie schrubbt,
der Schrubber

       schrump|fen,
er schrumpft

der   **Schub**, die Schübe

die   **Schub|la|de**,
die Schubladen

       schüch|tern,
die Schüchternheit

der   **Schuft**, die Schufte

der   **Schuh**, die Schuhe

das   **Schuh|ge|schäft**,
die Schuhgeschäfte

die   **Schuld**, der Schuldige,
die Schuldige, schuldig

die   **Schul|den**, schulden,
er schuldet, schuldenfrei

die   **Schu|le**, die Schulen,
das Schuljahr,
der Schultag, schulfrei

A
B
C
D
E
F
G
H
I
J
K
L
M
N
O
P
Q
R
S
T
U
V
W
X
Y
Z

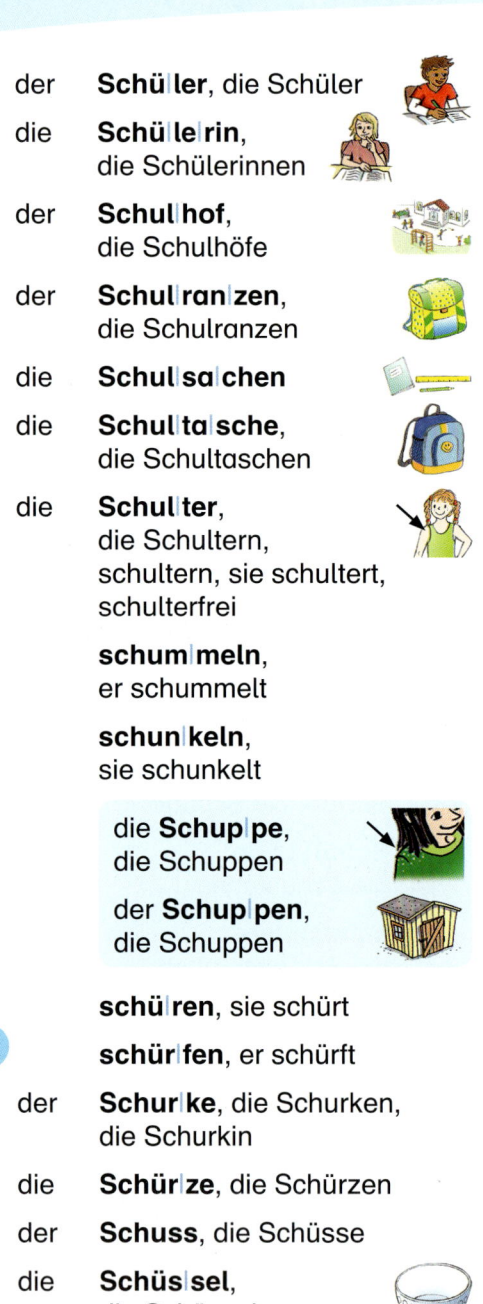

der **Schü|ler**, die Schüler

die **Schü|le|rin**, die Schülerinnen

der **Schul|hof**, die Schulhöfe

der **Schul|ran|zen**, die Schulranzen

die **Schul|sa|chen**

die **Schul|ta|sche**, die Schultaschen

die **Schul|ter**, die Schultern, schultern, sie schultert, schulterfrei

schum|meln, er schummelt

schun|keln, sie schunkelt

die **Schup|pe**, die Schuppen

der **Schup|pen**, die Schuppen

schü|ren, sie schürt

schür|fen, er schürft

der **Schur|ke**, die Schurken, die Schurkin

die **Schür|ze**, die Schürzen

der **Schuss**, die Schüsse

die **Schüs|sel**, die Schüsseln

der **Schus|ter**, die Schuster, die Schusterin, die Schusterei

der **Schutt**

schüt|teln, er schüttelt

schüt|ten, sie schüttet

der **Schüt|ze**, die Schützen, die Schützin

schüt|zen, sie schützt, der Schutz, der Schützling

schwach, schwächer, am schwächsten, die Schwäche, schwächen, er schwächt, schwächlich

der **Schwa|ger**, die Schwäger, die Schwägerin

die **Schwal|be**, die Schwalben

der **Schwamm**, die Schwämme, schwammig

der **Schwan**, die Schwäne

schwan|ger, die Schwangere, die Schwangerschaft

schwan|ken, er schwankt

der **Schwanz**, die Schwänze

schwän|zen, sie schwänzt

der **Schwarm**,
die Schwärme,
die Schwärmerei,
schwärmen,
er schwärmt

die **Schwar|te**,
die Schwarten

schwarz, das Schwarz,
schwärzen, er schwärzt,
schwarzfahren,
er fährt schwarz,
er fuhr schwarz,
er ist schwarzgefahren

schwe|ben, er schwebt,
die Schwebe

Schwe|den,
die Schweden,
schwedisch

der **Schwe|fel**

der **Schweif**, die Schweife

schwei|gen,
er schweigt, er schwieg,
er hat geschwiegen,
das Schweigen,
schweigsam

das **Schwein**, die Schweine

der **Schweiß**

schwei|ßen,
er schweißt,
der Schweißer,
die Schweißerin

die **Schweiz**,
die Schweizer,
schweizerisch

schwel|len, es schwelt

die **Schwel|le**,
die Schwellen

schwel|len, er schwillt,
er schwoll,
er ist geschwollen,
die Schwellung

schwen|ken,
er schwenkt,
die Schwenkung

schwer,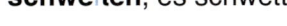
die Schwere,
schwerelos

schwer|hö|rig,
die Schwerhörigkeit

das **Schwert**, die Schwerter

die **Schwes|ter**,
die Schwestern,
schwesterlich

die **Schwie|ger|el|tern**,
die Schwiegermutter,
der Schwiegersohn,
die Schwiegertochter,
der Schwiegervater

die **Schwie|le**,
die Schwielen

schwie|rig,
die Schwierigkeit

schwim|men,
sie schwimmt,
sie schwamm,
sie ist geschwommen,
der Schwimmer,
die Schwimmerin,
das Schwimmbad

A
B
C
D
E
F
G
H
I
J
K
L
M
N
O
P
Q
R
S
T
U
V
W
X
Y
Z

schwin|deln,
er schwindelt,
der Schwindel,
der Schwindler,
die Schwindlerin

schwind|lig /
schwindelig

schwin|gen,
er schwingt,
er schwang,
er hat geschwungen,
die Schwingung

schwir|ren, es schwirrt

schwit|zen,
er schwitzt

schwö|ren, er schwört,
er schwor,
er hat geschworen

schwul

schwül, die Schwüle

der **Schwung,**
die Schwünge,
schwungvoll

der **Schwur,** die Schwüre

sechs, sechsmal, **6**
ein Sechstel

sech|zehn **16**

sech|zig **60**

der **See,**
die Seen
Der See liegt mitten im
Wald.

die **See,**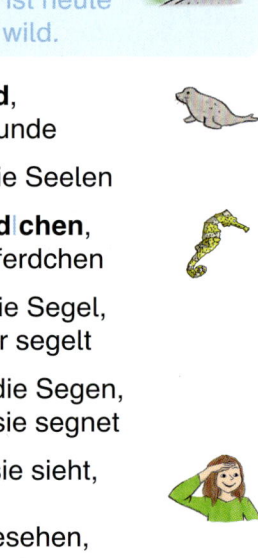
seekrank
Die See ist heute
rau und wild.

der **See|hund,**
die Seehunde

die **See|le,** die Seelen

das **See|pferd|chen,**
die Seepferdchen

das **Se|gel,** die Segel,
segeln, er segelt

der **Se|gen,** die Segen,
segnen, sie segnet

se|hen, sie sieht,
sie sah,
sie hat gesehen,
sehenswert

die **Seh|ne,** die Sehnen,
sehnig

sich **seh|nen,** er sehnt sich,
die Sehnsucht,
sehnlichst, sehnsüchtig

sehr

seicht (flach)

seid → sein

die **Sei|de,** seidig

die **Sei|fe,** die Seifen, seifig

das **Seil,** die Seile

sein, ich bin, du bist,
er/sie/es ist, wir sind,
ihr seid, sie sind,
sie war, sie ist gewesen

sein, seine, seiner,
seinem, seinen

seit, seitdem, seither

die **Sei|te** (vgl. die Saite),
die Seiten, seitlich,
seitenverkehrt

der **Se|kre|tär**,
die Sekretäre

der **Se|kre|tär**,
die Sekretäre
Ein Sekretär ist ein
Möbelstück mit einem
Schreibplatz.

das **Se|kre|ta|ri|at**,
die Sekretariate

die **Se|kre|tä|rin**,
die Sekretärinnen

der **Sekt**

die **Sek|te**, die Sekten

die **Se|kun|de** (s, auch: Sek.),
die Sekunden

selbst,
die Selbstbedienung,
der Selbstlaut,
das Selbstvertrauen,
selbstverständlich

das **Selbst|be|wusst|sein**,
selbstbewusst

selbst|stän|dig, auch:
selbständig,
die Selbstständigkeit

se|lig, die Seligkeit

der **Sel|le|rie**,
die Sellerie/Selleries

sel|ten, die Seltenheit

selt|sam

sen|den, er sendet,
er sandte/sendete,
er hat gesandt/
gesendet, der Sender,
die Sendung

der **Senf**

der **Se|ni|or**, die Senioren,
die Seniorin

sen|ken, er senkt

senk|recht,
die Senkrechte

die **Sen|sa|ti|on**,
die Sensationen,
sensationell

die **Sen|se**, die Sensen

sen|si|bel (feinfühlig),
sensibler,
am sensibelsten

se|pa|rat (getrennt)

der **Sep|tem|ber**

Ser|bi|en,
die Serben, serbisch

die **Se|rie**, die Serien

die **Ser|pen|ti|ne**,
die Serpentinen

A
B
C
D
E
F
G
H
I
J
K
L
M
N
O
P
Q
R
S
T
U
V
W
X
Y
Z

das **Ser|vice**,
die Service
Das Service
besteht aus vielen
Tellern und Tassen.

der **Ser|vice**,
die Services
Er bringt sein Auto
zum Service.

ser|vie|ren, sie serviert

die **Ser|vi|et|te**,
die Servietten

der **Ses|sel**, die Sessel

der/das **Set**,
die Sets
Sie kauft gleich
ein ganzes Set.

der **Set**,
die Sets
Am Set arbeiten
Schauspieler, Kameraleute
und der Regisseur
zusammen.

sich **set|zen**, er setzt sich,
besetzt

die **Seu|che**, die Seuchen,
verseucht

seuf|zen, sie seufzt,
der Seufzer

der **Sex**, die Sexualität

das **Sham|poo**,
die Shampoos

der **She|riff** (Polizeibeamter
in den USA), die Sheriffs

das **Shirt**, die Shirts

der **Shop**, die Shops

shop|pen, er shoppt

die **Shorts** (kurze Hose)

die **Show**, die Shows

sich

die **Si|chel**, die Sicheln

si|cher, sichern,
er sichert, sicherlich

die **Si|cher|heit**,
die Sicherheiten
Die Flüchtlinge sind
jetzt in Sicherheit.

die **Si|che|rung**,
die Sicherungen
Die Sicherung ist
wieder durchgebrannt.

die **Sicht**, sichten,
sie sichtet, sichtbar

sie

das **Sieb**,
die Siebe,
sieben,
er siebt
Sand kann man sieben.

sie|ben,   7
siebenmal,
das Siebtel

sieb|zehn   17

sieb|zig   70

sie|den, es siedet,
der Siedepunkt

die	**Sied|lung**, die Siedlungen, siedeln, er siedelt, der Siedler, die Siedlerin
der	**Sieg**, die Siege, siegen, sie siegt, der Sieger, die Siegerin, siegreich
das	**Sie|gel**, die Siegel
das	**Sig|nal**, die Signale, signalisieren, er signalisiert
die	**Sil|be**, die Silben
das	**Sil|ber**, silbern, silbrig
der / das	**Si|lo**, die Silos
der / das	**Sil|ves|ter**
	sim|pel (einfach), simpler, am simpelsten
	sind → sein
die	**Sin|fo|nie**, auch: Symphonie, die Sinfonien
	sin|gen, sie singt, sie sang, sie hat gesungen
der	**Sin|gu|lar** (Einzahl), die Singulare
	sin|ken, es sinkt, es sank, es ist gesunken
der	**Sinn**, die Sinne, sinnlos, sinnvoll, sinngemäß
das	**Sin|nes|or|gan**, die Sinnesorgane

die	**Sint|flut**, die Sintfluten
die	**Sip|pe**, die Sippen
die	**Si|re|ne**, die Sirenen
der	**Si|rup**, die Sirupe / Sirups
die	**Sit|te**, die Sitten
die	**Si|tua|ti|on**, die Situationen
	sit|zen, er sitzt, er saß, er hat gesessen, der Sitz, die Sitzung
die	**Ska|la**, die Skalen
der	**Skan|dal**, die Skandale
	Skan|di|na|vi|en, die Skandinavier, skandinavisch
das	**Skate|board**, die Skateboards
das	**Ske|lett**, die Skelette
der	**Sketch**, auch: Sketsch, die Sketche
der	**Ski**, auch: Schi, die Skier
die	**Skiz|ze**, die Skizzen, skizzieren, sie skizziert
der	**Skla|ve**, die Sklaven, die Sklavin, die Sklaverei
	Skop|je (Hauptstadt Mazedoniens)
der	**Skor|pi|on**, die Skorpione

A
B
C
D
E
F
G
H
I
J
K
L
M
N
O
P
Q
R
S
T
U
V
W
X
Y
Z

der **Skru|pel**, die Skrupel, skrupellos

die **Skulp|tur**, die Skulpturen

der **Sla|lom**, die Slaloms

der **Slip**, die Slips

die **Slo|wa|kei**, die Slowaken, slowakisch

Slo|we|ni|en, die Slowenen, slowenisch

das **Smart|phone**, die Smartphones

der **Smog**

die **SMS** (engl.: Short Message Service), die SMS

der **Snack**, die Snacks

das **Snow|board**, die Snowboards

so

so|bald

die **So|cke**, die Socken

der **So|ckel**, die Sockel

so|dann

so|dass, auch: so dass

so|eben

das **So|fa**, die Sofas

So|fia (Hauptstadt Bulgariens), die Sofiaer

so|fort

der **Soft|drink** (Getränk ohne Alkohol), auch: Soft Drink, die Softdrinks

das **Soft|eis**

die **Soft|ware** (Computerprogramm), die Softwares

so|gar

so|gleich

die **Soh|le**, die Sohlen

der **Sohn**, die Söhne

die **So|ja|boh|ne**, die Sojabohnen

so|lan|ge (während)

die **So|lar|ener|gie** (Energie, die aus Sonnenlicht gewonnen wird), die Solaranlage, die Solarzelle

solch, solche, solcher, solches

der **Sol|dat**, die Soldaten, die Soldatin

sol|len, er soll

das **So|lo**, die Solos/Soli, der Solist, die Solistin

der **Som|mer**, die Sommer, sommerlich

das **Son|der|an|ge|bot**, die Sonderangebote

son|der|bar

son|dern

der **Sonn|abend** (Samstag),
die Sonnabende,
sonnabends

die **Son|ne**, die Sonnen,
sich sonnen,
er sonnt sich

die **Son|nen|bril|le**,
die Sonnenbrillen

son|nig

der **Sonn|tag**,
die Sonntage,
sonntags

sonst

so|oft

der **So|pran** (höchste
Frauen- oder
Knabenstimme),
die Soprane,
die Sopranistin

die **Sor|ge**, die Sorgen,
sorgen, sie sorgt

die **Sorg|falt**, sorgfältig

die **Sor|te**, die Sorten,
sortieren, er sortiert

SOS (Notruf),
der SOS-Ruf

die **So|ße**, auch: die Sauce,
die Soßen

das **Sou|ve|nir** (sprich:
Su-wö-nier; Andenken),
die Souvenirs

so|viel

so|weit

so|wie

so|wie|so

so|wohl … als auch

so|zi|al

der **Spach|tel**, die Spachtel

das /
der **Spa|gat**, die Spagate

die **Spa|ghet|ti**, auch:
Spagetti

spä|hen, er späht,
der Späher,
die Späherin

der **Spalt**, die Spalte,
spalten, sie spaltet,
die Spaltung

der **Span**, die Späne

die **Span|ge**, die Spangen

Spa|ni|en, die Spanier,
spanisch

span|nen, er spannt

span|nend,
die Spannung

spa|ren, er spart,
die Sparsamkeit,
sparsam, das Sparbuch

der **Spar|gel**

spär|lich (dürftig)

der **Spaß**, die Späße,
spaßen, sie spaßt,
spaßig

spät, später,
sich verspäten,
sie verspätet sich,
die Verspätung

A
B
C
D
E
F
G
H
I
J
K
L
M
N
O
P
Q
R
S
T
U
V
W
X
Y
Z

A B C D E F G H I J K L M N O P Q R **S** T U V W X Y Z

der **Spa|ten**, die Spaten

der **Spatz**, die Spatzen

spa|zie|ren gehen,
er geht spazieren,
er ging spazieren,
er ist spazieren gegangen,
der Spaziergang,
der Spaziergänger,
die Spaziergängerin

der **Specht**,
die Spechte

der **Speck**, speckig

der **Speer**, die Speere

die **Spei|che**, die Speichen

der **Spei|chel**

der **Spei|cher**, die Speicher,
speichern, sie speichert

spei|en, er speit,
er spie, er hat gespien

die **Spei|se**, die Speisen,
speisen, sie speist,
die Speisekarte

spen|den, er spendet,
die Spende,
der Spender,
die Spenderin

spen|die|ren,
sie spendiert

das **Sper|ma**

sper|ren, sie sperrt,
die Sperre,
die Sperrung,
sperrig

der **Spe|zia|list**,
die Spezialisten,
die Spezialistin,
die Spezialität,
sich spezialisieren,
er spezialisiert sich,
speziell

der **Spie|gel**, die Spiegel,
sich spiegeln,
sie spiegelt sich

das **Spiel**, die Spiele

spie|len, er spielt,
der Spieler,
die Spielerin, spielerisch

der **Spiel|platz**,
die Spielplätze,
das Spielzeug

die **Spiel|sa|chen**

das **Spiel|zeug|ge|schäft**,
die Spielzeuggeschäfte

der **Spieß**, die Spieße

spie|ßig

der **Spi|nat**

die **Spin|del**, die Spindeln

die **Spin|ne**,
die Spinnen

spin|nen,
sie spinnt,
sie spann,
sie hat gesponnen
Dornröschen spinnt
einen Faden.

der **Spi|on**, die Spione,
die Spionin,
die Spionage,
spionieren,
er spioniert

die **Spi|ra|le**, die Spiralen

spitz, die Spitze,
der Spitzname

spit|zen, er spitzt

der **Spit|zer**, die Spitzer

der **Split|ter**, die Splitter,
splittern, es splittert

spon|sern,
sie sponsert,
der Sponsor,
die Sponsorin

spon|tan,
die Spontaneität

der **Sport**,
der Sportler,
die Sportlerin,
sportlich,
die Sportart,
der Sportplatz,
die Sportstunde

die **Sport|hal|le**,
die Sporthallen

die **Sport|ho|se**,
die Sporthosen

die **Sport|sa|chen**

der **Sport|schuh**,
die Sportschuhe

die **Sport|ta|sche**,
die Sporttaschen

der **Spot** (Werbefilm),
die Spots

spot|ten, er spottet,
der Spott, spöttisch

die **Spra|che**,
die Sprachen,
sprachlich, sprachlos

das/
der **Spray**
(zerstäubte Flüssigkeit),
die Sprays

spre|chen,
er spricht,
er sprach,
er hat gesprochen,
die Sprache,
der Sprecher,
die Sprecherin

sprei|zen, er spreizt

spren|gen, sie sprengt,
die Sprengung,
der Sprengstoff

das **Sprich|wort**,
die Sprichwörter

sprie|ßen, es sprießt,
es spross,
es ist gesprossen

sprin|gen,
es springt,
es sprang,
es ist gesprungen,
der Sprung

das **Spring|seil**,
die Springseile

der **Sprint**, die Sprints,
sprinten, er sprintet

A
B
C
D
E
F
G
H
I
J
K
L
M
N
O
P
Q
R
S
T
U
V
W
X
Y
Z

sprit|zen, sie spritzt

die **Sprit|ze**, die Spritzen

sprit|zig

strö|de

der **Spross**,
die Sprossen,
sprossen,
es sprosst,
der Sprössling

die **Spros|se**,
die Sprossen,
die Sprossenwand

der **Spruch**, die Sprüche,
spruchreif

spru|deln, sie sprudelt,
der Sprudel

sprü|hen, er sprüht

der **Sprung**, die Sprünge

spu|cken, sie spuckt,
die Spucke

der **Spuk**, spuken,
es spukt

die **Spu|le**, die Spulen,
spulen, sie spult

spü|len, er spült,
die Spüle, die Spülung,
die Spülmaschine

die **Spur**, die Spuren,
spurlos

spü|ren, er spürt,
spürbar

der **Spurt**, die Spurts,
spurten, sie spurtet

der **Staat**, die Staaten,
staatlich

der **Staats|bür|ger**,
die Staatsbürger,
die Staatsbürgerin,
die Staatsbürgerschaft

der **Stab**, die Stäbe

sta|bil, die Stabilität

der **Sta|chel**, die Stacheln,
stacheln, er stachelt,
stachelig / stachlig

das **Sta|di|on**, die Stadien

die **Stadt**, die Städte,
städtisch, der Stadtplan

die **Staf|fel**, die Staffeln

die **Staf|fe|lei**,
die Staffeleien

der **Stahl**, stählen, er stählt,
stählern

der **Stall**, die Ställe,
die Stallung

der **Stamm**, die Stämme,
stammen, er stammt,
der Stammbaum,
das Stammbuch

stam|meln,
sie stammelt

stäm|mig

stamp|fen, er stampft

der **Stand**, die Stände,
standhaft,
der Standpunkt

der **Stän|der**, die Ständer

das **Stan|des|amt**,
die Standesämter

stän|dig

die **Stan|ge**, die Stangen

der **Stän|gel**, die Stängel

stan|zen, er stanzt

der **Sta|pel**, die Stapel,
stapelweise

sta|peln, sie stapelt

stap|fen, er stapft

der **Star**,
die Stare

der **Star**,
die Stars
Die Fans jubeln
ihrem Star zu.

stark, stärker,
am stärksten,
die Stärke, die Stärkung,
stärken, sie stärkt

starr, starren, er starrt

der **Start**, die Starts,
starten, sie startet

die **Sta|ti|on**, die Stationen

das **Sta|tiv**, die Stative

statt, anstatt,
stattdessen

statt|fin|den,
es findet statt,
es fand statt,
es hat stattgefunden

statt|lich

die **Sta|tue**, die Statuen

der **Stau**, die Staus,
sich stauen,
es staut sich

der **Staub**, stauben,
es staubt, staubig

staub|sau|gen /
Staub saugen,
sie staubsaugt /
saugt Staub,
der Staubsauger

die **Stau|de**, die Stauden

stau|en, sie staut

stau|nen, er staunt,
erstaunt

das **Steak**, die Steaks

ste|chen, er sticht,
er stach,
er hat gestochen

ste|cken, sie steckt,
der Stecker

der **Steg**, die Stege

ste|hen, er steht,
er stand,
er ist gestanden

steh|len, er stiehlt,
er stahl,
er hat gestohlen

steif, die Steifheit

stei|gen, sie steigt,
sie stieg,
sie ist gestiegen,
die Steigung

A
B
C
D
E
F
G
H
I
J
K
L
M
N
O
P
Q
R
S
T
U
V
W
X
Y
Z

A
B
C
D
E
F
G
H
I
J
K
L
M
N
O
P
Q
R
S
T
U
V
W
X
Y
Z

stei|gern, er steigert,
die Steigerung

steil

der **Stein**, die Steine, steinig

stel|len, er stellt,
die Stelle,
die Stellung

die **Stel|ze**, die Stelzen,
stelzen, sie stelzt

stem|men, sie stemmt

der **Stem|pel**, die Stempel,
stempeln, er stempelt

die **Step|pe**, die Steppen

ster|ben, er stirbt,
er starb,
er ist gestorben,
sterblich

die **Ste|reo|an|la|ge**,
die Stereoanlagen

ste|ril (keimfrei,
unfruchtbar),
sterilisieren,
er sterilisiert,
die Sterilisation

der **Stern**, die Sterne

das **Ste|thos|kop**,
die Stethoskope

stets, stetig

das **Steu|er**,
die Steuerung,
steuern,
sie steuert,
steuerlos

die **Steu|er**,
die Steuern

der **Stich**, die Stiche,
sticheln, er stichelt

das **Stich|wort**,
die Stichwörter

sti|cken, sie stickt,
die Stickerei

der **Sti|cker**, die Sticker

sti|ckig

der **Stie|fel**, die Stiefel

die **Stief|el|tern**,
die Stiefmutter,
der Stiefvater

der **Stiel**, die Stiele

der **Stier**, die Stiere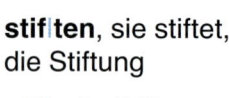

der **Stift**, die Stifte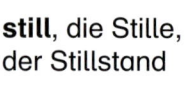

stif|ten, sie stiftet,
die Stiftung

still, die Stille,
der Stillstand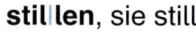

stil|len, sie stillt

die **Stim|me**, die Stimmen

230

stim|men,
er stimmt,
die Stimmung,
die Stimmungen
Er stimmt sein Instrument.

stim|men,
es stimmt,
bestimmt
Die Aufgabe ist richtig
gerechnet, sie stimmt.

stim|men,
sie stimmt,
die Stimmabgabe
Sie stimmt für ihn.

stin|ken, es stinkt,
es stank,
es hat gestunken,
der Gestank

die **Stirn,** die Stirnen

stö|bern, sie stöbert

sto|chern, er stochert

der **Stock,**
die Stöcke

der **Stock,**
das Stockwerk
Seine Wohnung liegt
im 4. Stock.

sto|cken, er stockt

Stock|holm (Hauptstadt
Schwedens),
die Stockholmer

der **Stoff,** die Stoffe

stöh|nen, sie stöhnt

der **Stol|len,**
die Stollen

der **Stol|len,**
die Stollen

stol|pern, er stolpert

stolz, der Stolz

stop|fen, er stopft,
die Verstopfung

der **Stopp,** die Stopps

stop|pen, sie stoppt

der **Stöp|sel,** die Stöpsel

der **Storch,** die Störche

stö|ren, er stört,
die Störung, störend

stör|risch

die **Sto|ry,** die Storys

sto|ßen, sie stößt,
sie stieß,
sie hat gestoßen,
der Stoß

stot|tern, er stottert,
der Stotterer,
die Stotterin

die **Stra|fe,** die Strafen,
der Sträfling, strafen,
sie straft, strafbar

straff, die Straffheit

der **Strahl,** die Strahlen,
strahlen, sie strahlt,
die Strahlung

die **Sträh|ne,** die Strähnen,
strähnig

A
B
C
D
E
F
G
H
I
J
K
L
M
N
O
P
Q
R
S
T
U
V
W
X
Y
Z

stramm

stram|peln,
er strampelt

der **Strand**, die Strände

stran|den, sie strandet

die **Stra|pa|ze,**
die Strapazen,
strapazieren,
sie strapaziert,
strapazierfähig

die **Stra|ße,**
die Straßen,
der Straßenverkehr

die **Stra|ßen|bahn,**
die Straßenbahnen

sich **sträu|ben,**
er sträubt sich

der **Strauch,**
die Sträucher

strau|cheln,
sie strauchelt

der **Strauß,**
die Sträuße

der **Strauß,**
die Strauße

stre|ben, er strebt,
strebsam

die **Stre|cke**, die Strecken

sich **stre|cken,**
sie streckt sich

der **Streich**, die Streiche

strei|cheln,
er streichelt

strei|chen, er streicht,
er strich,
er hat gestrichen

das **Streich|holz,**
die Streichhölzer

der **Strei|fen**, die Streifen

der **Streik,** die Streiks,
streiken, sie streikt

strei|ten, er streitet,
er stritt,
er hat gestritten,
der Streit

streng, die Strenge

der **Stress**, stressig

streu|en, sie streut,
die Streu, die Streuung

streu|nen, er streunt

der **Streu|sel**, die Streusel

der **Strich**, die Striche

der **Strick**, die Stricke

stri|cken, sie strickt

strie|geln, er striegelt

der **Strie|men**, die Striemen

das **Stroh**

der **Strom**,
die Ströme,
die Strömung,
strömen,
es strömt,
stromabwärts,
stromaufwärts

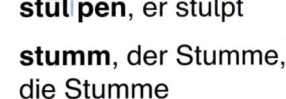

der **Strom**
Manche Geräte
brauchen elektrischen
Strom.

die   **Stro|phe**, die Strophen

strot|zen, sie strotzt

der   **Stru|del**, die Strudel

der   **Strumpf**,
die Strümpfe

die   **Strumpf|ho|se**,
die Strumpfhosen

strup|pig

der   **Struw|wel|pe|ter**

die   **Stu|be**, die Stuben,
stubenrein

das   **Stück**, die Stücke,
stückeln, er stückelt

stu|die|ren,
sie studiert,
das Studium,
der Student,
die Studentin

das   **Stu|dio**, die Studios

die   **Stu|fe**, die Stufen,
stufenweise

der   **Stuhl**, die Stühle

stül|pen, er stülpt

stumm, der Stumme,
die Stumme

der   **Stum|mel**, die Stummel

der   **Stüm|per**, die Stümper,
die Stümperin,
stümperhaft

der   **Stumpf**, die Stümpfe

stumpf

die   **Stun|de** (Std.),
die Stunden,
stündlich,
der Stundenplan

stup|sen, sie stupst

stur, die Sturheit

der   **Sturm**,
die Stürme

stür|men,
es stürmt,
stürmisch

stür|zen, er stürzt,
der Sturz

die   **Stu|te**, die Stuten

stut|zen, sie stutzt

stüt|zen, sie stützt,
die Stütze,
der Stützpunkt

stut|zig

das   **Sty|ro|por**®
(ein Kunststoff)

das   **Sub|jekt**
(Satzgegenstand),
die Subjekte

A
B
C
D
E
F
G
H
I
J
K
L
M
N
O
P
Q
R
S
T
U
V
W
X
Y
Z

A
B
C
D
E
F
G
H
I
J
K
L
M
N
O
P
Q
R
S
T
U
V
W
X
Y
Z

das **Sub|stan|tiv,**
die Substantive

sub|tra|hie|ren   **2 – 1**
(abziehen),
er subtrahiert,
die Subtraktion

su|chen, sie sucht,
die Suche

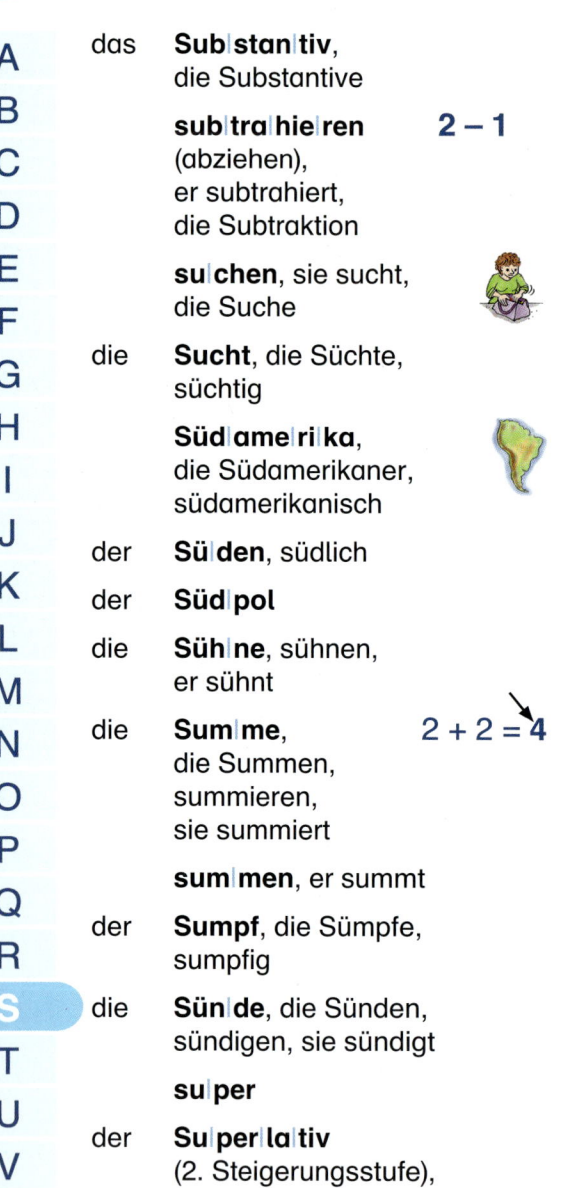

die **Sucht,** die Süchte,
süchtig

Süd|ame|ri|ka,
die Südamerikaner,
südamerikanisch

der **Sü|den,** südlich

der **Süd|pol**

die **Süh|ne,** sühnen,
er sühnt

die **Sum|me,** $2 + 2 = 4$
die Summen,
summieren,
sie summiert

sum|men, er summt

der **Sumpf,** die Sümpfe,
sumpfig

die **Sün|de,** die Sünden,
sündigen, sie sündigt

su|per

der **Su|per|la|tiv**
(2. Steigerungsstufe),
die Superlative

der **Su|per|markt,**
die Supermärkte

die **Sup|pe,** die Suppen

sur|fen,
er surft,
der Surfer,
die Surferin,
das Surfbrett

sur|fen,
sie surft

sur|ren, es surrt

süß, die Süßigkeit,
süßen, er süßt,
süßlich

das **Sweat|shirt,**
die Sweatshirts

der **Swim|ming|pool,**
die Swimmingpools

das **Sym|bol,** die Symbole,
symbolisch

die **Sym|me|trie**
(spiegelbildliche
Übereinstimmung),
symmetrisch

die **Sym|pa|thie,**
die Sympathien,
sympathisch

die **Sy|na|go|ge**
(jüdisches Gotteshaus),
die Synagogen

das **Sys|tem,** die Systeme,
systematisch

die **Sze|ne,** die Szenen

der **Ta|bak**

die **Ta|bel|le**, die Tabellen,
tabellarisch

> das **Tab|lett**,
> die Tabletts / Tablette
>
> die **Ta|blet|te**,
> die Tabletten
> Wenn man krank ist,
> muss man manchmal
> Tabletten nehmen.

der **Ta|cho** (Tachometer;
Geschwindigkeitsanzeige),
die Tachos

der **Ta|del**, die Tadel,
tadeln, sie tadelt,
tadellos

die **Ta|fel**, die Tafeln

der **Tag**, die Tage,
die Tagung, täglich,
tagelang, tagsüber

der **Tai|fun** (tropischer
Wirbelsturm),
die Taifune

die **Tail|le** (sprich: Tall-je),
die Taillen

der **Takt**, die Takte

takt|los, taktvoll

das **Tal**, die Täler

das **Ta|lent**, die Talente,
talentiert

der **Ta|lis|man**,
die Talismane

die **Talk|show**,
die Talkshows

Tal|linn (Hauptstadt
Estlands)

das **Tam|bu|rin**
(Handtrommel),
die Tamburine

der **Tam|pon**
(Wattebausch),
die Tampons

das **Tan|dem** (Fahrrad
für 2 Personen),
die Tandems

tan|ken, sie tankt,
der Tank, der Tanker,
die Tankstelle

die **Tan|ne**, die Tannen,
der Tannenbaum

die **Tan|te**, die Tanten

tan|zen, sie tanzt,
tänzeln, sie tänzelt,
der Tanz, der Tänzer,
die Tänzerin

die **Ta|pe|te**, die Tapeten,
tapezieren, sie tapeziert

tap|fer, die Tapferkeit

tap|pen, sie tappt

sich **tar|nen**, er tarnt sich,
die Tarnung

die **Ta|sche**, die Taschen

235

A B C D E F G H I J K L M N O P Q R S **T** U V W X Y Z

das **Ta|schen|geld**

die **Ta|schen|lam|pe**, die Taschenlampen

der **Ta|schen|rech|ner**, die Taschenrechner

die **Tas|se**, die Tassen

die **Tas|te**, die Tasten, die Tastatur

tas|ten, sie tastet

die **Tat**, die Taten, der Täter, die Täterin, der Tatort

tä|tig, die Tätigkeit, das Tätigkeitswort (Verb)

tä|to|wie|ren, er tätowiert, die Tätowierung

die **Tat|sa|che**, die Tatsachen

tat|säch|lich

tät|scheln, sie tätschelt

die **Tat|ze**, die Tatzen

> das **Tau**,
> die Taue
>
> der **Tau**
> Tau entsteht am frühen Morgen.

taub, der Taube, die Taube, die Taubheit, taubstumm

die **Tau|be**, die Tauben

tau|chen, sie taucht, der Taucher, die Taucherin

tau|en, es taut

die **Tau|fe**, die Taufen, taufen, er tauft, der Täufling

tau|gen, es taugt, tauglich

tau|meln, er taumelt

tau|schen, sie tauscht, der Tausch

täu|schen, er täuscht, die Täuschung

tau|send, Tausende, auch: tausende, tausendmal

das **Ta|xi**, die Taxis, der Taxifahrer, die Taxifahrerin

das **Team** (Mannschaft), die Teams, die Teamarbeit

die **Tech|nik**, die Techniken, der Techniker, die Technikerin, die Technologie, technisch

der **Ted|dy**, die Teddys, der Teddybär

der **Tee**, die Tees, die Teekanne, der Teelöffel

der   **Teen**l**ager**,
die Teenager

der   **Teer**, teeren, er teert

der   **Teich**, die Teiche

der   **Teig**, die Teige, teigig

das   **Teil** (Stück), die Teile

der   **Teil** (vom Ganzen),
die Teile

      teil**len**, er teilt,   **4 : 2**
der Teiler, die Teilung,
teilhaben, teilbar,
teilweise

      teill**neh**l**men**,
er nimmt teil,
er nahm teil,
er hat teilgenommen,
die Teilnahme,
der Teilnehmer,
die Teilnehmerin,
teilnahmslos

das   **Te**l**le**l**fon**, die Telefone,
telefonieren,
sie telefoniert,
telefonisch

der   **Tel**l**ler**, die Teller

der   **Tem**l**pel**, die Tempel

das   **Tem**l**pe**l**ra**l**ment**,
die Temperamente,
temperamentvoll

die   **Tem**l**pe**l**ra**l**tur**,
die Temperaturen

das   **Tem**l**po**, die Tempos,
auch: Tempi

das   **Ten**l**nis**, Tennis spielen,
sie spielt Tennis

der   **Te**l**nor**
(hohe Männerstimme),
die Tenöre

der   **Tep**l**pich**,
die Teppiche

der   **Ter**l**min**, die Termine

das   **Ter**l**ra**l**ri**l**um**,
die Terrarien

die   **Ter**l**ras**l**se**,
die Terrassen

der   **Ter**l**ror**, der Terrorist,
die Terroristin,
der Terrorismus,
terrorisieren,
er terrorisiert

der   **Test**, die Tests / Teste,
testen, er testet

das   **Tes**l**ta**l**ment**,
die Testamente

      teul**er**, teurer,
am teuersten

der   **Teu**l**fel**, die Teufel,
die Teufelin, teuflisch

der   **Text**, die Texte

die   **Tex**l**ti**l**li**l**en**

das   **The**l**ater**, die Theater

die   **The**l**ke**, die Theken

das   **The**l**ma**, die Themen,
auch: Themata

die   **Theo**l**rie**, die Theorien,
theoretisch

die   **The**l**ra**l**pie**
(Heilbehandlung),
die Therapien

A
B
C
D
E
F
G
H
I
J
K
L
M
N
O
P
Q
R
S
T
U
V
W
X
Y
Z

das **Ther|mal|bad**,
die Thermalbäder

das **Ther|mo|me|ter**,
die Thermometer

die **Ther|mos|fla|sche**,
die Thermosflaschen

der **Thron**, die Throne

der **Thun|fisch**,
auch: Tunfisch,
die Thunfische

Thü|rin|gen,
die Thüringer,
thüringisch

der **Thy|mi|an**
(Gewürzpflanze)

ti|cken, sie tickt

das **Ti|cket**, die Tickets

tief,
das Tief,
die Tiefe,
die Tiefkühltruhe,
tiefgefroren, tiefgekühlt

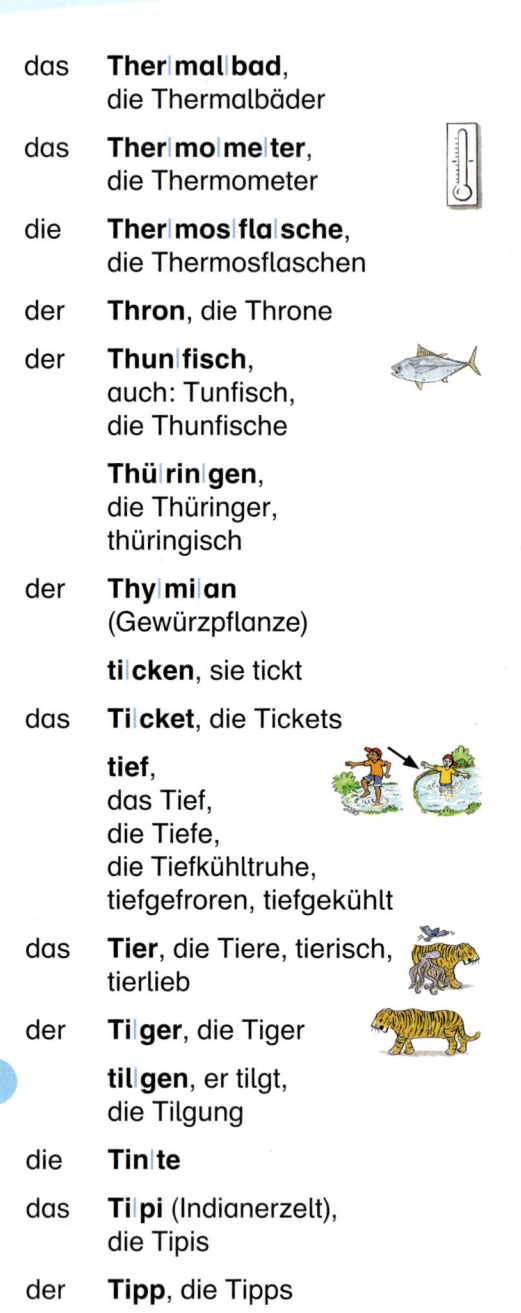

das **Tier**, die Tiere, tierisch,
tierlieb

der **Ti|ger**, die Tiger

til|gen, er tilgt,
die Tilgung

die **Tin|te**

das **Ti|pi** (Indianerzelt),
die Tipis

der **Tipp**, die Tipps

Ti|ra|na (Hauptstadt
Albaniens)

der **Tisch**, die Tische

die **Tisch|de|cke**,
die Tischdecken

der **Tisch|ler**, die Tischler,
die Tischlerin,
die Tischlerei

der **Ti|tel**, die Titel

der **Toast**,
die Toaste / Toasts,
der Toaster, toasten,
sie toastet

to|ben, er tobt

die **Toch|ter**, die Töchter

der **Tod**, die Tode, tödlich

der **To|fu** (Produkt aus
Sojapflanzen)

die **Toi|let|te**, die Toiletten

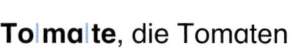

To|kio (Hauptstadt
Japans), die Tokioer

to|le|rant, die Toleranz

toll, tollkühn

tol|len (herumspringen),
sie tollt

die **To|ma|te**, die Tomaten

die **Tom|bo|la**,
die Tombolas

der **Ton**,
die Töne,
tönen,
es tönt,
die Tonart,
die Tonleiter

der **Ton**
Aus Ton kann man
Gefäße formen.

die **Ton|ne** (t),
die Tonnen
Eine Tonne ist eine
Maßeinheit für sehr
schwere Dinge.

die **Ton|ne**,
die Tonnen
In einer Tonne kann
man Regenwasser
sammeln.

der   **Topf**, die Töpfe

töp|fern, sie töpfert,
die Töpferei

das   **Tor**, die Tore

tö|richt

tor|keln, er torkelt

der   **Tor|na|do**
(Wirbelsturm),
die Tornados

die   **Tor|te**, die Torten

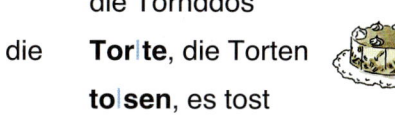

to|sen, es tost

tot, der Tote, die Tote,
töten, er tötet

to|tal

die   **Tour** (Fahrt),
die Touren,
die Tournee
(Gastspielreise)

der   **Tou|rist**
(Urlaubsreisender),
die Touristen,
die Touristin,
der Tourismus,
touristisch

tra|ben, es trabt,
der Trab

die   **Tracht**, die Trachten

träch|tig (tragend)

die   **Tra|di|ti|on**,
die Traditionen,
traditionell

der   **Tra|fo** (Transformator),
die Trafos

trä|ge, die Trägheit

tra|gen, er trägt,
er trug, er hat getragen

tra|gisch, die Tragik,
die Tragödie

trai|nie|ren (üben),
er trainiert, das Training,
der Trainer,
die Trainerin

der   **Trak|tor**, die Traktoren

tram|peln, er trampelt

das   **Tram|po|lin**,
die Trampoline

die   **Trä|ne**, die Tränen,
tränen, es tränt

A
B
C
D
E
F
G
H
I
J
K
L
M
N
O
P
Q
R
S
T
U
V
W
X
Y
Z

trän|ken, sie tränkt,
die Tränke

das **Trans|pa|rent**,
die Transparente

der **Trans|port**,
die Transporte,
transportieren,
er transportiert

das **Tra|pez**, die Trapeze

die **Trau|be**, die Trauben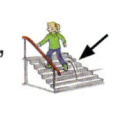

sich **trau|en**,
sie traut sich
Sie ist mutig und
traut sich zu springen.

trau|en,
er traut,
die Trauung
Ein Pfarrer wird sie trauen.

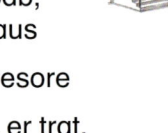

trau|ern, sie trauert,
die Trauer

träu|feln, sie träufelt

der **Traum**, die Träume,
träumen, sie träumt,
traumhaft

trau|rig, die Traurigkeit

der **Tre|cker**, die Trecker

tref|fen, sie trifft,
sie traf, sie hat
getroffen,
der Treffer, treffend

sich **tref|fen**, er trifft sich,
er traf sich, er hat sich
getroffen, das Treffen

trei|ben, er treibt,
er trieb, er hat/ist
getrieben, das Treiben

tren|nen, sie trennt,
die Trennung

die **Trep|pe**, die Treppen,
treppauf, treppab,
das Treppenhaus

der **Tre|sor**, die Tresore

tre|ten, er tritt, er trat,
er hat getreten

treu, die Treue

der/
die **Tri|an|gel**
(Rhythmusinstrument),
die Triangeln

die **Tri|bü|ne**, die Tribünen

der **Trich|ter**, die Trichter

der **Trick**, die Tricks,
tricksen, sie trickst

der **Trieb**, die Triebe

das **Tri|kot**, die Trikots

tril|lern, er trillert

trin|ken, sie trinkt,
sie trank,
sie hat getrunken,
das Trinkwasser

die **Trink|fla|sche**,
die Trinkflaschen

der **Tritt**, die Tritte

der **Tri|umph**, die Triumphe,
triumphieren,
sie triumphiert

tro|cken,
die Trockenheit

trock|nen, sie trocknet,
der Trockner

trö|deln, er trödelt

die **Trom|mel**,
die Trommeln,
trommeln, er trommelt

die **Trom|pe|te**,
die Trompeten,
trompeten, er trompetet

die **Tro|pen**, tropisch

tröp|feln, es tröpfelt

trop|fen, sie tropft,
der Tropfen

der **Trost**, trösten,
sie tröstet, tröstlich,
trostlos

der **Trotz**, trotzen, sie trotzt,
trotzig

trotz, trotzdem

trüb, die Trübsal,
trüben, es trübt

der **Tru|bel**

trü|gen, er trügt,
er trog, er hat getrogen,
trügerisch

die **Tru|he**, die Truhen

die **Trüm|mer**

der **Trumpf**, die Trümpfe

die **Trup|pe**, die Truppen

der **Trut|hahn**,
die Truthähne

Tsche|chi|en,
die Tschechen,
tschechisch

tschüs!, auch: tschüss!

das **T-Shirt**, die T-Shirts

der **Tsu|na|mi** (meterhohe
Flutwelle), die Tsunamis

die **Tu|be**, die Tuben

das **Tuch**, die Tücher

tüch|tig, die Tüchtigkeit

die **Tü|cke**, die Tücken,
tückisch

die **Tu|gend**, die Tugenden

die **Tul|pe**, die Tulpen

sich **tum|meln**,
sie tummelt sich

der **Tu|mor**, die Tumore

der **Tüm|pel**, die Tümpel

der **Tu|mult**, die Tumulte

tun, er tut,
er tat,
er hat getan,
das Tun

tun|ken, sie tunkt,
die Tunke

der **Tun|nel**, die Tunnel,
auch: Tunnels

das **Tun|wort** (Verb),
die Tunwörter

tup|fen, sie tupft,
der Tupfer

die **Tür**, die Türen

A B C D E F G H I J K L M N O P Q R S T U V W X Y Z

der **Tur|ban**, die Turbane

die **Tur|bi|ne**, die Turbinen

tur|bu|lent (ungestüm)

die **Tür|kei**, die Türken, türkisch

tür|kis

der **Turm**, die Türme

tur|nen, sie turnt

die **Turn|hal|le**, die Turnhallen

das **Tur|nier**, die Turniere

der **Turn|schuh**, die Turnschuhe

tu|scheln, sie tuschelt

die **Tü|te**, die Tüten

tu|ten, er tutet

der **Typ**, die Typen, typisch

der **Ty|rann**, die Tyrannen, tyrannisieren, er tyrannisiert

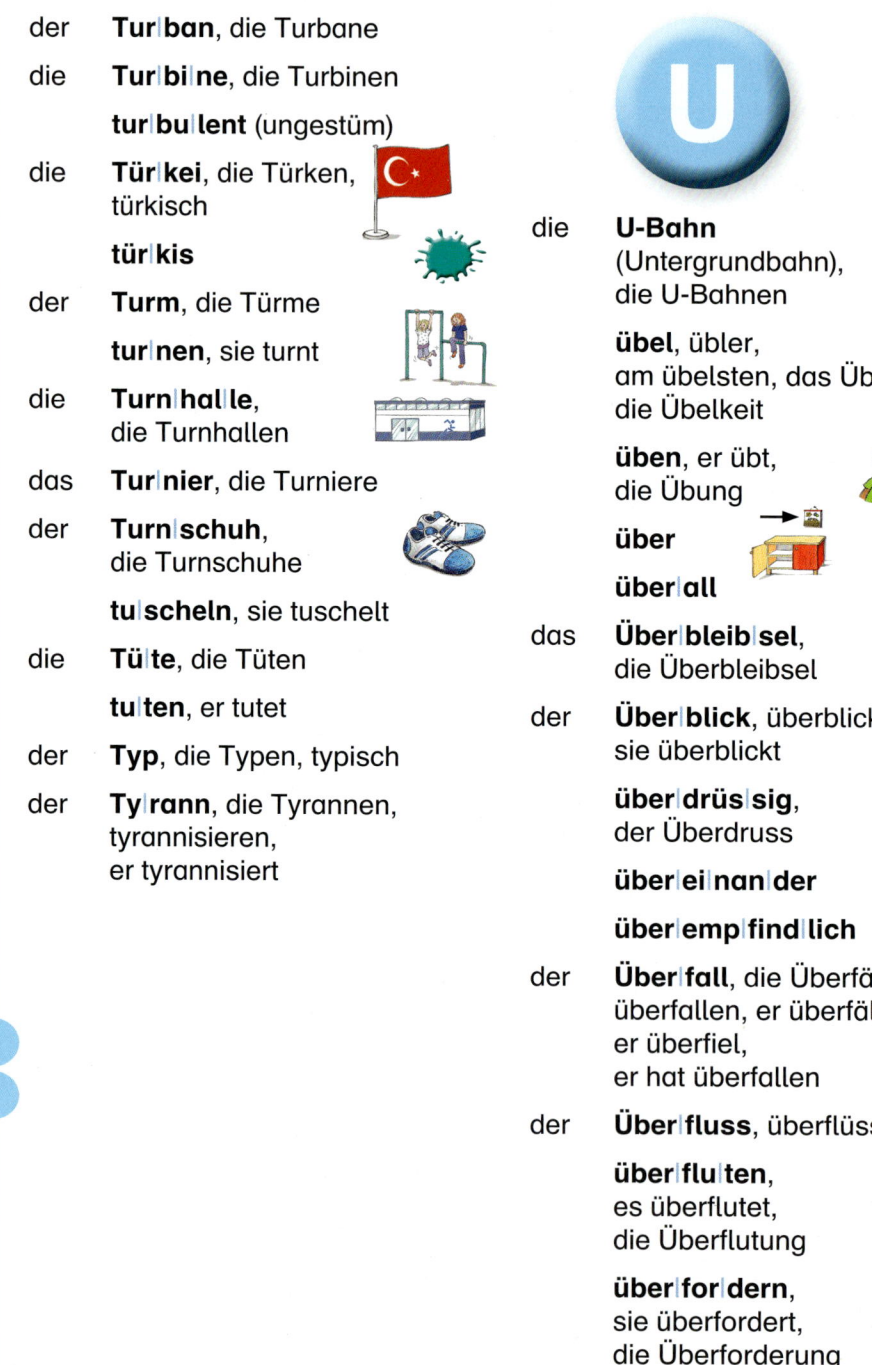

U

die **U-Bahn** (Untergrundbahn), die U-Bahnen

übel, übler, am übelsten, das Übel, die Übelkeit

üben, er übt, die Übung

über

über|all

das **Über|bleib|sel**, die Überbleibsel

der **Über|blick**, überblicken, sie überblickt

über|drüs|sig, der Überdruss

über|ei|nan|der

über|emp|find|lich

der **Über|fall**, die Überfälle, überfallen, er überfällt, er überfiel, er hat überfallen

der **Über|fluss**, überflüssig

über|flu|ten, es überflutet, die Überflutung

über|for|dern, sie überfordert, die Überforderung

der **Über|gang**,
die Übergänge

über|ge|ben,
er übergibt, er übergab,
er hat übergeben,
die Übergabe

über|haupt

über|heb|lich

über|ho|len,
sie überholt

über|le|gen,
er überlegt,
die Überlegung

über|lis|ten,
sie überlistet

über|mä|ßig

über|mor|gen

über|mü|det,
die Übermüdung

der **Über|mut**, übermütig

über|nach|ten,
er übernachtet,
die Übernachtung

über|neh|men,
er übernimmt,
er übernahm,
er hat übernommen

über|prü|fen,
sie überprüft,
die Überprüfung

über|que|ren,
er überquert

über|ra|schen,
sie überrascht,
die Überraschung,
überraschend

über|re|den,
er überredet

über|rei|chen,
sie überreicht

über|rum|peln,
sie überrumpelt

die **Über|schrift**,
die Überschriften

der **Über|schuss**,
die Überschüsse,
überschüssig

der **Über|schwang**,
überschwänglich

über|schwem|men,
er überschwemmt,
die Überschwemmung

über|set|zen,
sie übersetzt,
die Übersetzung
Er übersetzt
die Speisekarte.

über|set|zen,
er setzt über
Das Boot setzt von einem
Ufer an das andere über.

die **Über|sicht**,
die Übersichten,
übersichtlich

die **Über|stun|de**,
die Überstunden

A
B
C
D
E
F
G
H
I
J
K
L
M
N
O
P
Q
R
S
T
U
V
W
X
Y
Z

A
B
C
D
E
F
G
H
I
J
K
L
M
N
O
P
Q
R
S
T
U
V
W
X
Y
Z

über|trei|ben,
er übertreibt,
er übertrieb,
er hat übertrieben,
die Übertreibung

über|wa|chen,
sie überwacht,
die Überwachung

über|wäl|ti|gen,
er überwältigt,
überwältigend

über|wei|sen,
er überweist,
er überwies,
er hat überwiesen,
die Überweisung

über|win|den,
sie überwindet,
sie überwand,
sie hat überwunden,
die Überwindung

über|zeu|gen,
er überzeugt,
die Überzeugung

der **Über|zug**, die Überzüge

üb|lich

das **U-Boot** (Unterseeboot),
die U-Boote

üb|rig

üb|ri|gens

die **Übung**, die Übungen

das **Ufer**, die Ufer

das **Ufo** (unbekanntes
Flugobjekt),
die Ufos

die **Uhr**, die Uhren

die **Uhr|zeit,**
die Uhrzeiten

der **Uhu**, die Uhus

die **Uk|rai|ne,**
die Ukrainer,
ukrainisch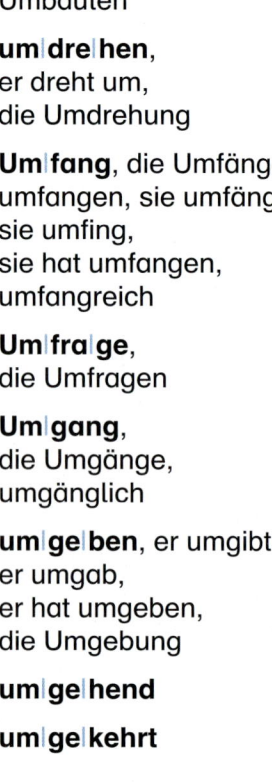

der **Ulk**, ulken, er ulkt, ulkig

um

um|än|dern,
sie ändert um

um|ar|men, er umarmt,
die Umarmung

der **Um|bau**, die Umbaue/
Umbauten

um|dre|hen,
er dreht um,
die Umdrehung

der **Um|fang**, die Umfänge,
umfangen, sie umfängt,
sie umfing,
sie hat umfangen,
umfangreich

die **Um|fra|ge,**
die Umfragen

der **Um|gang,**
die Umgänge,
umgänglich

um|ge|ben, er umgibt,
er umgab,
er hat umgeben,
die Umgebung

um|ge|hend

um|ge|kehrt

sich **um|hän|gen**,
sie hängt sich um,
sie hing sich um,
sie hat sich
umgehangen,
der Umhang

um|keh|ren,
er kehrt um, die Umkehr

der **Um|laut**, die Umlaute

um|lei|ten, sie leitet um,
die Umleitung

der **Um|riss**, die Umrisse

der **Um|schlag**,
die Umschläge

um|so (je … umso …)

um|sonst

der **Um|stand**,
die Umstände,
umständlich

die **Um|stel|lung**,
die Umstellungen,
umstellen,
er stellt um

der **Um|tausch**,
die Umtausche,
umtauschen,
sie tauscht um

der **Um|weg**, die Umwege

die **Um|welt**,
der Umweltschutz,
umweltfreundlich,
umweltschädlich

um|zie|hen,
er zieht um
er zog um,
er ist umgezogen
Sie ziehen in eine neue
Wohnung um.

sich **um|zie|hen**,
er zieht sich um,
er zog sich um,
er hat sich umgezogen

der **Um|zug**, die Umzüge

un|ab|hän|gig,
die Unabhängigkeit

un|an|ge|nehm

un|auf|fäl|lig,
die Unauffälligkeit

un|auf|hör|lich

un|aus|steh|lich

un|barm|her|zig

un|be|ab|sich|tigt

un|be|dingt

un|be|grenzt,
die Unbegrenztheit

un|be|kannt

un|be|liebt

un|be|quem

un|be|re|chen|bar,
die Unberechenbarkeit

un|be|schreib|lich

un|be|zahl|bar

und

un|durch|sich|tig

A
B
C
D
E
F
G
H
I
J
K
L
M
N
O
P
Q
R
S
T
U
V
W
X
Y
Z

un|ei|nig

un|end|lich,
die Unendlichkeit

un|ent|behr|lich

un|ent|schie|den

un|ent|schul|digt

un|er|war|tet

un|fair

der **Un|fall**, die Unfälle

un|freund|lich,
die Unfreundlichkeit

der **Un|fug**

Un|garn, die Ungarn,
ungarisch

un|ge|dul|dig,
die Ungeduld

un|ge|fähr

das **Un|ge|heu|er**,
die Ungeheuer,
ungeheuerlich

un|ge|nü|gend

un|ge|ra|de

un|ge|recht,
die Ungerechtigkeit

un|ge|wiss,
die Ungewissheit

das **Un|ge|zie|fer**

un|glaub|lich

das **Un|glück**, die Unglücke,
unglücklich

un|gül|tig,
die Ungültigkeit

das **Un|heil**

un|heil|bar

un|heim|lich

un|höf|lich

die **Uni|form**,
die Uniformen,
uniformiert

die **Uni|ver|si|tät**,
die Universitäten

das **Uni|ver|sum**,
die Universen, universal

un|klar

das **Un|kraut**

un|le|ser|lich

un|mög|lich,
die Unmöglichkeit

un|nö|tig

un|or|dent|lich

un|par|tei|isch

un|pünkt|lich,
die Unpünktlichkeit

das **Un|recht**

die **Un|ru|he**, die Unruhen,
unruhig

uns, unser, unsere,
unseres, unserem,
unseren

die **Un|schuld**, unschuldig

un|si|cher,
die Unsicherheit

un|sicht|bar

der **Un|sinn**, unsinnig

un|ten

un|ter

der **Un|ter|arm**,
die Unterarme

un|ter|bre|chen,
er unterbricht,
er unterbrach,
er hat unterbrochen,
die Unterbrechung

un|ter|ei|nan|der

die **Un|ter|füh|rung**,
die Unterführungen

der **Un|ter|gang**,
die Untergänge,
untergehen,
er geht unter,
er ging unter,
er ist untergegangen

un|ter|halb

sich **un|ter|hal|ten**,
er unterhält sich,
er unterhielt sich,
er hat sich unterhalten,
die Unterhaltung

das **Un|ter|hemd**,
die Unterhemden

die **Un|ter|ho|se**,
die Unterhosen

un|ter|ir|disch

die **Un|ter|kunft**,
die Unterkünfte

die **Un|ter|la|ge**,
die Unterlagen

das **Un|ter|neh|men**,
die Unternehmen,
der Unternehmer,
die Unternehmerin

un|ter|neh|men,
sie unternimmt,
sie unternahm,
sie hat unternommen,
die Unternehmung

der **Un|ter|richt**,
unterrichten,
er unterrichtet

un|ter|schei|den,
er unterscheidet,
er unterschied,
er hat unterschieden,
der Unterschied

die **Un|ter|schrift**,
die Unterschriften,
unterschreiben,
er unterschreibt,
er unterschrieb,
er hat unterschrieben

un|ter|stüt|zen,
sie unterstützt,
die Unterstützung

un|ter|su|chen,
er untersucht,
die Untersuchung

die **Un|ter|tas|se**,
die Untertassen

die **Un|ter|wä|sche**

un|ter|wegs

A
B
C
D
E
F
G
H
I
J
K
L
M
N
O
P
Q
R
S
T
U
V
W
X
Y
Z

A
B
C
D
E
F
G
H
I
J
K
L
M
N
O
P
Q
R
S
T
U
V
W
X
Y
Z

un|ter|wer|fen,
er unterwirft,
er unterwarf,
er hat unterworfen,
die Unterwerfung,
unterwürfig

un|treu, die Untreue

un|über|sicht|lich

un|ver|gess|lich

un|ver|nünf|tig

un|ver|schämt,
die Unverschämtheit

un|ver|ständ|lich

das **Un|wet|ter,**
die Unwetter

un|wis|send,
die Unwissenheit

un|wohl,
das Unwohlsein

un|zäh|lig

un|zer|trenn|lich

un|zu|ver|läs|sig,
die Unzuverlässigkeit

üp|pig, die Üppigkeit

ur|alt

der **Ura|nus**

der **Ur|ein|woh|ner,**
die Ureinwohner,
die Ureinwohnerin

der **Ur|en|kel,** die Urenkel,
die Urenkelin

die **Ur|groß|el|tern,**
die Urgroßmutter,
der Urgroßvater

der **Urin**

die **Ur|kun|de,**
die Urkunden

der **Ur|laub,** die Urlaube,
der Urlauber,
die Urlauberin

die **Ur|ne,** die Urnen

die **Ur|sa|che,**
die Ursachen

der **Ur|sprung,**
die Ursprünge,
ursprünglich

das **Ur|teil,** die Urteile,
urteilen, er urteilt

der **Ur|wald,** die Urwälder

die **USA**
(Vereinigte Staaten
von Amerika)

V

Va|duz (Hauptstadt Liechtensteins)

die **Va|gi|na**, die Vaginen

Val|let|ta (Hauptstadt Maltas)

der **Vam|pir**, die Vampire, die Vampirin

die **Va|nil|le**

die **Va|se**, die Vasen

der **Va|ter**, die Väter, väterlich, vaterlos, das Vaterland

ve|gan (eine rein pflanzliche Ernährung), der Veganer, die Veganerin

ve|ge|ta|risch, der Vegetarier, die Vegetarierin

die **Ve|ge|ta|ti|on**, die Vegetationen

das **Veil|chen**, die Veilchen

die **Ve|ne**, die Venen

das **Ven|til**, die Ventile

der **Ven|ti|la|tor**, die Ventilatoren

die **Ve|nus**

sich **ver|ab|re|den**, sie verabredet sich, die Verabredung

sich **ver|ab|schie|den**, er verabschiedet sich, die Verabschiedung

ver|ach|ten, sie verachtet, die Verachtung, verächtlich

die **Ve|ran|da**, die Veranden

ver|än|dern, er verändert, die Veränderung

ver|an|stal|ten, sie veranstaltet, die Veranstaltung

ver|ant|wor|ten, er verantwortet, die Verantwortung, verantwortlich

das **Verb** (Tunwort), die Verben

der **Ver|band**, die Verbände

sich **ver|ber|gen**, er verbirgt sich, er verbarg sich, er hat sich verborgen

ver|bes|sern, sie verbessert, die Verbesserung

sich **ver|beu|gen**, er verbeugt sich, die Verbeugung

249

A
B
C
D
E
F
G
H
I
J
K
L
M
N
O
P
Q
R
S
T
U
V
W
X
Y
Z

ver|bie|ten,
sie verbietet, sie verbot,
sie hat verboten,
das Verbot

ver|bin|den,
er verbindet, er verband,
er hat verbunden

ver|blü|hen,
sie verblüht

der **Ver|brauch**,
der Verbraucher,
die Verbraucherin

ver|brau|chen,
er verbraucht

das **Ver|bre|chen**,
die Verbrechen,
der Verbrecher,
die Verbrecherin

ver|bren|nen,
sie verbrennt,
sie verbrannte,
sie hat verbrannt,
die Verbrennung

sich **ver|brü|hen**,
er verbrüht sich

der **Ver|dacht**,
verdächtigen,
sie verdächtigt,
verdächtig,
die Verdächtigung

ver|dau|en, er verdaut,
die Verdauung,
verdaulich

das **Ver|deck**, die Verdecke,
verdecken, er verdeckt

ver|der|ben,
es verdirbt,
es verdarb,
es ist verdorben,
das Verderben,
verderblich

ver|die|nen, er verdient,
der Verdienst (Lohn)

ver|dop|peln,
sie verdoppelt,
die Verdoppelung

ver|dün|nen,
sie verdünnt,
die Verdünnung

ver|duns|ten,
es verdunstet,
die Verdunstung

ver|durs|ten,
er verdurstet

ver|dutzt

ver|eh|ren, sie verehrt,
die Verehrung

der **Ver|ein**, die Vereine

ver|ei|nen, sie vereint

ver|ein|ba|ren,
sie vereinbart,
die Vereinbarung

ver|ei|ni|gen,
er vereinigt,
die Vereinigung

ver|ein|zelt

sich **ver|fah|ren**,
er verfährt sich,
er verfuhr sich,
er hat sich verfahren

ver|fas|sen,
sie verfasst,
die Verfassung,
der Verfasser,
die Verfasserin

ver|fol|gen, sie verfolgt,
die Verfolgung

die **Ver|gan|gen|heit,**
vergänglich

ver|ge|ben, sie vergibt,
sie vergab,
sie hat vergeben,
die Vergebung

ver|ges|sen,
er vergisst, er vergaß,
er hat vergessen,
die Vergesslichkeit,
vergesslich

ver|geu|den,
sie vergeudet

ver|gif|ten, er vergiftet,
die Vergiftung

das **Ver|giss|mein|nicht**

ver|glei|chen,
er vergleicht, er verglich,
er hat verglichen,
der Vergleich,
vergleichbar

das **Ver|gnü|gen,**
die Vergnügen,
sich vergnügen,
sie vergnügt sich

ver|gra|ben,
er vergräbt, er vergrub,
er hat vergraben

ver|grö|ßern,
sie vergrößert,
die Vergrößerung

ver|haf|ten,
er verhaftet,
die Verhaftung

das **Ver|hal|ten,**
sich verhalten,
sie verhält sich,
sie verhielt sich,
sie hat sich verhalten

das **Ver|hält|nis,**
die Verhältnisse,
verhältnismäßig

das **Ver|hält|nis|wort**
(Präposition),
die Verhältniswörter

ver|han|deln,
er verhandelt,
die Verhandlung

ver|heim|li|chen,
sie verheimlicht

ver|hin|dern,
er verhindert

das **Ver|hör,** die Verhöre,
verhören, er verhört

ver|hü|ten, sie verhütet,
die Verhütung

sich **ver|ir|ren,** er verirrt sich

ver|kau|fen,
sie verkauft,
der Verkauf,
der Verkäufer,
die Verkäuferin

der **Ver|kehr**,
die Verkehrserziehung,
das Verkehrsschild,
der Verkehrsunfall,
das Verkehrszeichen,
verkehrssicher

ver|kehrt

sich **ver|klei|den**,
er verkleidet sich,
die Verkleidung

ver|lan|gen,
sie verlangt,
das Verlangen

ver|län|gern,
er verlängert,
die Verlängerung

ver|las|sen, er verlässt,
er verließ,
er hat verlassen

ver|läss|lich

sich **ver|lau|fen**,
sie verläuft sich,
sie verlief sich,
sie hat sich verlaufen

ver|le|gen,
er verlegt,
der Verlag
Ein Verlag verlegt Bücher.

ver|le|gen,
die Verlegenheit
Er schaut verlegen
auf den Boden.

ver|le|gen,
er verlegt
Sie verlegt immer
ihren Schlüssel.

ver|lei|hen, sie verleiht,
sie verlieh,
sie hat verliehen,
der Verleih

sich **ver|let|zen**,
sie verletzt sich,
die Verletzung,
der Verletzte,
die Verletzte

sich **ver|lie|ben**,
er verliebt sich

ver|lie|ren, er verliert,
er verlor,
er hat verloren,
der Verlierer,
die Verliererin

das **Ver|lies**, die Verliese

die **Ver|lo|bung**,
die Verlobungen,
sich verloben,
sie verlobt sich

ver|lo|ckend,
die Verlockung

ver|lo|sen, er verlost,
die Verlosung

der **Ver|lust**, die Verluste

ver|mei|den,
er vermeidet,
er vermied,
er hat vermieden,
vermeidbar

ver|mie|ten,
sie vermietet,
der Vermieter,
die Vermieterin

ver|mis|sen,
er vermisst

das **Ver|mö|gen**, vermögend

ver|mu|ten,
sie vermutet,
die Vermutung,
vermutlich

ver|nach|läs|si|gen,
er vernachlässigt

ver|nich|ten,
sie vernichtet,
die Vernichtung

die **Ver|nunft**, vernünftig

ver|ord|nen,
er verordnet,
die Verordnung

ver|pa|cken,
sie verpackt,
die Verpackung

ver|pas|sen,
er verpasst

ver|pfle|gen,
er verpflegt,
die Verpflegung

ver|ra|ten, er verrät,
er verriet,
er hat verraten,
der Verrat, der Verräter,
die Verräterin,
verräterisch

sich **ver|rech|nen**,
sie verrechnet sich

ver|rei|sen, er verreist

sich **ver|ren|ken**,
sie verrenkt sich,
die Verrenkung

ver|ros|ten, es verrostet

ver|rückt

der **Vers** (vgl. die Ferse),
die Verse

ver|sam|meln,
sie versammelt,
die Versammlung

der **Ver|sand**,
sie versendet,
sie versandte,
sie hat versendet

ver|säu|men,
er versäumt,
das Versäumnis

ver|schie|den,
verschiedenartig

ver|schla|fen,
er verschläft,
er verschlief,
er hat verschlafen

ver|schlei|ßen,
er verschleißt,
er verschliss,
er hat verschlissen

ver|schlie|ßen,
sie verschließt,
sie verschloss,
sie hat verschlossen,
der Verschluss

ver|schmut|zen,
sie verschmutzt,
die Verschmutzung

253

A
B
C
D
E
F
G
H
I
J
K
L
M
N
O
P
Q
R
S
T
U
V
W
X
Y
Z

sich **ver|schrei|ben**,
er verschreibt sich,
er verschrieb sich,
er hat sich verschrieben

ver|schwen|den,
sie verschwendet,
die Verschwendung,
verschwenderisch

ver|schwin|den,
er verschwindet,
er verschwand,
er ist verschwunden

das **Ver|se|hen**,
versehentlich

ver|set|zen,
sie versetzt,
die Versetzung

ver|si|chern,
sie versichert,
die Versicherung

ver|sin|ken,
sie versinkt, sie versank,
sie ist versunken

sich **ver|söh|nen**,
er versöhnt sich,
die Versöhnung

ver|sor|gen,
sie versorgt,
die Versorgung

sich **ver|spä|ten**,
er verspätet sich,
die Verspätung

ver|spre|chen,
er verspricht,
er versprach,
er hat versprochen,
das Versprechen

der **Ver|stand**

ver|stän|di|gen,
sie verständigt,
die Verständigung,
verständlich

das **Ver|ständ|nis**,
verständnisvoll

sich **ver|stau|chen**,
er verstaucht sich,
die Verstauchung

das **Ver|steck**,
die Verstecke,
verstecken, sie versteckt

ver|ste|hen,
sie versteht,
sie verstand,
sie hat verstanden

ver|stei|gern,
er versteigert,
die Versteigerung

der **Ver|such**, die Versuche

ver|su|chen,
er versucht

ver|tei|di|gen,
er verteidigt,
die Verteidigung

ver|tei|len, sie verteilt,
die Verteilung

der **Ver|trag**, die Verträge

sich **ver|tra|gen**,
er verträgt sich,
er vertrug sich,
er hat sich vertragen

ver|trau|en,
sie vertraut,
das Vertrauen,
vertraulich

ver|trei|ben,
er vertreibt, er vertrieb,
er hat vertrieben,
der Vertriebene,
die Vertriebene,
die Vertreibung

ver|tre|ten, er vertritt,
er vertrat,
er hat vertreten,
die Vertretung

ver|un|glü|cken,
sie verunglückt

ver|ur|tei|len,
er verurteilt,
der Verurteilte,
die Verurteilte,
die Verurteilung

ver|viel|fäl|ti|gen,
sie vervielfältigt

ver|wah|ren,
er verwahrt,
die Verwahrung

ver|wahr|lo|sen,
sie verwahrlost,
die Verwahrlosung

ver|wal|ten,
er verwaltet,
die Verwaltung

sich **ver|wan|deln**,
sie verwandelt sich,
die Verwandlung

ver|wandt,
die Verwandtschaft,
die Verwandten,
der Verwandte,
die Verwandte

ver|wech|seln,
er verwechselt,
die Verwechslung

der **Ver|weis**, die Verweise,
verweisen, er verweist,
er verwies,
er hat verwiesen

ver|wen|den,
sie verwendet,
die Verwendung

ver|wir|ren, er verwirrt,
die Verwirrung

ver|wöh|nen,
sie verwöhnt

ver|wun|den,
er verwundet,
die Verwundung

ver|zau|bern,
sie verzaubert

das **Ver|zeich|nis**,
die Verzeichnisse

ver|zei|hen, er verzeiht,
er verzieh,
er hat verziehen,
die Verzeihung

ver|zich|ten,
sie verzichtet,
der Verzicht

A
B
C
D
E
F
G
H
I
J
K
L
M
N
O
P
Q
R
S
T
U
V
W
X
Y
Z

ver|zie|ren, er verziert,
die Verzierung

ver|zö|gern,
sie verzögert,
die Verzögerung

ver|zwei|feln,
er verzweifelt,
die Verzweiflung

das **Vi|deo**, die Videos

das **Vieh**

viel, mehr,
am meisten

viel|fach

die **Viel|falt**, vielfältig

viel|leicht

viel|mals

vier, das Viertel,   **4**
vierfach, viermal,
die Viertelstunde

das **Vier|eck**, die Vierecke,
viereckig

vier|zehn   **14**

vier|zig   **40**

die **Vil|la**, die Villen

vio|lett

die **Vio|li|ne**, die Violinen

vir|tu|ell

das/
der **Vi|rus**
(Krankheitserreger),
die Viren

das **Vi|sum**, die Visa,
auch: Visen

das **Vi|ta|min**, die Vitamine

der **Vo|gel**, die Vögel

die **Vo|ka|bel**, die Vokabeln

der **Vo|kal** (Selbstlaut),
die Vokale

das **Volk**, die Völker

voll, völlig, vollständig,
vollzählig

voll|en|den,
sie vollendet,
die Vollendung

der **Vol|ley|ball**,
die Volleybälle

voll|jäh|rig,
die Volljährigkeit

vom

von

vor

vo|ran

vo|raus, im Voraus

vo|raus|sicht|lich

vor|bei

vor|bei|kom|men,
sie kommt vorbei,
sie kam vorbei,
sie ist vorbeigekommen

vor|be|rei|ten,
er bereitet vor,
die Vorbereitung

vor|beu|gen,
sie beugt vor,
die Vorbeugung

das **Vor|bild**, die Vorbilder,
vorbildlich

vor|de|re

vor|ei|lig

vor|erst

vor|fah|ren, er fährt vor,
er fuhr vor,
er ist vorgefahren

die **Vor|fahrt**

der **Vor|fall**, die Vorfälle

die **Vor|freu|de**

vor|ges|tern

der **Vor|hang**, die Vorhänge

vor|her, die Vorhersage

vor|hin

vor|läu|fig

vor|laut

vor|le|sen, er liest vor,
er las vor,
er hat vorgelesen

der **Vor|mit|tag**,
die Vormittage,
vormittags

der **Vor|mund**,
die Vormunde,
die Vormundschaft

vorn

der **Vor|na|me**,
die Vornamen

vor|nehm

der **Vor|ort**, die Vororte

der **Vor|rat**, die Vorräte,
vorrätig

vor|sa|gen, sie sagt vor

der **Vor|satz**, die Vorsätze

die **Vor|schau**,
die Vorschauen

der **Vor|schlag**,
die Vorschläge,
vorschlagen,
er schlägt vor,
er schlug vor,
er hat vorgeschlagen

die **Vor|schrift**,
die Vorschriften,
vorschriftsmäßig

die **Vor|schu|le**,
die Vorschulen

die **Vor|sicht**, vorsichtig

die **Vor|sil|be**, die Vorsilben

die **Vor|spei|se**,
die Vorspeisen

der **Vor|sprung**,
die Vorsprünge

der **Vor|stand**,
die Vorstände

die **Vor|stel|lung**,
die Vorstellungen,
sich vorstellen,
sie stellt sich vor

der **Vor|teil**, die Vorteile,
vorteilhaft

A
B
C
D
E
F
G
H
I
J
K
L
M
N
O
P
Q
R
S
T
U
V
W
X
Y
Z

A
B
C
D
E
F
G
H
I
J
K
L
M
N
O
P
Q
R
S
T
U
V
W
X
Y
Z

der **Vor|trag**, die Vorträge,
vortragen, er trägt vor,
er trug vor,
er hat vorgetragen

vor|treff|lich

vo|rü|ber,
vorübergehend

vo|rü|ber|ge|hen,
es geht vorüber,
es ging vorüber,
es ist vorübergegangen

die **Vor|wahl**,
die Vorwahlen

vor|wärts

vor|wie|gend

der **Vor|wurf**, die Vorwürfe,
vorwerfen, sie wirft vor,
sie warf vor,
sie hat vorgeworfen,
vorwurfsvoll

der **Vul|kan**, die Vulkane,
vulkanisch

die **Waa|ge**, die Waagen,
waagerecht/waagrecht

wach

das **Wachs**,
der Wachsmalstift

wach|sam,
die Wachsamkeit

wach|sen, er wächst,
er wuchs,
er ist gewachsen,
das Gewächs,
das Wachstum

wa|ckeln, sie wackelt,
wackelig/wacklig

die **Wa|de**, die Waden

die **Waf|fe**, die Waffen

die **Waf|fel**, die Waffeln

der **Wa|gen**, die Wagen

wa|gen, er wagt,
das Wagnis

der **Wag|gon**, auch: Wagon,
die Waggons

die **Wahl**, die Wahlen,
der Wähler,
die Wählerin,
wählerisch, wählen,
sie wählt

der **Wahn|sinn**, wahnsinnig

wahr, die Wahrheit

wäh|**rend**,
währenddessen

wahr|**neh**|**men**,
er nimmt wahr,
er nahm wahr,
er hat wahrgenommen,
die Wahrnehmung

wahr|**schein**|**lich**,
die Wahrscheinlichkeit

die **Wäh**|**rung**,
die Währungen

das **Wahr**|**zei**|**chen**,
die Wahrzeichen

die **Wai**|**se**, die Waisen,
das Waisenhaus

der **Wal**, die Wale

der **Wald**, die Wälder

die **Wall**|**fahrt**,
die Wallfahrten

die **Wal**|**nuss**,
die Walnüsse

das **Wal**|**ross**,
die Walrosse

die **Wal**|**ze**, die Walzen,
walzen, er walzt

sich **wäl**|**zen**, sie wälzt sich

die **Wand**, die Wände

der **Wan**|**del**, wandeln,
er wandelt,
die Wandlung

wan|**dern**, sie wandert,
die Wanderung,
der Wanderer,
die Wanderin

die **Wan**|**ge**, die Wangen

wan|**ken**, er wankt

wann

die **Wan**|**ne**, die Wannen

die **Wan**|**ze**, die Wanzen

das **Wap**|**pen**, die Wappen

die **Wa**|**re**, die Waren

warm, wärmer,
am wärmsten

die **Wär**|**me**,
die Wärmflasche

sich **wär**|**men**, sie wärmt sich

war|**nen**, er warnt,
die Warnung

War|**schau** (Hauptstadt
Polens), die Warschauer

war|**ten**, sie wartet

der **Wär**|**ter**, die Wärter,
die Wärterin

wa|**rum**

die **War**|**ze**, die Warzen

was

das **Wasch**|**be**|**cken**,
die Waschbecken

wa|**schen**, sie wäscht,
sie wusch,
sie hat gewaschen,
die Wäsche,
die Wäscherei,
die Waschmaschine

Wa|**shing**|**ton D.C.**
(Hauptstadt der USA)

A
B
C
D
E
F
G
H
I
J
K
L
M
N
O
P
Q
R
S
T
U
V
W
X
Y
Z

das **Was**|**ser**, wässrig, der Wasserhahn, wasserdicht

die **Was**|**ser**|**far**|**ben**

wa|**ten**, sie watet

das **Watt**, das Wattenmeer

das **Watt**

die **Wat**|**te**

das **WC** (engl.: water closet; Toilette), die WCs

we|**ben**, sie webt, der Weber, die Weberin

die **Web**|**site** (sprich: Webb-ßeit; sämtliche hinter einer Internetadresse stehenden Seiten), die Websites

wech|**seln**, er wechselt, der Wechsel, wechselhaft

we|**cken**, sie weckt, der Wecker

we|**deln**, sie wedelt

we|**der** (weder … noch …)

der **Weg**, die Wege, der Wegweiser

weg

we|**gen**

weg|**ge**|**hen**, er geht weg, er ging weg, er ist weggegangen

weg|**fah**|**ren**, er fährt weg, er fuhr weg, er ist weggefahren

weg|**wer**|**fen**, sie wirft weg, sie warf weg, sie hat weggeworfen

weh, wehtun, es tut weh, es tat weh, es hat wehgetan

die **We**|**he**, die Wehen
Bei der Geburt hat die Frau Wehen.

die **We**|**he**, die Wehen
Der Wind weht den Schnee zu einer Wehe zusammen.

we|**hen**, es weht

sich **weh**|**ren**, er wehrt sich, wehrlos

weib|**lich**, das Weibchen

weich

die **Wei**|**che**, die Weichen

wei|**chen**, er weicht, er wich, er ist gewichen

die **Wei|de**, die Weiden

die **Wei|de**, die Weiden, weiden, es weidet
Das Pferd steht auf der Weide.

sich **wei|gern**, sie weigert sich, die Weigerung

Weih|nach|ten, auch: die Weihnacht, weihnachtlich, das Weihnachtsfest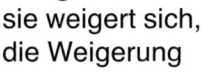

der **Weih|nachts|baum**, die Weihnachtsbäume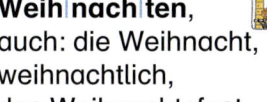

weil

die **Wei|le**, ein Weilchen

der **Wein**, die Weine

wei|nen, er weint, weinerlich

wei|se (klug), die Weisheit

weiß, das Weiß, weißlich

weit, die Weite

wei|ter

der **Wei|zen**, das Weizenmehl

wel|cher, welche, welches, welchem, welchen

welk, welken, sie welkt

die **Wel|le**, die Wellen

der **Wel|len|sit|tich**, die Wellensittiche

der **Wel|pe**, die Welpen

die **Welt**, die Welten, das Weltall, weltweit

wem

der **Wem|fall** (Dativ)

wen

wen|den, er wendet, die Wende, wendig

der **Wen|fall** (Akkusativ)

we|nig

we|nigs|tens

wenn

wer

wer|ben, er wirbt, er warb, er hat geworben, die Werbung

wer|den, er wird, er wurde, er ist geworden

der **Wer|fall** (Nominativ)

wer|fen, er wirft, er warf, er hat geworfen

die **Werft**, die Werften

das **Werk**, die Werke, werken, er werkt, die Werkstatt, das Werkzeug

A B C D E F G H I J K L M N O P Q R S T U V W X Y Z

Wer – wie

A
B
C
D
E
F
G
H
I
J
K
L
M
N
O
P
Q
R
S
T
U
V
W
X
Y
Z

der **Wert**, die Werte,
die Wertung, werten,
er wertet, wert, wertlos,
wertvoll

das **We|sen**, die Wesen

we|sent|lich

die **We|ser** (Fluss)

wes|halb

die **Wes|pe**, die Wespen

wes|sen

der **Wes|sen|fall** (Genitiv)

die **Wes|te**,
die Westen
Cowboys tragen oft
eine Weste.

der **Wes|ten**,
westlich
Der Westen ist eine
Himmelsrichtung.

wes|we|gen

wet|ten, sie wettet,
die Wette

das **Wet|ter**

der **Wet|ter|be|richt**,
die Wetterberichte

der **Wett|kampf**,
die Wettkämpfe,
der Wettkämpfer,
die Wettkämpferin

der **Wicht**, die Wichte

wich|tig

wi|ckeln, sie wickelt,
der Wickeltisch

wi|der (gegen),
der Widerstand

wi|der|lich

wi|der|spre|chen,
er widerspricht,
er widersprach,
er hat widersprochen,
der Widerspruch

wi|der|wil|lig,
der Widerwille

wid|men, sie widmet,
die Widmung

wie

wie|der

wie|der|ho|len,
er wiederholt,
die Wiederholung

wie|der|se|hen,
er sieht wieder,
er sah wieder,
er hat wiedergesehen,
das Wiedersehen

die **Wie|ge**, die Wiegen

wie|gen,
er wiegt,
er wog,
er hat gewogen
Er wiegt die Bananen.

wie|gen,
sie wiegt,
sie wiegte,
sie hat gewogen
Sie wiegt ihr Baby
in den Schlaf.

wie|hern, es wiehert

Wien (Hauptstadt Österreichs), die Wiener

die **Wie|se**, die Wiesen

das **Wie|sel**, die Wiesel

wie|so

wie viel

das **Wie|wort** (Adjektiv), die Wiewörter

der **Wi|kin|ger**, die Wikinger

wild

wil|dern (unerlaubt Tiere jagen), er wildert

das **Wild|schwein**, die Wildschweine

der **Wil|le**, willig

will|kom|men

die **Will|kür**, willkürlich

Wil|na (Hauptstadt Litauens)

wim|meln, es wimmelt

wim|mern, er wimmert

die **Wim|per**, die Wimpern

der **Wind**, die Winde, winden, es windet, windstill

win|dig

die **Win|del**, die Windeln

sich **win|den**, er windet sich, er wand sich,

er hat sich gewunden, die Windung

die **Wind|po|cken** (Kinderkrankheit)

der **Win|kel**, die Winkel

win|ken, er winkt, der Wink

win|seln, sie winselt

der **Win|ter**, die Winter, winterlich

der **Win|zer**, die Winzer, die Winzerin

win|zig, der Winzling

der **Wip|fel**, die Wipfel

die **Wip|pe**, die Wippen, wippen, er wippt

wir

der **Wir|bel**, die Wirbel, die Wirbelsäule

wir|beln, sie wirbelt, der Wirbelsturm

wir|ken, er wirkt, die Wirkung, wirksam, wirkungsvoll

wirk|lich, die Wirklichkeit

wirr

der **Wir|sing**

A
B
C
D
E
F
G
H
I
J
K
L
M
N
O
P
Q
R
S
T
U
V
W
X
Y
Z

A
B
C
D
E
F
G
H
I
J
K
L
M
N
O
P
Q
R
S
T
U
V
W
X
Y
Z

der **Wirt**,
die Wirte,
die Wirtschaft
In einer Wirtschaft kann
man essen und trinken.

die **Wirt|schaft**,
wirtschaftlich
Die Wirtschaft ist
ein Tausch von Geld
und Waren.

wi|schen, sie wischt,
der Wischer

wis|pern, sie wispert

wis|sen, er weiß,
er wusste,
er hat gewusst,
das Wissen,
wissbegierig

die **Wis|sen|schaft**,
die Wissenschaften,
der Wissenschaftler,
die Wissenschaftlerin

wit|tern, er wittert

die **Wit|we**, die Witwen

der **Wit|wer**, die Witwer

der **Witz**, die Witze, witzeln,
sie witzelt, witzig

wo, woanders

wo|bei

die **Wo|che**,
die Wochen,
wöchentlich,
das Wochenende

der **Wo|chen|plan**,
die Wochenpläne

der **Wo|chen|tag**,
die Wochentage

wo|durch

wo|für

die **Wo|ge**, die Wogen

wo|her

wo|hin

wohl, das Wohl,
der Wohlstand,
wohlhabend,
wohlwollend

woh|nen, er wohnt,
die Wohnung

das **Wohn|zim|mer**,
die Wohnzimmer

der **Wolf**, die Wölfe,
die Wölfin

die **Wol|ke**, die Wolken,
wolkig, wolkenlos

die **Wol|le**

wol|len, er will,
er wollte, er hat gewollt

wo|mit

wo|mög|lich

wo|ran

wo|rauf

wo|raus

wo|rin

das **Wort**, die Wörter, 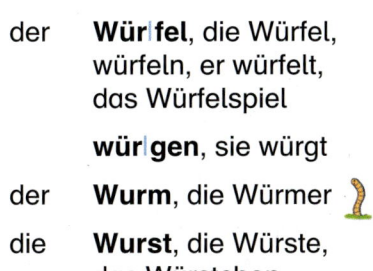 wörtlich,
die Wortart,
die Wortfamilie,
der Wortschatz

das **Wör|ter|buch**,
die Wörterbücher

wo|rü|ber

wo|rum

wo|von

wo|vor

wo|zu

das **Wrack**, die Wracks

wrin|gen, er wringt,
er wrang,
er hat gewrungen

wu|chern, es wuchert,
die Wucherung

die **Wucht**, wuchtig

wüh|len, sie wühlt

die **Wun|de**, die Wunden

das **Wun|der**, die Wunder,
wunderbar, wundervoll

sich **wun|dern**,
er wundert sich

der **Wunsch**, die Wünsche

wün|schen,
sie wünscht

die **Wür|de**, würdig,
würdevoll

der **Wurf**, die Würfe

der **Wür|fel**, die Würfel,
würfeln, er würfelt,
das Würfelspiel

wür|gen, sie würgt

der **Wurm**, die Würmer

die **Wurst**, die Würste,
das Würstchen

die **Wür|ze**, würzen,
er würzt, würzig

die **Wur|zel**, die Wurzeln

die **Wüs|te**, die Wüsten,
wüst

die **Wut**, wüten, sie wütet,
wütend

das **WWW** (engl.: World
Wide Web; Internet)

die **X-Bei|ne**, x-beinig,
auch: X-beinig

x-be|lie|big (irgendein)

x-fach (vielfach)

x-mal (sehr oft),
zum x-ten Mal

das **Xy|lo|fon**
(Schlaginstrument),
auch: Xylophon,
die Xylofone

das /
der **Yak** (Grunzochse oder
Hausrind aus Asien),
auch: Jak, die Yaks

der **Ye|ti** (Schneemensch),
die Yetis

das /
der **Yo|ga**, auch: Joga

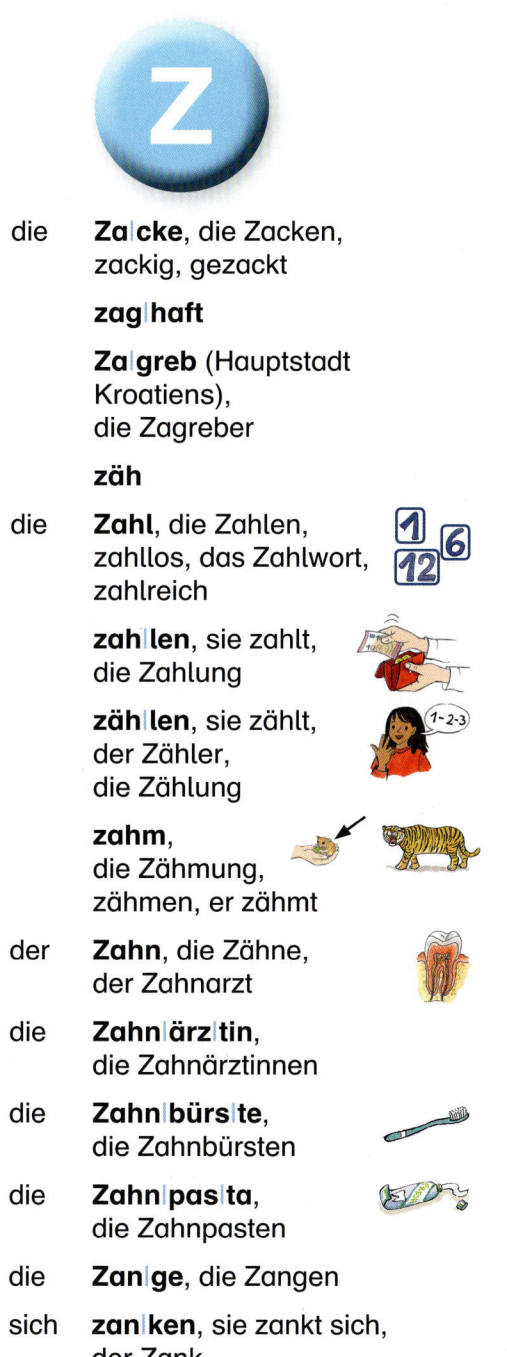

die **Za**|**cke**, die Zacken,
zackig, gezackt

zag|**haft**

Za|**greb** (Hauptstadt
Kroatiens),
die Zagreber

zäh

die **Zahl**, die Zahlen,
zahllos, das Zahlwort,
zahlreich

zah|**len**, sie zahlt,
die Zahlung

zäh|**len**, sie zählt,
der Zähler,
die Zählung

zahm,
die Zähmung,
zähmen, er zähmt

der **Zahn**, die Zähne,
der Zahnarzt

die **Zahn**|**ärz**|**tin**,
die Zahnärztinnen

die **Zahn**|**bürs**|**te**,
die Zahnbürsten

die **Zahn**|**pas**|**ta**,
die Zahnpasten

die **Zan**|**ge**, die Zangen

sich **zan**|**ken**, sie zankt sich,
der Zank

der **Zap**|**fen**, die Zapfen,
das Zäpfchen

zap|**fen**, er zapft

zap|**peln**, er zappelt,
zappelig / zapplig

zart, die Zartheit

zärt|**lich**, die Zärtlichkeit

zau|**bern**, sie zaubert,
der Zauber,
die Zauberei,
der Zauberer,
die Zauberin, zauberhaft

der **Zaun**, die Zäune

z. B. (zum Beispiel)

das **Ze**|**bra**, die Zebras,
der Zebrastreifen

die **Ze**|**cke**,
die Zecken

der **Zeh**, auch: die Zehe,
die Zehen

zehn, der Zehner,
ein Zehntel, zehnfach,
zehnmal   **10**

zeh|**ren**, er zehrt

das **Zei**|**chen**, die Zeichen,
die Zeichensetzung,
die Zeichensprache

der **Zei**|**chen**|**block**,
die Zeichenblöcke

zeich|**nen**,
sie zeichnet,
die Zeichnung

zei|**gen**, sie zeigt,
der Zeigefinger

A
B
C
D
E
F
G
H
I
J
K
L
M
N
O
P
Q
R
S
T
U
V
W
X
Y
Z

der **Zei|ger**, die Zeiger

die **Zei|le**, die Zeilen

die **Zeit**, die Zeiten, zeitig

die **Zeit|schrift**,
die Zeitschriften

die **Zei|tung**, die Zeitungen

> die **Zel|le**,
> die Zellen
> Unser Körper besteht aus
> vielen einzelnen Zellen.
>
> die **Zel|le**,
> die Zellen
> Der Gefangene lebt
> in einer Zelle.

das **Zelt**, die Zelte, zelten,
er zeltet

der **Ze|ment**, zementieren,
sie zementiert

> die **Zen|sur**,
> die Zensuren
> Er hat eine gute
> Zensur in dem Test.
>
> die **Zen|sur**,
> die Zensuren,
> zensieren,
> er zensiert
> Der Text ist zensiert, man
> soll nicht alles lesen.

der **Zen|ti|me|ter** (cm),
die Zentimeter

der **Zent|ner** (50 kg),
die Zentner

zen|tral, die Zentrale

das **Zen|trum**, die Zentren

der **Zep|pe|lin**,
die Zeppeline

zer|bre|chen,
er zerbricht, er zerbrach,
er hat/ist zerbrochen,
zerbrechlich

der **Zer|fall**, zerfallen,
es zerfällt,
es zerfiel,
es ist zerfallen

zer|klei|nern,
sie zerkleinert

zer|knül|len,
er zerknüllt

zer|le|gen, sie zerlegt,
die Zerlegung

zer|quet|schen,
er zerquetscht

zer|rei|ßen, sie zerreißt,
sie zerriss,
sie hat zerrissen

zer|ren, er zerrt,
die Zerrung

zer|stö|ren, sie zerstört,
die Zerstörung

zer|streu|en,
er zerstreut,
die Zerstreuung,
zerstreut

zer|zau|sen,
er zerzaust

der **Zet|tel**, die Zettel

das **Zeug**

der **Zeu|ge**,
die Zeugen,
die Zeugin
Die Zeugen müssen
die Wahrheit sagen.

zeu|gen,
er zeugt,
die Zeugung

das **Zeug|nis**, die Zeugnisse

die **Zi|cke** (Ziege),
die Zicken

zi|ckig

die **Zie|ge**, die Ziegen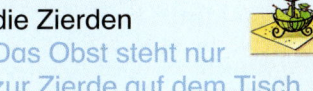

der **Zie|gel**, die Ziegel

zie|hen, er zieht,
er zog, er hat gezogen,
die Ziehung

das **Ziel**, die Ziele, zielen,
sie zielt, ziellos,
die Zielscheibe,
zielstrebig

ziem|lich

die **Zier|de**,
die Zierden
Das Obst steht nur
zur Zierde auf dem Tisch.

sich **zie|ren**,
sie ziert sich
Sie ziert sich,
laut zu sprechen.

zier|lich
Sie ist ein zierliches
Mädchen.

die **Zif|fer**, die Ziffern

die **Zi|ga|ret|te**,
die Zigaretten

die **Zi|gar|re**, die Zigarren

das **Zim|mer**, die Zimmer

zim|mern, sie zimmert

zim|per|lich

der **Zimt**, die Zimtstange

das **Zink** (Metall)

das **Zinn** (Metall)

der **Zins**, die Zinsen

der **Zip|fel**, die Zipfel

der **Zir|kel**, die Zirkel

der **Zir|kus**, die Zirkusse

zi|schen, er zischt

die **Zi|tro|ne**, die Zitronen

die **Zi|trus|frucht**,
die Zitrusfrüchte

zit|tern, es zittert, zittrig

die **Zit|ze**, die Zitzen

zi|vil, der Zivilist,
die Zivilistin

zö|gern, er zögert

der **Zoll**, die Zölle,
der Zöllner, die Zöllnerin

der **Zoo**, die Zoos

der **Zopf**, die Zöpfe

der **Zorn**, zornig

zot|te|lig / zottlig

z. T. (zum Teil)

A
B
C
D
E
F
G
H
I
J
K
L
M
N
O
P
Q
R
S
T
U
V
W
X
Y
Z

A
B
C
D
E
F
G
H
I
J
K
L
M
N
O
P
Q
R
S
T
U
V
W
X
Y
Z

zu

das **Zu|be|hör**,
die Zubehöre

zu|be|rei|ten,
er bereitet zu,
die Zubereitung

zu|bin|den,
er bindet zu,
er band zu,
er hat zugebunden

die **Zuc|chi|ni**,
die Zucchini

züch|ten, sie züchtet,
der Züchter,
die Züchterin, die Zucht

zu|cken, er zuckt

der **Zu|cker**, zuckern,
sie zuckert

das **Zu|cker|fest**
(islamisches Fest
am Ende der Fastenzeit)

zu|de|cken,
sie deckt zu

zu|ei|nan|der

zu|erst

die **Zu|fahrt**, die Zufahrten

der **Zu|fall**, die Zufälle,
zufällig

die **Zu|flucht**,
der Zufluchtsort

zu|frie|den,
die Zufriedenheit

zu|frie|ren, es friert zu,
es fror zu,
es ist zugefroren

der **Zug**, die Züge

die **Zu|ga|be**, die Zugaben

der **Zü|gel**, die Zügel,
zügeln, sie zügelt

zü|gig (schnell)

zu|gleich

zu|guns|ten, auch:
zu Gunsten

das **Zu|hau|se**
Das ist ihr Zuhause.

zu Hau|se
Er ist wieder
zu Hause.

zu|hö|ren, sie hört zu

zu|klap|pen,
er klappt zu

zu|kle|ben, sie klebt zu

zu|knöp|fen,
sie knöpft zu

die **Zu|kunft**, zukünftig

zu|las|sen, er lässt zu,
er ließ zu,
er hat zugelassen,
zulässig

zu|letzt

zu|lie|be

zum

zu|ma|chen,
er macht zu

zu|meist

zu|min|dest

zu|nächst

die **Zu|nah|me**, zunehmen,
sie nimmt zu,
sie nahm zu,
sie hat zugenommen

die **Zu|nei|gung**

die **Zunft**, die Zünfte

die **Zun|ge**, die Zungen

zün|geln, es züngelt

zu|ord|nen,
er ordnet zu,
die Zuordnung

zup|fen, sie zupft

zur

zu|recht,
sich zurechtfinden,
er findet sich zurecht,
er fand sich zurecht,
er hat sich
zurechtgefunden

zu|rück

zu|rück|ge|ben, er gibt
zurück, er gab zurück,
er hat zurückgegeben

zu|rück|kom|men,
sie kommt zurück,
sie kam zurück,
sie ist zurückgekommen

der **Zu|ruf**, die Zurufe

zur|zeit (gerade jetzt)

die **Zu|sa|ge**, die Zusagen

zu|sam|men

zu|sam|men|ar|bei|ten,
er arbeitet zusammen,
die Zusammenarbeit

der **Zu|sam|men|bruch**,
die Zusammenbrüche

zu|sam|men|fas|sen,
sie fasst zusammen,
die Zusammenfassung

der **Zu|sam|men|hang**,
die Zusammenhänge,
zusammenhängen,
es hängt zusammen,
es hing zusammen,
es hat
zusammengehangen,
zusammenhängend

zu|sam|men|schrei|ben,
sie schreibt zusammen,
sie schrieb zusammen,
sie hat
zusammengeschrieben

sich **zu|sam|men|set|zen**,
er setzt sich zusammen

zu|sam|men|set|zen,
er setzt zusammen
Er setzt die einzelnen
Teile zusammen.

zu|sam|men|sto|ßen,
sie stößt zusammen,
sie stieß zusammen,
sie ist
zusammengestoßen,
der Zusammenstoß

zu|sätz|lich, der Zusatz

A
B
C
D
E
F
G
H
I
J
K
L
M
N
O
P
Q
R
S
T
U
V
W
X
Y
Z

A
B
C
D
E
F
G
H
I
J
K
L
M
N
O
P
Q
R
S
T
U
V
W
X
Y
Z

zu|**schau**|**en**,
er schaut zu,
der Zuschauer,
die Zuschauerin

der **Zu**|**stand**, die Zustände

zu|**stän**|**dig**,
die Zuständigkeit

zu|**stim**|**men**,
er stimmt zu,
die Zustimmung

die **Zu**|**tat**, die Zutaten

das **Zu**|**trau**|**en**,
sich zutrauen,
er traut sich zu

zu|**trau**|**lich**

zu|**tref**|**fen**, es trifft zu,
es traf zu,
es hat zugetroffen

zu|**ver**|**läs**|**sig**,
die Zuverlässigkeit

die **Zu**|**ver**|**sicht**,
zuversichtlich

zu viel

zu|**vor**

die **Zu**|**wen**|**dung**,
die Zuwendungen

zu we|**nig**

zu|**wi**|**der**

zu|**zie**|**hen**,
er zieht zu,
er zog zu,
er ist zugezogen
Es sind viele Familien
zugezogen.

zu|**zie**|**hen**,
er zieht zu,
er zog zu,
er hat zugezogen
Er zieht den
Reißverschluss zu.

der **Zwang**, die Zwänge,
zwanglos

zwan|**zig**, die Zwanzig,   **20**
zwanzigfach

zwar

der **Zweck**, die Zwecke,
zwecklos, zweckmäßig

zwei, zweifach,   **2**
zweifarbig, zweimal,
zweiteilig

der **Zwei**|**fel**, die Zweifel,
zweifeln, er zweifelt,
zweifelhaft, zweifellos

der **Zweig**, die Zweige

der **Zwerg**, die Zwerge

die **Zwet**|**sche**/
die Zwetschge,
die Zwetschen

zwi|**cken**, es zwickt

der **Zwie**|**back**

die **Zwie**|**bel**, die Zwiebeln

der **Zwil**|**ling**, die Zwillinge

sich **zwin|gen**,
er zwingt sich,
er zwang sich,
er hat sich gezwungen,
zwingend

zwin|kern, sie zwinkert

der **Zwirn**

zwi|schen,
zwischendurch

zwit|schern,
sie zwitschert

zwölf, zwölffach,   **12**
zwölfmal

der **Zyk|lon** (Wirbelsturm),
die Zyklone

der **Zyk|lus**, die Zyklen

der **Zy|lin|der**, die Zylinder,
zylindrisch

Zy|pern, die Zyprer,
zyprisch

die **Zy|pres|se**
(Nadelbaum),
die Zypressen

z.Z., auch: z.Zt.
(zur Zeit)

Kurze Grammatik

Wörter und Silben

Wörter bestehen aus einer oder mehreren Silben. Deutsche Wörter haben oft zwei Silben.

Na-se, ge-hen

Bei deutschen Wörtern wird die erste Silbe betont, die zweite Silbe und jede weitere Silbe werden nicht betont.

Au-to-fah-re-rin, **Fuß**-gän-ger

Silben bestehen aus **Vokalen (Selbstlauten)** und **Konsonanten (Mitlauten)**.

Das sind die **Vokale**.

a e i o u

Das sind die **Konsonanten**.

b c d f g h j

k l m n p q r

s t v w x y z

Das sind die **Umlaute**.

ä ö ü

Das sind die **Zwielaute**.

ai au äu ei eu

Wortarten

Es gibt verschiedene **Wortarten**.

- Nomen (Namenwörter)
- Artikel (Begleiter)
- Verben (Tunwörter)
- Adjektive (Eigenschaftswörter)
- Präpositionen (Verhältniswörter)

Nomen (Namenwörter)

Nomen (Namenwörter) werden großgeschrieben.

die **E**nte, das **A**uto

Nomen (Namenwörter) sind Namen von

Menschen,

das **K**ind, die **O**ma, der **V**ater

Tieren,

die **Z**iege, das **P**ferd, der **H**und

Pflanzen,

der **B**aum, die **T**anne, das **G**ras

Gegenständen

der **H**ut, das **H**aus, die **T**asche

und Gefühlen und Dingen, die man nicht sehen kann.

das **G**lück, der **M**ut, die **Z**eit

Nomen (Namenwörter) gibt es im **Singular (Einzahl)** und im **Plural (Mehrzahl)**.

die **Ente**, die Enten

Kurze Grammatik

Artikel (Begleiter)

Vor **Nomen (Namenwörtern)** stehen oft **Artikel (Begleiter)**. Es gibt **bestimmte Artikel** und **unbestimmte Artikel**.

der Vater, **die** Mutter, **das** Kind
ein Mann, **eine** Frau, **ein** Kind

Verben (Tunwörter)

Verben (Tunwörter) sagen, was jemand tut oder was geschieht.

malen, regnen

Sie haben eine Grundform mit einem Wortstamm und einer Endung.

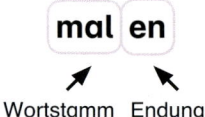

Wortstamm Endung

Sie haben verschiedene Personalformen.

ich	male
du	malst
er, sie, es	malt
wir	malen
ihr	malt
sie	malen

Verben (Tunwörter) geben an, in welcher Zeit etwas geschieht. Es gibt verschiedene Zeitformen von **Verben (Tunwörtern)**.

Gegenwart: Ich male.
1. Vergangenheit: Ich malte.
2. Vergangenheit: Ich habe gemalt.
Zukunft: Ich werde malen.

Manche **Verben (Tunwörter)** verändern ihren Wortstamm in den verschiedenen Zeitformen, man nennt sie **unregelmäßige Verben (Tunwörter).**

Gegenwart: Ich lese.
1. Vergangenheit: Ich las.
2. Vergangenheit: Ich habe gelesen.
Zukunft: Ich werde lesen.

Wenn man etwas erzählen möchte, benutzt man die 2. Vergangenheit. Wenn man über etwas schreiben möchte, benutzt man die 1. Vergangenheit.

Ich bin nach Hause gegangen.

Ich ging nach Hause.

Adjektive (Eigenschaftswörter)

Adjektive (Eigenschaftswörter) beschreiben, wie jemand oder etwas ist.

müde, rot

Sie lassen sich steigern.

klein, kleiner, am kleinsten

Sie können zum Vergleichen verwendet werden.

kleiner als …

Manche **Adjektive (Eigenschaftswörter)** verändern sich besonders stark, wenn sie gesteigert werden. Man nennt sie **unregelmäßige Adjektive (Eigenschaftswörter).**

gut, besser, am besten

Präpositionen (Verhältniswörter)

Diese Wörter sind **Präpositionen (Verhältniswörter)**.	an, auf, bei, bis, hinter, in, mit, nach, neben, seit, über, unter, von, vor, wegen, zu, zwischen

Sie antworten auf Fragen.

Wo?
Das Buch liegt **unter** dem Bett.

Wann?
Ich muss **vor** sieben Uhr an der Bushaltestelle sein.

Warum?
Er musste **wegen** der Baustelle einen Umweg machen.

Mit wem?
Sie war **mit** ihrem Freund im Kino.

Wie?
Sie verließen das Fest **in** bester Stimmung.

Die **Präpositionen (Verhältniswörter)** sind manchmal mit dem nachfolgenden **Artikel (Begleiter)** verschmolzen.	zu der Feier = zur Feier an dem Zaun = am Zaun bei dem Baum = beim Baum

Sätze

Das erste Wort am Anfang eines Satzes wird großgeschrieben.

Guten Tag!
Wie geht es dir?
Wir machen heute einen Ausflug.

Satzarten

Es gibt verschiedene **Satzarten**.

Mit einem **Aussagesatz** teilen wir etwas mit. Am Ende des Satzes steht ein Punkt . .

Die Jacke ist schön.

Wenn wir etwas wissen wollen, stellen wir eine Frage. Wir benutzen einen **Fragesatz**. Am Ende des Satzes steht ein Fragezeichen ? .

Was kaufen wir ein?

In einem **Aufforderungssatz** soll der Angesprochene etwas Bestimmtes tun. Am Ende des Satzes steht ein Ausrufezeichen ! .

Gehe in die Sporthalle!

Wenn man Wörter richtig schreiben will, helfen verschiedene Strategien.

Silben mitsprechen

Bei sehr vielen Wörtern hilft es, die Wörter deutlich und in Silben zu sprechen.

der Bru-der
der Haus-meis-ter
das Was-ser
die Scho-ko-la-de

Verlängern

Wenn man nicht genau weiß, wie der letzte Buchstabe eines Wortes geschrieben wird, kann man das Wort verlängern und so den Buchstaben hörbar machen.

Man kann ein **Nomen (Namenwort)** verlängern, indem man den **Plural (Mehrzahl)** bildet.

das Kind → die Kinder

Man kann ein **Verb (Tunwort)** verlängern, indem man die Grundform bildet.

er lebt → leben

Man kann ein **Adjektiv (Eigenschaftswort)** verlängern, indem man die Steigerungsform bildet.

laut → lauter

Ableiten

Beim Ableiten geht es darum, ein verwandtes Wort zu suchen.

die Hände → die Hand
die Mäuse → die Maus

Merkwörter

Die Schreibweise mancher Wörter kann man sich nicht durch Strategien herleiten, man muss sie sich merken.

Wörter mit y

das Baby, das Handy

Wörter mit ks-Laut

der Fuchs, links, das Taxi

Wörter mit i statt ie

die Maschine, der Tiger

Wörter mit v

das Klavier, vielleicht, vier

Wörter mit Doppelvokal

das Boot, das Haar, der Kaffee

Wörter nachschlagen

Man kann Wörter immer auch im Wörterbuch nachschlagen. Die Hinweise auf den Seiten 4 – 7 und 73 – 75 helfen, sich im Wörterbuch zu orientieren und das Wort zu finden.

die **Hyä ne**, die Hyänen

die **Hya zin the**, die Hyazinthen

der **Hy drant**, die Hydranten

die **Hy gi ene**, hygienisch

Bildwörterbuch Deutsch – Englisch

Hinweise zum Bildwörterbuch Deutsch – Englisch

Im Englischteil findest du doppelseitige Bilder mit Situationen aus dem Alltag. Wichtige Nomen (Namenwörter) der deutschen und englischen Sprache sind den Bildern zugeordnet.

Wenn du wissen willst, wie die Wörter ausgesprochen werden, musst du deine Lehrerin, deinen Lehrer oder deine Eltern fragen.

Auf jeder Doppelseite gibt es Satz-Baustellen, in denen du die Wörter einsetzen und so schon erste Sätze bilden kannst.

Du kannst auch mit einer Partnerin oder einem Partner ein Frage-Antwort-Spiel machen.

der Elefant
the elephant

Das ist der Elefant. Das ist …
This is the elephant. This is …

Hallo und auf Wiedersehen – hello and goodbye

hallo	hello
Wie geht es dir?	How are you?
tschüss	bye-bye
guten Morgen	good morning
guten Tag	good afternoon
guten Abend	good evening
gute Nacht	good night
bis bald	see you later
auf Wiedersehen	goodbye
bitte	please
danke	thank you
Herr	Mr., sir
Frau	Mrs., madam

Familie und Freunde – family and friends

Wer kommt heute?
Who is coming today?

die Eltern
the parents

der Vater
the father

die Mutter
the mother

der Onkel
the uncle

die Tante
the aunt

das Baby
the baby

die Tochter
the daughter

das Mädchen
the girl

die Schwester
the sister

das Kind
the child

der Cousin
the cousin

der Großvater
the grandfather

Die Großmutter kommt heute.
… kommt heute.
… kommen heute.
Grandmother is coming today.
… is coming today.
… are coming today.

die Großmutter
the grandmother

der Bruder
the brother

der Junge
the boy

der Sohn
the son

das Haustier
the pet

der Freund
the friend

285

Essen und Trinken – food and drink

der Keks
the biscuit

die Kartoffel
the potato

die Schokolade
the chocolate

der Zucker
the sugar

die Gurke
the cucumber

das Mineralwasser
the mineral water

der Salat
the salad

der Orangensaft
the orange juice

die Tomate
the tomato

die Möhre
the carrot

die Banane
the banana

der Apfel
the apple

die Pflaume
the plum

das Obst
the fruit

Was möchtest du essen?
What would you like to eat?
Was möchtest du trinken?
What would you like to drink?

das Brot
the bread

der Schinken
the ham

die Butter
the butter

das Ei
the egg

der Käse
the cheese

die Milch
the milk

die Würstchen
the sausages

die Erdbeere
the strawberry

das Eis
the ice cream

die Nudeln
the noodles

Ich möchte bitte ein Eis essen.
Ich möchte bitte heiße Schokolade trinken.
Ich möchte bitte …
I would like to eat ice cream, please.
I would like to drink hot chocolate, please.
I would like …, please.

Die Kleidung – the clothes

die Kappe
the cap

das Hemd
the shirt

die Jacke
the jacket

das T-Shirt
the T-shirt

der Gürtel
the belt

der Schlafanzug
the pyjamas

die Jeans
the jeans

Was trägst du gern?
What do you like to wear?

die kurze Hose
the shorts

die Hose
the trousers

das Kleid
the dress

das Sweatshirt
the sweatshirt

der Pullover
the pullover

die Bluse
the blouse

der Rock
the skirt

die Schuhe
the shoes

der Schal
the scarf

die Socken
the socks

Ich trage gern Jeans. Ich trage gern …
I like to wear jeans. I like to wear …
Wenn es kalt ist, trage ich gern einen Pullover.
When it is cold, I like to wear a pullover.

Der Körper – the body

Wo ist die Schulter?
Wo ist …
Wo sind …
Where is the shoulder?
Where is …
Where are …

die Haare
the hair

die Hand
the hand

die Augen
the eyes

die Nase
the nose

der Hals
the neck

der Ellbogen
the elbow

der Mund
the mouth

der Zeh
the toe

das Bein
the leg

Da ist die Schulter.
Da ist …
Da sind …
There is the shoulder.
There is …
There are …

der Fuß
the foot

das Knie
the knee

das Gesicht
the face

der Rücken
the back

der Kopf
the head

das Ohr
the ear

die Schulter
the shoulder

der Arm
the arm

der Finger
the finger

In der Schule – at school

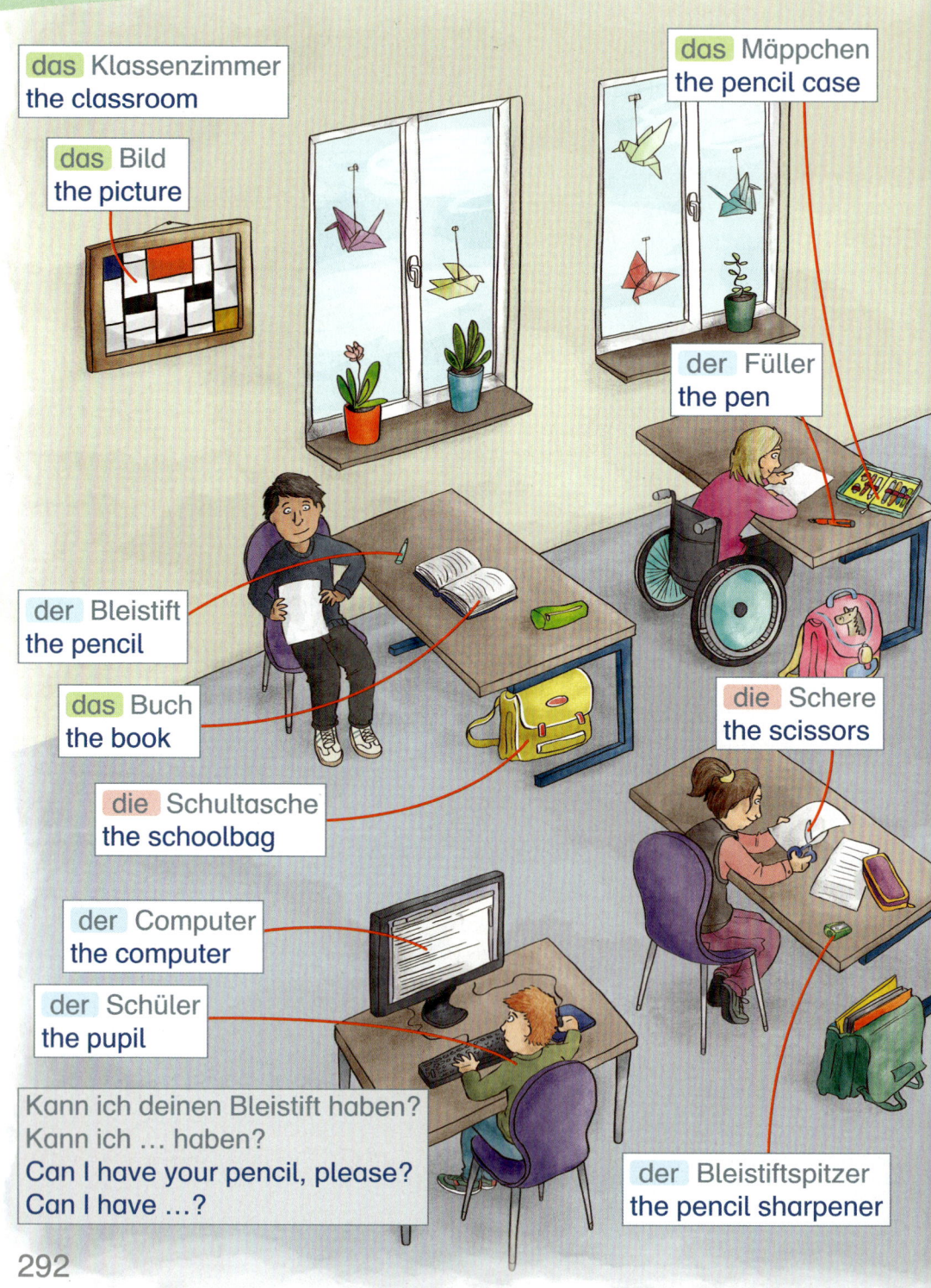

das Klassenzimmer
the classroom

das Bild
the picture

das Mäppchen
the pencil case

der Füller
the pen

der Bleistift
the pencil

das Buch
the book

die Schultasche
the schoolbag

die Schere
the scissors

der Computer
the computer

der Schüler
the pupil

der Bleistiftspitzer
the pencil sharpener

Kann ich deinen Bleistift haben?
Kann ich … haben?
Can I have your pencil, please?
Can I have …?

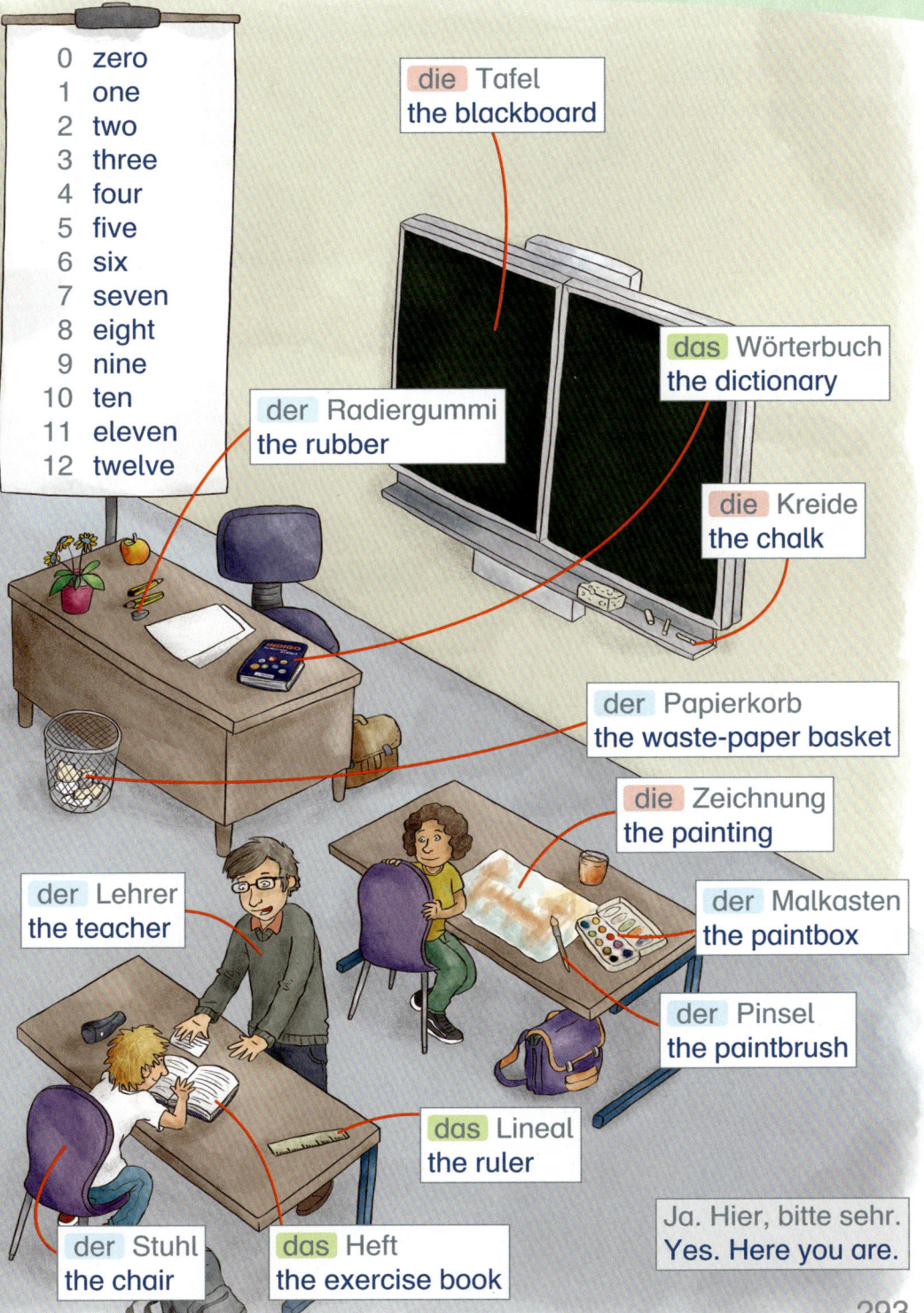

0	zero
1	one
2	two
3	three
4	four
5	five
6	six
7	seven
8	eight
9	nine
10	ten
11	eleven
12	twelve

die Tafel
the blackboard

das Wörterbuch
the dictionary

der Radiergummi
the rubber

die Kreide
the chalk

der Papierkorb
the waste-paper basket

die Zeichnung
the painting

der Lehrer
the teacher

der Malkasten
the paintbox

der Pinsel
the paintbrush

das Lineal
the ruler

Ja. Hier, bitte sehr.
Yes. Here you are.

der Stuhl
the chair

das Heft
the exercise book

293

Was ist dein Hobby?
What is your hobby?

malen
to paint

	schwarz	black
	blau	blue
	braun	brown
	grün	green
	grau	grey
	orange	orange
	rosa	pink
	rot	red
	weiß	white
	gelb	yellow

Gitarre spielen
to play the guitar

Klavier spielen
to play the piano

Bücher lesen
to read books

Spiele spielen
to play games

Musik hören
to listen to music

Ich lese gern Bücher.
Ich … gern …
I like to read books.
I like …

Fußball spielen
to play football

Gefällt dir Sport?
Do you like sports?

Basketball spielen
to play basketball

Fahrrad fahren
to ride a bike

reiten
to ride a horse

angeln
to go fishing

schwimmen
to swim

turnen
to do gymnastics

Ich spiele gern Tennis.
Ich … gern …
I like to play tennis.
I like …

Die Tiere – the animals

das Pferd
the horse

die Kuh
the cow

die Katze
the cat

der Hund
the dog

das Schwein
the pig

das Kaninchen
the rabbit

der Hamster
the hamster

das Meerschweinchen
the guinea pig

der Vogel
the bird

der Frosch
the frog

der Fisch
the fish

die Maus
the mouse

das Huhn
the chicken

Was ist das?
What is that?

der Tiger
the tiger

die Giraffe
the giraffe

der Löwe
the lion

der Delfin
the dolphin

der Affe
the monkey

der Elefant
the elephant

Das ist der Elefant. Das ist …
This is the elephant. This is …
Der Elefant ist neben dem Affen.
The elephant is next to the monkey.

297

Unregelmäßige Verben

Grundform	Gegenwart: du …	Gegenwart: er/sie …	1. Vergangenheit: er/sie …	2. Vergangenheit: er/sie …
backen	bäckst	bäckt	backte/buk	hat gebacken
befehlen	befiehlst	befiehlt	befahl	hat befohlen
beginnen	beginnst	beginnt	begann	hat begonnen
beißen	beißt	beißt	biss	hat gebissen
biegen	biegst	biegt	bog	hat gebogen
bieten	bietest	bietet	bot	hat geboten
binden	bindest	bindet	band	hat gebunden
bitten	bittest	bittet	bat	hat gebeten
blasen	bläst	bläst	blies	hat geblasen
bleiben	bleibst	bleibt	blieb	ist geblieben
braten	brätst	brät	briet	hat gebraten
brechen	brichst	bricht	brach	ist/hat gebrochen
brennen	brennst	brennt	brannte	hat gebrannt
bringen	bringst	bringt	brachte	hat gebracht
denken	denkst	denkt	dachte	hat gedacht
dürfen	darfst	darf	durfte	hat gedurft
empfangen	empfängst	empfängt	empfing	hat empfangen

Grundform	Gegenwart: du …	Gegenwart: er/sie …	1. Vergangenheit: er/sie …	2. Vergangenheit: er/sie …
erschrecken	erschrickst	erschrickt	erschrak	ist erschrocken
essen	isst	isst	aß	hat gegessen
fahren	fährst	fährt	fuhr	ist gefahren
fallen	fällst	fällt	fiel	ist gefallen
fangen	fängst	fängt	fing	hat gefangen
finden	findest	findet	fand	hat gefunden
fliegen	fliegst	fliegt	flog	ist geflogen
fliehen	fliehst	flieht	floh	ist geflohen
fließen	fließt	fließt	floss	ist geflossen
fressen	frisst	frisst	fraß	hat gefressen
frieren	frierst	friert	fror	hat gefroren
geben	gibst	gibt	gab	hat gegeben
gehen	gehst	geht	ging	ist gegangen
genießen	genießt	genießt	genoss	hat genossen
geschehen	geschiehst	geschieht	geschah	ist geschehen
gewinnen	gewinnst	gewinnt	gewann	hat gewonnen
gießen	gießt	gießt	goss	hat gegossen

Unregelmäßige Verben

Grundform	Gegenwart: du …	Gegenwart: er/sie …	1. Vergangenheit: er/sie …	2. Vergangenheit: er/sie …
graben	gräbst	gräbt	grub	hat gegraben
greifen	greifst	greift	griff	hat gegriffen
haben	hast	hat	hatte	hat gehabt
halten	hältst	hält	hielt	hat gehalten
hängen	hängst	hängt	hing	hat gehangen
heben	hebst	hebt	hob	hat gehoben
heißen	heißt	heißt	hieß	hat geheißen
helfen	hilfst	hilft	half	hat geholfen
kennen	kennst	kennt	kannte	hat gekannt
kommen	kommst	kommt	kam	ist gekommen
können	kannst	kann	konnte	hat gekonnt
kriechen	kriechst	kriecht	kroch	ist gekrochen
lassen	lässt	lässt	ließ	hat gelassen
laufen	läufst	läuft	lief	ist gelaufen
leiden	leidest	leidet	litt	hat gelitten
leihen	leihst	leiht	lieh	hat geliehen
lesen	liest	liest	las	hat gelesen

Grundform	Gegenwart: du …	Gegenwart: er/sie …	1. Vergangenheit: er/sie …	2. Vergangenheit: er/sie …
liegen	liegst	liegt	lag	ist gelegen
lügen	lügst	lügt	log	hat gelogen
messen	misst	misst	maß	hat gemessen
mögen	magst	mag	mochte	hat gemocht
müssen	musst	muss	musste	hat gemusst
nehmen	nimmst	nimmt	nahm	hat genommen
nennen	nennst	nennt	nannte	hat genannt
pfeifen	pfeifst	pfeift	pfiff	hat gepfiffen
raten	rätst	rät	riet	hat geraten
reißen	reißt	reißt	riss	ist/hat gerissen
reiten	reitest	reitet	ritt	ist geritten
rennen	rennst	rennt	rannte	ist gerannt
riechen	riechst	riecht	roch	hat gerochen
rinnen	rinnst	rinnt	rann	ist geronnen
rufen	rufst	ruft	rief	hat gerufen
saufen	säufst	säuft	soff	hat gesoffen
scheinen	scheinst	scheint	schien	hat geschienen

Unregelmäßige Verben

Grundform	Gegenwart: du …	Gegenwart: er/sie …	1. Vergangenheit: er/sie …	2. Vergangenheit: er/sie …
schieben	schiebst	schiebt	schob	hat geschoben
schießen	schießt	schießt	schoss	hat geschossen
schlafen	schläfst	schläft	schlief	hat geschlafen
schlagen	schlägst	schlägt	schlug	hat geschlagen
schleichen	schleichst	schleicht	schlich	ist geschlichen
schließen	schließt	schließt	schloss	hat geschlossen
schmeißen	schmeißt	schmeißt	schmiss	hat geschmissen
schmelzen	schmilzt	schmilzt	schmolz	ist geschmolzen
schneiden	schneidest	schneidet	schnitt	hat geschnitten
schreiben	schreibst	schreibt	schrieb	hat geschrieben
schreien	schreist	schreit	schrie	hat geschrien
schweigen	schweigst	schweigt	schwieg	hat geschwiegen
schwimmen	schwimmst	schwimmt	schwamm	ist geschwommen
schwingen	schwingst	schwingt	schwang	hat geschwungen
sehen	siehst	sieht	sah	hat gesehen
sein	bist	ist	war	ist gewesen
senden	sendest	sendet	sandte/ sendete	hat gesandt/ gesendet

Grundform	Gegenwart: du …	Gegenwart: er/sie …	1. Vergangenheit: er/sie …	2. Vergangenheit: er/sie …
singen	singst	singt	sang	hat gesungen
sinken	sinkst	sinkt	sank	ist gesunken
sitzen	sitzt	sitzt	saß	hat gesessen
sprechen	sprichst	spricht	sprach	hat gesprochen
springen	springst	springt	sprang	ist gesprungen
stechen	stichst	sticht	stach	hat gestochen
stehen	stehst	steht	stand	ist gestanden
stehlen	stiehlst	stiehlt	stahl	hat gestohlen
steigen	steigst	steigt	stieg	ist gestiegen
streichen	streichst	streicht	strich	hat gestrichen
streiten	streitest	streitet	stritt	hat gestritten
tragen	trägst	trägt	trug	hat getragen
treffen	triffst	trifft	traf	hat getroffen
treten	trittst	tritt	trat	hat/ist getreten
trinken	trinkst	trinkt	trank	hat getrunken
tun	tust	tut	tat	hat getan
vergessen	vergisst	vergisst	vergaß	hat vergessen

Unregelmäßige Verben

Grundform	Gegenwart: du …	Gegenwart: er/sie …	1. Vergangenheit: er/sie …	2. Vergangenheit: er/sie …
verlieren	verlierst	verliert	verlor	hat verloren
wachsen	wächst	wächst	wuchs	ist gewachsen
waschen	wäschst	wäscht	wusch	hat gewaschen
werden	wirst	wird	wurde	ist geworden
werfen	wirfst	wirft	warf	hat geworfen
wiegen	wiegst	wiegt	wog	hat gewogen
wissen	weißt	weiß	wusste	hat gewusst
wollen	willst	will	wollte	hat gewollt
ziehen	ziehst	zieht	zog	hat gezogen
zwingen	zwingst	zwingt	zwang	hat gezwungen

Indigo – Arbeitshefte

Indigo – Arbeitsheft Deutsch als Zweitsprache

von Ute Wetter und Karl Fedke

Das **Arbeitsheft Deutsch als Zweitsprache** ist ideal für die Arbeit mit Lerngruppen, die ihre Wortschatz- und Sprachkenntnisse erweitern wollen.

Arbeitsheft Deutsch als Zweitsprache, 96 S., vierf., Gh, Lösungsheft (24 S.) ISBN 978-3-619-14432-7

Indigo – Arbeitsheft Grammatik

von Ute Wetter und Karl Fedke

Das **Arbeitsheft Grammatik** zum Wörterbuch **INDIGO** ist ideal für die Arbeit mit Lerngruppen, die ihren Wortschatz und ihre Kommunikation mit Kenntnissen zur deutschen Grammatik vertiefen wollen.

Arbeitsheft Grammatik, 64 S., vierf., Gh, Lösungsheft (16 S.) ISBN 978-3-619-14433-4

Indigo – Arbeitsheft Rechtschreiben

von Ute Wetter und Karl Fedke

Das **Arbeitsheft Rechtschreiben** knüpft an den silben- und strategieorientierten Ansatz der Rechtschreibung in **INDIGO** an.

Arbeitsheft Rechtschreiben, 64 S., vierf., Gh, Lösungsheft (16 S.) ISBN 978-3-619-14434-1

Willkommen in Deutschland

Willkommen in Deutschland – Redezeit

Differenzierte und individualisierte Kommunikationsanlässe für Deutsch als Zweitsprache

von Tina Kresse, Susanne McCafferty und Alisa Schied

„Willkommen in Deutschland – Redezeit"
enthält zu allen Themen des Lehrplans DaZ
individualisierte, differenzierte Kommunikati-
onsanlässe. Zwei Kinder treffen sich zu einem
Dialog aus Frage und Antwort.
Zur Selbstkontrolle befindet sich auf der
Rückseite der Aufstellkarten jeweils die
Lösung für Frage und Antwort.

Alle Wörter und Sätze sind mit dem farbigen
Silbentrenner blau/rot ausgestattet.

100 Kartons mit 600 Aufstellkarten, vorgestanzt und gerillt,
vierf., Anleitung   ISBN 978-3-619-14168-5

Willkommen in Deutschland – Lieder zum Deutschlernen

Deutsch als Zweitsprache

von Hartmut Quiring

Mit dem Heft Lieder zum Deutschlernen
gelingt mal ein ganz anderer Einstieg in die
deutsche Sprache: Anhand von eingängigen
und leicht zu erlernenden Liedern und darauf
abgestimmten Übungen werden Wortschatz,
Satzbau und Aussprache intensiv trainiert.
Das gemeinsame Musizieren
- hilft beim Spracherwerb der deutschen Sprache und Schrift
- vermittelt auf spielerische Weise Begriffe
  aus dem deutschen Grundwortschatz
- unterstützt den Integrationsprozess
- erweckt Lebensfreude und Spaß am gemein-
  schaftlichen Singen
Die Melodien der mit neuen Texten versehe-
nen Lieder sind sämtlich dem traditionellen
europäischen Liedgut entnommen, sodass
auch Fachfremde schnell einen Bezug zu der
Musik finden.

Als Hilfe zur Vorbereitung auf den Unterricht
oder auch für die direkte Verwendung in der
Klasse wird das Heft durch eine Audio-CD
ergänzt, auf der sämtliche Lieder und deren
Play-back-Versionen enthalten sind.
Das Heft kann in direktem Zusammenhang mit
den Willkommen in Deutschland – Übungshef-
ten I und II erarbeitet oder unabhängig davon
als eigenständiges Werk verwendet werden.
Mit diesem musikalischen Konzept wird Ihr
DaZ-Unterricht auf innovative und emotionale
Weise bereichert!

Schülerheft, 64 S., Gh, vierf.   ISBN 978-3-619-14147-0
Lieder zum Deutschlernen, CD   ISBN 978-3-619-14148-7